3無의 K방산

3無의 K방산

무능·무책임·무관심 속에 허덕이는
K방산의 실태와 적폐, 그리고 혁신을 고하다

송방원 지음

디자인이곶

CONTENTS

PROLOGUE

들어가면서 ··· 7

1 방위사업의 이해

1. 방위사업 정의 ·· 19
2. 방위사업 추진방법 ··· 22
3. 방위사업 특징 ·· 30
4. 방위사업 추진과정 ··· 37

2 방위사업의 비효율, 모순 그리고 갑질

1. 방산업체의 자금난만 가중시키는 연구개발 투자방식 ············· 59
2. 업체 경쟁력을 제대로 평가 못하는 복불복 제안서평가 ············ 73
3. 아무런 실효성이 없는 전시 행정, 사업성과관리(EVM) ············ 107
4. 몰라서 못하는 양산목표비용관리(CAIV) ································ 121
5. 연구개발 최대 난관, 전문성 없는 시험평가 ···························· 130
6. 경쟁력을 명분으로 도전만 강요하는 업체 주관 연구개발 ······· 158
7. 실효성 없는 제조성숙도 평가(MRA) ······································· 169
8. 탁상공론인 부품단종 관리 ·· 184
9. 일단 매기고 보는 지체상금 ··· 193
10. 협력업체 원가부정에 대한 연대책임 ······································ 205

11 업체 손실을 강요하는 국내구매 ·· 213
12 말로는 신속획득, 실상은 늑장획득 ·· 225
13 방산업체 보호육성이 아니라 희생을 강요, 계약 전 사전생산 ········ 247
14 무능과 무책임, 1500마력 파워팩 ··· 255
15 방위사업 의사결정에 보이지 않는 기관장 ································ 264
16 자정기능의 상실, 감사역량 부족 ··· 273
17 수출 중심의 허상, 내수 먼저 튼튼히 ·· 279

3 방위사업의 혁신

1 방위산업 위기의 원인, 정부의 역할 태만 ································ 293
2 혁신, 방위산업 발전은 정부의 역할 변화로부터 ······················· 310
3 혁신, 방위사업청의 전문성 강화 ·· 330
4 혁신, 방위사업에 대한 국민의 관심과 견제 ······························ 347

EPILLOGUE 1.
　방위사업청 존폐, 기득권싸움이 아닌 군사력 건설이 목적돼야 ······ 355

EPILLOGUE 2.
　국방상호조달협정의 허상과 위험성 ··· 379

PROLOGUE

들어가면서

　방위사업은 국가를 방위할 목적으로 군(軍)이 사용하는 총포, 미사일, 전투기, 함정 등의 무기체계를 확보하는 사업이다. 무기체계는 일반 국민이 다룰 일이 없고, 전적으로 군에서만 사용된다. 그리고 개발과 생산 역시 아무나 할 수 있는 게 아니라 정부의 승인을 받은 한정된 기업에 의해서만 진행된다. 즉 생산과 사용처가 엄격히 제한된다. 이렇듯 방위사업은 국민의 일상과는 동떨어져 있다 보니 일반 국민에게 방위사업은 매우 생소하다.

　더욱이 방위사업의 대부분 내용은 '보안'을 명분으로 비공개하다 보니 일반 국민이 관심을 가진다고 해서 알 수 있는 것도 아니다. 그렇다 보니 방위사업에 관해서는 언론이 제공하는 기사를 통해 접할 수밖에 없는데, 언론이라고 방위사업의 전 분야를 넓고 깊게 다루지 않는다. 국민의 관심이 적기 때문이다. 그래서 언론 역시 대다수 일반 국민이 관심을 가질 만한 내용을 위주로 다루는데 이것은 크게 3가지다.

첫째는 군이 보유하고 있거나 보유하게 될 고성능 무기 또는 전략무기에 대한 내용이다. 성능이 뛰어난 무기를 도입하거나 우리 군의 군사력을 국민에게 알림으로써 외부의 위협으로부터 국가와 국민이 안전함을 보도한다. 예를 들어 북한의 위협이 고조되어 안보 불안이 생길 때 우리 군은 이를 대비할 수 있는 장거리 순항미사일, 최신예 스텔스 전투기 F-35 도입 등에 대해 보도하고, 국민은 우리 군의 대응능력을 듣고 안심한다. 이러한 내용은 군사력건설을 주관하는 국방부, 합참, 군이 다룬다.

둘째는 방위사업 비리에 관한 내용이다. 방위사업은 100% 세금으로 운용되기 때문에 방위사업에서의 금전적 비리는 내가 낸 세금을 누군가가 부당하게 착복하는 것이다. 또한 무기 성능과 관련된 비리는 잠재적으로 국가 안위, 국민의 안전에 직결되는 문제기 때문에 방위사업 비리는 모든 국민들의 관심과 공분을 불러일으킨다. 이런 내용은 국회 또는 사정기관에서 다룬다.

셋째는 방위사업의 집행에 관한 내용이다. 이것은 국민의 관심이 있어서라기보다는 방위사업에 참여하는 정부기관, 업체 등에서 제공하는 홍보성 보도다. 방위사업 집행기관인 방위사업청에서는 방위사업에 관한 정책과 제도의 변경, 개선사항 등을 알리고, 업체는 무기개발 성공, 계약 수주 등으로 회사를 홍보하고, 때로는 특정 입찰에 유리한 여건 조성을 위해 업체의 보유 능력을 제보한다. 그리고 언론과 학계 등에서는 방위사업을 진단하고 비판하기도 하며, 나아갈 방향을 제시하기도 한다.

방위사업에 관한 대부분 국민의 관심은 첫 번째와 두 번째 주제에 집중되어 있다. 첫째 군사력 수준은 국민 개개인의 안전에 직결되기 때문에 관심을 가지고, 둘째 비리에 관한 사항은 방산비리뿐만 아니라 어떠한 유형의 비리라도 비리 그 자체가 국민의 관심과 공분을 불러일으키기 때문이다. 하지만 마지막 방위사업 집행과정에서 발생하는 일은 비록 언론에서 보도를 해도 국민의 관심을 끌지 못한다. 앞서 말했듯이 방위사업 자체가 군(軍)이라는 특정한 수요와 방산업체라는 한정된 공급원에 의해 독립적이고 폐쇄적으로 수행되므로 국민의 일상과 큰 연관이 없기 때문이다. 더욱이 방위사업은 민간분야에서 쓰이지 않는 독특한 절차와 특수성을 가지고 있기 때문에 방위사업에 대한 기본적 배경지식이 없으면 보도내용에 대한 이해조차 어렵다. 그래서 집행과정에 대한 관심은 방위사업 분야에 관계된 사람만이 가진다. 방위사업이 그들만의 리그인 이유다.

그러나 국민이 관심정도와 달리 방위사업에서 제일 중요한 것은 방위사업 집행이다. 국민적 관심인 군사력건설과 방산비리 예방은 방위사업 집행으로 얻어지는 결과물이기 때문이다. 즉 방위사업을 제대로 집행할 수 있어야만 제대로 된 군사력 건설이 가능하고, 방산비리도 예방할 수가 있다.

그래서 정부는 방위사업 집행과정을 개선하기 위해 2006년에 방위사업청을 신설하였다. 이전의 방위사업은 '투명성 부족, 업무 효율성 저조, 구성원 전문성 미흡, 방위산업 경쟁력 약화'[01] 등의 문제가 있다고 보고 이를 개선하고자 한 것이다.

> 방위사업청 개청 이전의 국방획득사업은 폐쇄적 상명하복식 의사결정으로 내·외부 견제가 미흡하고, 과도한 보안기준 적용으로 정보공개가 미흡하며, 막대한 예산 사업을 법적 절차가 아닌 국방부 내부훈령에 근거하여 수행하기 때문에 '투명성'이 부족하고, 획득업무를 수행하는 조직이 지나치게 분산되어 서로 협업하지 않고, 업무 기능이 중복되어 있으며, 사업추진절차가 매우 복잡하기 때문에 '효율성'이 저조하다고 하였다. 그리고 획득업무는 장기간에 걸쳐 진행되는데 보직교체가 잦은 현역군인들이 주로 수행함에 따라 전문성 발휘가 어렵고, 전문 인력 양성 및 관리도 미흡하다고 진단하였다.

그리고 2023년이 된 지금, 방위사업 집행을 전담하는 방위사업청이

---

01. 방위사업청 개청백서(2005.12)

만들어진지 벌써 17년이 지났다. 그럼 이제는 당시의 문제였던 투명성, 효율성, 전문성, 경쟁력은 많이 개선이 된 것일까?

단언컨대 작금의 방위사업 현실을 보면 당시의 계획은 실패했다. 유독 방위사업청 개청의 최우선 덕목인 투명성만이 어느 정도 나아졌을 뿐이다. 방위사업법을 제정하여 국회의 통제를 받고, 방위사업추진위원회를 통해 방위사업의 주요 의사결정을 진행하고, 검찰, 경찰, 감사원, 국방부 조사본부, 국정원, 방첩사 등 각종 사정기관이 상시 감시한다. 예산운용과 관련해서는 기재부의 총사업비관리 및 사업타당성 조사를 거치고, 연구개발사업의 경우는 과기부의 국가연구개발심의를 거쳐야 하는 등 방위사업은 예전과 같이 폐쇄적으로 수행할 수 없게 바뀌었다.

문제는 투명성만 유독 강조되다보니 그 외의 효율성, 전문성, 경쟁력은 오히려 방위사업청 개청 이전보다 퇴보했다는 것이다. 대부분의 의사결정은 투명성이라는 명분 뒤에 숨어 책임 회피를 목적으로 진행된다. 정부 조직은 단순한 의사결정마저 직접 결정하지 못하고, 이런저런 위원회를 구성하거나, 시간이 오래 걸리는 외부 연구용역을 통해 스스로의 의사결정을 대리시키고 있다. 또한 겉으로는 사업추진 절차를 간소화한다고 하지만, 외부의 지적을 보완하는 과정에서 단편적이고 임시방편적 땜질처방을 무분별하게 적용함에 따라 규정과 절차는 갈수록 복잡해지고 늘어간다. 더욱이 일부 정책과 제도는 행정편의 위주로 편향됨에 따라 방위사업은 전에 비해 비효율적으로 변해버렸다.

또한 당시 장기간에 걸쳐 진행되는 방위사업에 잦은 보직 교체로 전문성이 결여 되었다고 문제시 했지만, 오히려 지금은 한 보직에 장기간 보직 시 투명성이 저조해진다는 이유로 평균 2~3년을 주기로 보직을 교체해 버린다. 차라리 예전에는 보직을 교체해도 기관 내에서만 이동했기 때문에 기관별로는 전문성과 노하우를 축적하고 활용할 수 있었다. 하지만 지금은 8개 기관을 통합하여 분야가 더욱 광범위해졌음에도 전문성 관리 없이 무작위로 일괄 순환 보직하다보니 업무의 전문성과 노하우는 갈수록 사장되어 갔다. 대부분 직원이 2~3년을 주기로 매번 생소한 분야에서 새롭게 배워가며 일해야 하는 구조다. 그러다보니 업무는 매뉴얼에 의지할 수밖에 없고, 행정 편의 위주로 진행될 수 밖에 없다.

그리고 전문화 및 계열화[02]제도를 폐지하여 방산업체 경쟁력을 강화하겠다고 하였으나, 경쟁력이 나아 보이지는 않는다. 업체 간 경쟁을 시켜놓았을 뿐 정작 경쟁력을 제대로 평가하지 못하고, 복불복 식으로 결정하니 낙찰을 위해서는 저가 입찰이 필수가 되었다. 업체에게 금전적 부담만 강요한 셈이다. 운 좋게 사업을 수주하면 그때부터는

---

02. 방산 물자의 전문화 및 계열화 : 방산 물자를 무기 체계별로 분류하여 전문화 품목, 기능별로 분류하여 계열화 품목으로 지정, 전문화 품목은 전문화업체로 지정된 업체가 개발 및 생산하고, 계열화 품목은 계열화업체로 지정된 업체가 개발 및 생산을 전담

복잡한 절차와 불합리한 규제에 부딪히고, 추진과정에서 발생하는 모든 문제는 업체 책임으로 전가하니 예전에 비해 업체의 책임만 더 커졌다. 개발에 성공해도 2~3년 중단했다가 양산을 진행하고, 양산 중간에도 1~2년씩 생산과 중단을 반복하도록 하는데, 업체는 이때마다 수입이 끊겨 자금난을 겪는다. 현 제도 자체가 방산업체 경영여건을 더 어렵게 만들고 있다.

방위사업 집행을 개선하기 위해 방위사업청을 신설했는데 투명성을 제외한 효율성, 전문성, 경쟁력이 예전에 비해 더 나빠졌다. 이를 두고 일각에서는 방산비리에 대한 과도한 수사와 감사를 그 원인으로 지목한다. 하지만 그건 핑계다. 방산 비리 수사가 끝난 지 이미 수년이 지났는데도 상황이 점점 나빠지고 있는 것을 보면 분명 원인은 다른 곳에 있다.

바로 방위사업청의 실정(失政)이 그 원인이다.
강제성 측면에서 볼 때, 투명성은 지키지 않으면 사정기관에 의해 개인이 직접 불이익을 받는 것으로 반드시 지켜야 하는 필수사항이다. 반면에 효율성, 전문성, 경쟁력은 신분이 보장되는 공무원입장에서 보면, 딱히 없어도 그다지 불이익이 없는 선택사항이다. 그리고 업무 난이도 측면에서 볼 때, 투명성은 일을 안 할수록 점점 높아지는 반면 효율성, 전문성, 경쟁력을 확보하려면 방위사업 난이도와 특수성을 고려할 때 수많은 노력과 시간이 투자되어야 한다. 그래서 방위사업청은 방산비리 수사와 감사를 빌미로 투명성을 내세우며 효율성, 전문성, 경쟁력을 도외시해 버렸다. 그래도 방위사업청이 망하지는 않는다. 국가가 존재하는 한 정부를 대표하여 방위사업을 누군가는 수행해야하기 때문이다. 다만, 정부의 비효율과 비전문성은 방위사업의 근간을 이루고, 방위사업청의 직접적 통제를 받는 국내 방산업체에게는 막심한 피해를 준다.

보통 정부가 제 역할을 못하면 민간 분야에서 먼저 반발을 하지만, 방위사업 분야에서는 그런 환류 기능도 부족하다. 방위사업청이 수요의 100%를 독점하기 때문에 업체의 섣부른 반발은 상당한 불이익을 각오해야한다. 그렇다고 일반 국민 여론이 이를 지적하지도 못한다. 앞서도 언급했지만 국민 일상생활과는 워낙 동떨어져 관심이 적고, 관련 지식도 적으며, 대부분의 정보가 '보안'에 가로막혀 차단되기 때문이다.

결국 방위사업은 비리가 아닌 한, 집행 과정에 불공정과 불합리, 모순이 있다 해도 어떠한 견제도 없이, 정부에 의해 정부를 위해 일방적으로 진행된다. 그러는 사이 방산 생태계는 황폐해져 간다. 어느 방산 CEO의 '망하지 않는 게 용하다'는 탄식처럼 3류 행정의 후진성에 기업이 고스란히 피해를 받는 것이다.

그래서 이 책은 견제 없이 독주하는 방위사업에는 과연 어떤 폐단이

쌓여있고, 불합리하고, 모순된 정책과 규제가 어떤 문제를 유발하고 있는지를 다루고 있다.

2023년 3월

송 방 원

제1장

방위사업의 이해

방위사업의 정의

먼저 방위사업과 방위산업에 대한 정의와 범위를 구분해 보자. 군이 사용하는 모든 장비와 물자는 '군수품(軍需品)'이다. 그리고 군수품은 무기체계와 전력지원체계로 구분된다. 전자인 무기체계는 전투력 발휘에 필요한 무기와 그 무기운용에 필요한 제반요소를 통합한 것을 말하고, 후자인 전력지원체계는 무기체계 외의 장비, 부품, 시설, 물품 등을 말한다. 개인장비를 기준으로 볼 때, 소총과 탄약은 무기체계, 군복과 수통은 전력지원체계가 된다.

여기에서 무기체계를 획득하는 사업을 방위사업[01]이라고 하고, 이것은 방위사업청이 담당하고 있다. 그리고 전력지원체계를 획득하는

---

01. 방위사업법 제3조(정의) 1. "방위력개선사업" 이라 함은 군사력을 개선하기 위한 무기체계의 구매 및 신규개발·성능개량 등을 포함한 연구개발과 이에 수반되는 시설의 설치 등을 행하는 사업을 말한다.

사업을 전력지원체계사업이라고 하고, 각 군의 전력지원체계 사업단에서 담당한다.

결국 방위사업이란 군이 쓰는 전체 군수품 중 방위사업청에서 담당하는 무기체계 획득 사업만을 의미한다.

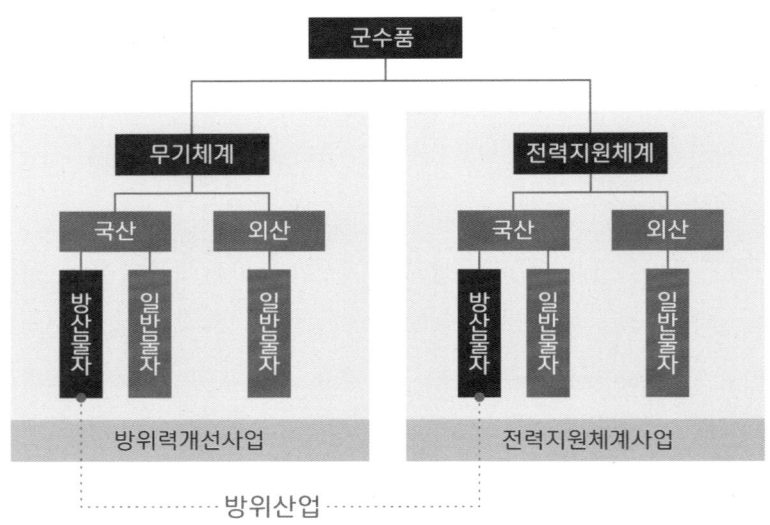

군수품의 구분

방위사업은 국내 또는 국외에서 획득하느냐, 연구개발 또는 구매로 획득하느냐에 따라 다양한 획득방법이 있다. 이 중 국내에서 연구개발로 획득한 무기체계(일부 전력지원체계 포함)는 향후 안정적 공급과 엄격한 품질보증을 위해 방산물자로 지정하는데, 이 방산물자를 개발 또는 생산하는 산업을 방위산업[02]이라고 한다. 즉 무기체계라고 해서 모두 방산물자로 지정되지는 않는다. 그리고 이러한 방산물자를 생산하도록 정부로부터 지정된 업체를 방산업체라고 한다. 2019년 기준으로 방산물자는 1,471개 품목이 지정되어 있고, 방산업체는 87개 업체가 지정되어 있다.[03]

　방산물자로 지정되지 않은 무기체계는 일반물자로 분류하고, 이것은 공개입찰을 통해 추진한다. 생산능력을 갖춘 업체라면 누구나 참여할 수 있다.

---

02. 방위산업 발전 및 지원에 관한 법 제2조(정의) 2. "방위산업" 이란 방위산업물자 등(이하 "방산물자 등" 이라 한다)의 연구개발 또는 생산(제조·수리·가공·조립·시험·정비·재생·개량 또는 개조를 말한다. 이하 같다)과 관련된 산업을 말한다.
03. e-나라지표 방산물자 / 업체 지정현황(2020.6.30.)

방위사업 추진방법

방위사업에서 무기체계를 획득하는 방법은 여러 방법이 있다. 먼저 연구개발과 구매로 구분된다. '연구개발'은 획득하고자 하는 무기체계가 기존에 만들어진 적이 없을 때 설계부터 시작하여 시제품(시험 삼아 만들어 놓은 제품)을 제작하고, 시험평가를 거쳐 성능을 검증한 후 생산하여 획득하는 것이다. 그리고 구매는 이미 만들어 놓은 장비가 있을 때 이를 사오는 것이다.

여기에서 '연구개발'은 주관기관이 누구냐에 따라 '국과연[04] 주관 연구개발'과 '업체주관 연구개발'로 구분된다. 국과연 주관 연구개

---

[04] 국방과학연구소 : 국방에 필요한 병기·장비 및 물자에 관한 기술적 조사·연구·개발 및 시험과 이에 관련되는 과학기술의 조사·연구 및 시험 등을 담당하는 정부출연연구소

발이란 정부출연연구소인 국방과학연구소(국과연)가 설계 및 업체선정 등의 사업관리 전반을 담당하고, 제품 제조능력을 갖춘 국내 업체가 국과연의 설계에 맞춰 시제품을 제작하는 방식이다. 개발비용은 국과연에 정부출연금 형태로 배정되고, 예산관리부터 시제업체 선정까지 국과연이 관리한다. 즉 국과연이 대부분의 개발을 주관하고, 업체는 제품 제조만을 담당한다.

방위사업 추진방법 종류

그리고 업체주관 연구개발은 제품 개발과 관련한 설계, 시제품 제작, 시험평가 등의 모든 업무를 개발업체가 직접 주관하고, 업체선정과 예산관리 등의 사업관리를 방위사업청에서 담당하는 방식이다.

국과연 주관 연구개발 vs. 업체 주관 연구개발 비교

	국과연 주관 연구개발	업체 주관 연구개발
사업관리	국과연	방위사업청(IPT)
예산관리	국과연	방위사업청(IPT)
설계	국과연	업체
시제품 제작	시제업체	업체

'연구개발'은 개발단계에 따라 탐색개발,[05] 체계개발,[06] 양산으로 구분한다. 탐색개발은 개발할 무기체계를 과연 만들 수 있는지를 확인해 보는 초기 개발단계다. 개발성공이 불확실한 상황에서 부(副)체계 또는 주요 핵심 구성품을 연구개발 해봄으로써 체계개발이 가능한지를 확인하는 것이다. 체계개발은 실제 무기체계를 설계하고, 시제품을 제작한 후 시험평가를 통해 군 운용이 가능한지를 확인하는 것이다. 체계개발이 완료되면 규격을 정한 후 대량 생산을 하는데, 이것이 양산이다. 쉽게 말해 '과연 만들 수 있을까?'를 알아보는 것이 탐색개발이고, '제품을 실제 만드는 것'이 체계개발이며, 개발이 완료된 제품을 '대량으로 생산'하는 것이 양산이다.

---

05. 탐색 개발 : 연구 개발의 첫째 단계. 개발하고자 하는 체계의 부체계 또는 주요 구성품에 대한 위험 분석, 기술 및 공학적 해석, 시뮬레이션을 실시하는 단계이다. 핵심 요소 기술을 연구하고 필요시 1:1 모형을 제작하여 비교 검토 후 체계 개발 단계로 전환할 수 있는 가능성을 확인한다. (국방과학기술용어사전, 2011.)
06. 체계개발 : 양산 예정인 무기 체계를 개발하는 단계. 설계 및 시제품 제작, 개발 시험 평가와 운용 시험 평가를 거친다. (국방과학기술용어사전, 2011.)

육군의 구형 대전차 미사일을 대체하는 현궁(보병용중거리유도무기)은 2007년부터 2년의 탐색개발을 통해 군이 요구한 관통력 900mm를 구현할 수 있는 탄두를 개발할 수 있는지와 2.5km 떨어져 있는 전차를 발사 후 망각방식으로 명중할 수 있는지 등에 대한 가능성을 확인했다. 탐색개발에서 개발가능성을 확인한 후 2010년부터 5년 기간의 체계개발에 착수하여 제품 설계와 시제품을 제작하고, 시험평가를 통해 성능을 검증한 후 규격을 마련하였다. 그리고 2016년부터 제품을 대량으로 생산(양산)하여 군에 전력화를 추진하고 있다.

'구매'는 군이 원하는 무기체계가 이미 개발되어 있어 완성된 제품을 구입해 오는 것이다. '구매'는 제품 생산 국가가 어디냐에 따라 '국내 구매'와 '국외구매'로 구분된다.

그런데 대부분의 구매는 '국외구매'다. 소요의 100%를 정부가 가지고 있는 상황에서 정부가 구매를 결정하지도 않았는데 국내업체 스스로 손실위험을 감수하며 장비를 만들어 놓지는 않기 때문이다. 그래서 '국내구매'는 양산이 종료된 장비를 추가 구매하거나, 이미 상용화된 기술을 약간 응용하면 될 정도의 장비, 간혹 다른 사업에서 이미 제품이 만들어져 성능이 검증된 장비에 적용한다. 민간의 CCTV와 광망을 감시센서로 이용한 GOP과학화경계시스템 사업이나, 지상 통신단말기를 이용하여 무궁화위성의 신호를 수신하고, 통신네트워크를 구성하는 후방지역위성통신사업 등이 국내 구매로 추진되었고, OEM방식으로 해외에 수출하고 있는 특수작전용 기관단총, 정보예산으로 이미 개발되어 운용되던 원격사격통제체계 등이 국내구매로 추진되었다. 국내에 구매가능한 장비가 없고, 국내연구개발로는 전력화 시기나 작전운용성능을 충족할 수 없다면 그때는 '국외구매'를 추진한다.

'국외구매'는 구매상대자가 누구냐에 따라 '상업구매'와 '대정부구매(FMS, Foreign Military Sale)'로 구분된다. 상업구매는 방위사업청이 해외 업체와 직접 계약을 체결하여 구매하는 방식이고, 대정부구매는 미(美) 정부를 통해 구매하는 방식이다.

대부분의 해외구매는 경쟁 입찰을 통해 예산절감이 가능한 상업구매를 적용한다. 국내에서 개발이 불가능한 공중급유기를 상업구매방식으로 추진할 때 유럽의 에어버스사와 미국의 보잉, 이스라엘 항공우주산업이 입찰에 참여하여 상호 경쟁을 하였다. 그 외에도 특수작전용 야간투시경, 유탄발사기 등 웬만한 해외장비는 상업구매방식으로 추진된다.

하지만 애초에 상업구매 방식으로는 구매가 불가한 무기체계도 있다. 글로벌 호크(HUAV)나 F-35, 대형공격헬기(AH-64) 등 미 정부가 직접 관리하는 무기체계가 있는데, 이것은 '대정부구매' 방식을 통해서만 구매할 수 있다. 미 정부가 직접 생산과 수출을 통제하는 것이다.

대정부구매는 우리가 먼저 어떤 무기체계를 사겠다는 의향을 밝히고, 미 정부가 그것을 판매하겠다고 상호 합의함으로써 진행된다. 그러면 우리 정부는 구매 비용을 지불하고, 미 정부가 미 업체와 계약을 체결한 후 미 정부에 의해 사업관리와 계약관리 일체가 진행된다. 우리는 미 정부가 필요하다는 비용만 지불할 뿐이니 행정관리 소요가 적은 장점이 있으나, 반면에 경쟁구도가 형성되지 않아 비용 절감이 제한되는 단점이 있다.

2015년 7월 방위사업비리 정부합동수사단의 중간수사결과를 보면, 총 1조원 이상의 방위사업 비리가 있다고 했다. 육군은 방탄복, K11복합소총, 피복류 납품에서 비리가 있고, 해군은 통영함, 소해함, 고속함, 호위함, 정보함, 해상작전헬기 사업 등에서 비리가 있고, 공군은 전자전훈련장비, KF-16 전투기 정비 사업 등에 비리가 있다고 발표했다.

여기서 말하는 1조원은 비리 금액이 아니라 비리가 생긴 사업의 전체사업비를 합친 금액이다. 허위공문서 작성이 문제가 되었던 해상작전헬기는 금전적 비리가 없었음에도 전체 사업비인 5,890억이 비리 금액으로 호도되었다. 납품대금을 부풀린 혐의를 받은 공군의 전자전훈련장비의 비리규모는 원가대비 부풀려진 금액이 아니라 전체 사업비 1,475억 원 자체가 비리규모가 되었다. 통영함, 소해함 등 다른 사업의 비리 규모 역시 마찬가지다. 당시 국민들의 관심이 높은 상황에서 방위사업의 비리규모가 클수록 방위사업비리 합수단의 성과가 커졌기 때문이다. 이후 당시 기소의 50%가 무죄로 판명되었지만, 국민들에게 방위사업은 비리의 온상으로 각인되었고, 국회, 언론 등에서도 방산비리를 국가 대역죄로 처벌해야 한다고 외쳤다. 그러자 정부에서도 방산비리 척결의지를 보여주기 위해 방위사업감독관을 신설해 방위사업 추진 전 과정을 상시 감시하도록 하고, 군수품 무역대리업 등록제를 만드는 등 땜질식 대책을 쏟아내었다.

그런데 당시 합수단이 발표한 비리 중, 방탄복, 피복류 납품 비리는 방위사업이 아닌 전력지원체계의 일반물자에 관한 것이고, KF-16전투기 정비 역시 방위사업이 아니라 전력지원체계 사업이었다. 그래서 엄밀히 따지면 이것은 방위사업 비리가 아니다. 또한 방위사업에 포함되는 무기체계 사업 중 K-11복합소총만 국내 방산업체가 연관되어 있었다. 그 외에 통영함, 소해함, 정보함 등의 탑재장비 구매, 해상작전헬기, 공군전자전 훈련장비 구매사업은 국내 방산업체와는 관계없이 국외에서 완제품을 구매해 오는 것이었다. 그래서 K-11 복합소총만 방위산업 비리라 할 것이고, 나머지는 방산비리가 아니라 무기도입 비리다.

그러나 일반 국민 입장에서 보면, 국내에서 생산하건 해외에서 도입하건, 그것이 무기체계건 군수품이건 모두 군납 과정에서 벌어진 비리일 뿐이다. 즉 국민에게 비리는 비난 받고, 처벌받아야 할 대상이지, 성격에 따라 사정을 달리 볼 대상이 아니라는 것이다.

실제 비리의 분류가 중요하지는 않다.
문제는 대부분의 비리가 해외무기도입과 일반물자 납품과정에서 발생했음에도 대부분의 비리방지 대책이 국내 방위산업에 향해 있고, 애꿎은 국내 방산업체가 피해를 받고 있다는 것이다.
당시 국내 방산업체가 관여된 비리는 K11 복합소총의 사격통제장치 시험검사와 관련된 것뿐이었다. 나머지는 국내 일반업체, 해외 무기생산 업체와 군수품 무역대리점에 관련된 것이다. 그런데 일반물자 납품과 관련한 비리는 개별 업체의 일회성 비리로 인식하여 별다른 제도 개선이나 대책 마련이 없었고, 해외 무기도입 비리에 대해서는 해외업체와 국내 무역대리점에게 청렴서약서 제출과 군수품 무역대리업 등록만을 하게 했을 뿐이다. 반면 비리가 거의 없던 국내 방위산업에 대해서는 상시 감시와 규제를 더욱 강화하였다. 정작 잘못은 다른 사람이 했는데, 방산업체가 옆에 있다가 대신 뺨 맞은 격이다.

 그래서 방산비리 척결이라는 폭풍이 지나간 2016년부터 국내 방산업체의 고용지표와 매출은 심각하게 주저앉았고, 수출 역시 감소세로 돌아섰다. 공장가동률 역시 민수 평균보다 매우 뒤쳐졌고, 국내 방산업체의 평균 영업이익률도 2010년 7.4%에서 2016년에 3.4%로 대폭 감소하였다. 그런데 이 시기에 오히려 해외 무기도입은 증가하였으니 진단과 처방이 정말 잘못되었다.

방위사업의 특징

방위사업은 정부가 수요의 100%를 독점하고, 직접 집행

  방위사업은 '군사력 개선'을 전제로 하기 때문에 방위사업은 '민수용(民需用)'이 아니라 모두 '군용(軍用)'이다. 모든 무기체계 소요, 즉 어떤 무기체계가 필요하다는 요구는 군에서부터 시작하고, 군의 요구가 없다면 민간에서 자발적으로 무기를 만들지는 않는다. 자체적으로 무기를 만들어봤자 사 주는 곳이 없기 때문이다. 그래서 정부, 즉 군이 필요하다고 한 무기에 한해, 정부의 허락을 받아 무기를 만든다. '선 주문 후 생산' 방식이다. 국외 구매도 마찬가지다. 우리 입장에서야 만들어진 무기를 사오는 것이지만, 그 이전에 해당 국가에서는 그 나라 군의 소요가 있었기 때문에 무기를 개발 한 것이다.

그리고 방위사업의 전 과정은 정부의 철저한 관리감독 하에 수행된다. 소요뿐만 아니라 무기체계에 요구되는 기능과 성능, 계약, 시제품 제작, 시험평가, 규격제정, 운용유지 및 폐기의 전 과정을 정부가 직접 관리한다. 그래서 방위사업을 관리하는 방위사업청은 다른 정부 부처와 달리 정책과 행정만을 다루지 않고, 방위사업의 직접 수행 주체가 된다. 일반적으로 민간분야에서는 정부가 '심판'이고, 기업이 '선수'가 되지만, 방위사업에서만큼은 정부가 '심판'이자, '감독'이고, '선수'다. 즉 방위사업청이 방위사업에 대한 정책과 제도를 만들고, 스스로 그 정책과 제도 내에서 방위사업을 직접 집행한다. 기업은 정부가 정해놓은 절차와 제도의 틀 안에서 전 과정을 관리감독 받으며 움직일 수밖에 없다.

방위사업청은 시장을 독점하는 원청업체, 방산업체는 하청업체다

방위사업을 구조를 민간경제 구조에 빗대어 생각해 보면 방위사업을 수월하게 이해할 수 있다. 방위사업청을 'DAPA'라는 이름의 기업이라고 가정할 때, DAPA는 국가 방위사업 시장을 100% 독점하고 있다. 정부와 군으로부터 방위사업에 대한 100% 대행 권한을 가지고 있는 것이다.

DAPA는 자체적으로 무기를 개발할 수 있는 연구소 'ADD(국방과학연구소)'와 하청업체에서 제작한 무기의 품질을 검사할 수 있는 연구소 'DTAQ(국방기술품질원)'을 보유하고 있다. 하지만 직접 제조시설은 갖고 있지 않다. 그래서 실질적인 무기 생산과 제조는 수많은 하청업체(방산업체)에 위탁한다.

　DAPA가 군에 무기를 납품하는 방법은 두 가지다. 스스로 개발할 수 있다 싶으면 자체 연구소인 ADD 또는 하청업체에게 개발을 맡기고, 개발할 여건이 안 된다고 보면, 해외에서 구매해 와 납품을 한다.

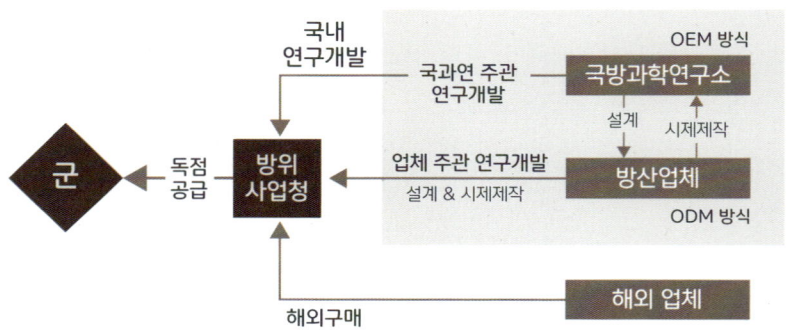

방위사업의 구조

　DAPA가 스스로 개발하는 방법도 두 가지다. 하나는 부설연구소인 ADD가 설계를 하고, 실제 생산과 제조는 하청업체에게 맡기는 것인데 주문자상표부착방식(OEM, Original Equipment Manufacturing)과 같다. 다른 하나는 아예 하청업체에게 설계부터 생산, 제조를 모두 맡기는 것인데 이것은 생산자주도방식(Original Design Manufacturing)과 같다. 최근의 추세는 설계부터 제조까지 모든 과정을 하청업체에게 일괄적으로 맡기는 생산자주도방식(ODM)이다. 부설연구소(ADD)는 미래 먹거리 창출에 전념하느라 여력이 없기 때문이다.

한편 DAPA가 방위사업 발주의 100%를 독점하고 있기 때문에 방위사업 시장 외에 별도의 판로가 없는 하청업체는 원청업체인 DAPA에 종속되어 있다. 일부 하청업체의 경우 방위사업뿐만 아니라 민수시장에서도 나름 경쟁력을 갖고 있지만, 대부분의 하청업체는 원청업체인 DAPA에서 주는 일감만으로 회사가 운영된다. 그래서 DAPA의 눈치를 볼 수밖에 없고, DAPA가 정한 기준은 무조건 따라야 한다. DAPA가 하청업체 간 경쟁을 시켜 단가를 후려치면 이윤을 포기해서라도 원청업체의 요구에 단가를 맞춰야 한다. 제품의 납품 지연이나 품질 불만이 생기면 모든 책임은 하청업체가 부담해야 한다. 원청업체에게 일체의 손해를 주어서는 안 된다. 그렇다고 하청업체가 불만을 제기할 수도 없다. DAPA가 시장을 독점하고 있는 상황에서 업종을 전환하지 않는 한 섣부른 불만이 불이익이 되어 돌아오기 때문이다. 억울하고 힘들어도 참아야 한다.

이런 일들은 민간 시장에서 대기업의 횡포로 자주 회보되는 내용이다. 그러나 민간 시장에서는 대기업의 횡포와 독점에 따른 폐해를 방지하기 위해 정부가 개입하여 시장 질서를 유지한다. 정부는 원청업체의 갑질과 독점에 따른 폐해를 방지하기 위해 공정거래법 및 반독점

규제법 등을 만들어 시장이 공정하고 효율적으로 돌아가게 한다.

하지만 방위사업 시장은 다르다. 시장을 감독하는 방위사업청이 곧 시장을 독점하고 있는 기업 그 자체다. 방위사업청은 감독기관으로 민간 기업 간의 공정거래는 통제하나, 정작 방위사업청 자신의 횡포와 폐해는 외면한다. 분명 갑질의 행위와 결과는 똑같은데, 정부가 하는 것은 갑질이 아니라는 식으로 스스로 면죄부를 준다.

그래서 방위사업 시장은 형법을 위반하지 않는 한, 방위사업청에 의해 일방적으로 움직이다. 원청업체인 방위사업청만을 위한 시장 질서를 정하거나, 방위사업청의 이익만을 극대화하기 위해 하청업체의 희생을 강요해도 견제가 있을 수 없다. 방위사업 시장에서 하청업체 격인 방산업체는 원청업체인 방위사업청으로 인해 억울한 일이 생겨도 어디 하소연할 수가 없고, 그저 원청업체가 갑질과 횡포를 부리지 않고, 하청업체의 형편을 알아주고, 챙겨주기만을 바래야 한다.

방위산업의 성패는 온전히 방위사업청에 달려있다

2006년 방위사업청이 만들어진 이후 방산업체의 영업이익률은 계속 감소하고 있다. 2006년 방산업체 영업이익률이 5.0%이었는데 2019년은 3.7%이고, 심지어 2017년 방산업체 영업이익률은 역대 최저 수준인 0.5%이었다. 반면에 일반 제조업 평균 영업이익률은 2006년

5.0%, 2019년은 4.4%였고, 방산업체 영업이익률이 0.5%로 최저 수준이었던 2017년에는 7.6%였다.[07] 방산업체의 영업이익률이 일반 제조업의 평균 영업이익률을 한참 밑도는 것이다. 그리고 방산업체 가동률 역시 60%대 수준을 넘어서지 못하고 있다. 방산업체 경영여건이 악화일로다.

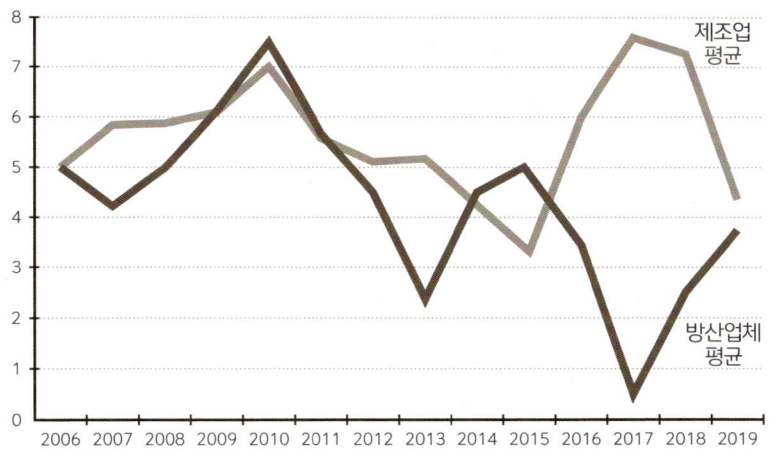

방산업체와 제조업 평균 영업이익률(%)

일각에서는 이 같은 원인을 2014년부터 시작된 방위사업 비리에 대한 수사와 감사, 국민적 비난으로 인해 국내 방위산업이 위축되고, 사

---

07. e-나라지표, 한국방위사업진흥회 '2019 방산업체 경영분석 조사'

업이 축소되었기 때문이라고 한다.

  하지만 작금 방위산업 위기의 원인은 외부에 있는 게 아니라 시장을 직접 관리하고 운영하는 방위사업청에게 있다. 시장을 비효율적으로 만들고, 방위사업청의 안위와 이익만을 위해 방산업체의 희생과 양보만을 강요했기 때문이다. 한마디로 원청업체와 하청업체간 상생은 뒷전이고, 원청업체만 배불린 것이다.

  그래놓고, 하청업체가 성장하고 싶으면 원청업체에게만 의존하지 말고, 자체 경쟁력을 키워 해외 시장을 개척하라고 한다. 원청업체로 인해 문제가 생겼는데 이것은 무시하고, 하청업체의 경쟁력 부족을 원인으로 돌린 것이다. 진단과 처방이 틀려도 한참 틀렸다.

  원청업체가 시장을 독점하고 있는 상태에서는 하청업체가 아무리 노력해도 원청업체를 뛰어 넘어 성장할 수가 없다. 원청업체가 성장한 만큼만 하청업체가 성장할 수 있고, 원청업체가 무능하면 하청업체는 망하는 것이다.

  그래서 방위산업의 흥망은 오롯이 방위사업청에 달려있다.

방위사업 추진 과정

무기체계에 대한 소요가 결정되면 어떤 절차를 거쳐 연구개발 되고, 양산이 되는지를 방위사업청과 업체, 그 외 기관별 역할을 중심으로 간략하게 살펴보자.

먼저 합참에서 무기체계 소요를 결정하면 방위사업청에 획득을 요구한다. 그럼 방위사업청은 해당 사업을 추진할 사업팀을 선정하여 해당 사업을 배당한다.

사업을 배당 받은 사업팀은 먼저 해당 무기체계를 어떤 방법으로 획득 할 것인지를 결정한다. 이것은 연구개발, 국내구매와 국외구매 등 다양한 획득방법 중에서 '군이 요구한 성능의 무기체계를 원하는 시기에 최적의 비용으로 확보하는 방법'을 결정하는 것이다. 예를 들어 군이 2030년까지 어떤 무기체계 획득을 요구했다면 먼저 국내 기술수준으로 연구개발 할 수 있는지, 한다면 2030년까지 완료가 될 수 있는지, 비용은 얼마가 소요되는지를 따져본다. 또한 해외에서 이미 만들어진 것이 있으면 구입이 가능한지와 얼마에 구입할 수 있는지를 조사한다. 그러고 난 후 국내 개발과 해외 구매를 서로 비교해서 가장 유리한 획득 방법을 결정한다. 이것은 선행연구를 통해 이루어진다. 이 선행연구는 방위사업청이 직접 하지는 않는다. 개청 초기에는 사업팀에서 직접 자료를 수집하고, 여러 획득대안을 직접 비교분석하여 최적의 획득방법을 결정하기도 했지만, 점차 전문성이 약해지고, 선행연구 결과에 대한 편파성 논란이 생기다보니 이를 빌미로 외부용역으로 전환시켰다. 그런데 외부 용역마저 전문성과 신뢰성에서 잡음이 생기니 지금은 방위사업청 출연기관인 국방기술품질원이 전담하고 있다.

선행연구 결과에 대한 논란은 연구결과에 따라 업체 간의 이해관계가 현격히 달라지기 때문이다. 연구개발로 결정되면 해외업체의 입찰 기회는 사라지고, 반면 국외구매로 결정되면 국내 방산업체의 입찰기회가 사라진다. 또한 연구개발인 경우에도, 국과연주관이 되어 시제업체로 참여하느냐, 업체주관이 되어 개발업체로 참여하느냐에 따라 업체가 부담하는 사업 위험도가 크게 달라진다.

기품원에서 선행연구 결과를 내놓으면 사업팀은 그 내용을 정리하여 아래의 내용을 포함[08]한 '사업추진기본전략'을 작성하고, 이것은

---

08. 방위사업관리규정 제 39조(사업추진기본전략(안) 수립)

국방부장관이 위원장인 '방위사업추진위원회(방추위)'의 심의, 의결을 통해 확정된다.

> ### ✦ 사업추진기본전략 포함사항
>
> 1. 획득목표, 연도별 편성계획을 포함한 사업예산, 추진경위 등 사업현황
> 2. 필요성, 운용개념 등 획득논리
> 3. 획득성능
> 4. 연구개발 또는 구매로의 사업추진방법 결정에 관한 사항
> 5. 연구개발 또는 구매로의 사업추진 목표 및 방침
> 6. 연구개발 시 투자형태(업체투자, 공동투자, 정부투자 등) 및 투자형태에 따른 사업추진방법
> 7. 연구개발사업과 구매사업의 구분형태에 관한 사항
> 8. 시험평가 전략에 관한 사항
> 9. 사업추진단계별 기간을 구분한 사업추진일정
> 10. 상호운용성 확보계획
> 11. 전력화지원요소 확보방안
> 12. 통합사업관리팀 구성 및 운영에 관한 사항
> 13. 연구개발 단계를 통합하거나 일부를 생략하여 수행하는 사항

'사업추진기본전략'의 내용 중 필요성 및 운용개념 등 획득논리, 획득성능, 상호운용성, 전력화지원요소 등은 이미 합참이 제공한 소요결정서에 나와 있기 때문에 실제로 사업추진기본전략에서 다루는 중

요한 내용은 연구개발과 구매 중 어떤 방법을 적용할 것이냐다. 그리고 연구개발로 추진한다면 국과연 주관으로 할 것인지 업체주관으로 할 것인지, 탐색개발을 수행할 것인지와 투자형태를 어떻게 할 것인지를 다룬다.

그리고 '사업추진기본전략'이 확정되면 기획재정부에서 예산편성의 타당성을 평가하기 위한 사업타당성 조사[09]를 수행한다. 사업타당성 조사는 한국국방연구원에서 수행한다.

국내 연구개발

사업추진방법을 국내 연구개발로 확정하고 나면, 연구개발에 필요한 기본계획서(탐색개발 기본계획서 또는 체계개발 기본계획서)를 작성한다. 연구개발 기본계획의 대부분 내용은 사업추진기본전략을 근거로 작성하기 때문에 연구개발 기본계획에서 실제로 다루는 중요한 내용은 업체 선정과 관련된 내용이다. 제안서평가를 할 때의 평가항목, 평가기준, 평가절차, 계약 방법 등이 연구개발 기본계획에서 확정된다.

---

09. 국방사업 총사업비 관리지침, 사업기간 2년 이상, 연구개발 500억 원 사업에 적용

✧ 연구개발 기본계획 포함사항

<탐색개발기본계획>[10]

1. 사업추진방법 : 사업 투자형태, 연구개발 주관기관, 일정 및 소요예산
2. 통합사업관리팀의 구성 및 운영계획
3. 업체 선정기준 · 방법 및 계획
   - 평가항목 · 기준, 평가절차, 평가일정, 평가결과 공개여부, 계약방법 등
4. 탐색개발단계 M&S 활용계획(필요시)
5. 상호운용성 확보계획
6. 필요 시 성과기반군수지원(PBL) 적용방안
7. 시제품 관리계획
8. 기술성숙도 평가계획
9. 함정 탑재장비와 무기체계의 확보 및 기본설계 추진계획 등
10. 함정 탑재장비의 관급 분류에 관한 사항(필요시)
11. 탐색개발단계에서 수행할 패키지시설의 설계 및 공사 추진계획 (필요시)
12. 감리수행 계획(전장관리정보체계사업의 경우)
10. 함정 탑재장비의 관급 분류에 관한 사항(필요시)
11. 탐색개발단계에서 수행할 패키지시설의 설계 및 공사 추진계획 (필요시)
12. 감리수행 계획(전장관리정보체계사업의 경우)

---

10. 방위사업관리규정 별표 제9호 서식

> **<체계개발기본계획>**[11]
>
> 1. 탐색개발결과
> 2. 사업추진방법 : 사업 투자형태, 연구개발 주관기관, 일정 및 소요예산, 체계구성, 체계분야별 개발계획, 상용소프트웨어 확보방안, 복수 연구개발사업 추진 여부
> 3. 통합사업관리팀의 구성 및 운영계획
> 4. 시험평가 개략적인 계획
> 5. 기술성숙도 및 제조성숙도 평가 계획
> 6. 업체 선정기준·방법 및 계획
>   - 평가항목·기준, 평가절차, 평가일정, 평가결과 공개여부, 계약방법 등
> 7. 체계개발단계 M&S 활용계획(필요시)
> 8. 상호운용성 확보계획
> 9. 시제품 활용계획
> 10. 중소기업 우선선정 품목지정 대상 검토결과
> 11. 그 밖에 전력화지원요소의 개발 및 확보방안
> 12. 수의계약으로 추진 사항
> 13. 체계개발단계에서 수행할 패키지시설의 설계 및 공사 추진계획
> 14. 감리수행 계획(전장관리정보체계사업의 경우)
>
> ---
> 11. 방위사업관리규정 별표 제12호 서식

 연구개발 기본계획이 최종 확정이 되면 사업팀은 연구개발을 주관할 업체를 선정한다. 먼저 방위사업청 홈페이지와 국방전자조달시스

템 사이트[12]를 통해 '입찰공고'를 한다. 그리고 무기체계 개발에 참여를 희망하는 업체를 대상으로 무기체계 개발 사업 현황을 소개하고, 군과 사업팀의 요구사항을 정리한 제안요청서를 제공한다. 그러면 업체는 제안요청서에 요구된 사항을 충족할 수 있는 방안과 계획을 담은 제안서를 제출하고, 사업팀은 제안서를 평가하여 업체 간 우열을 평가한다.

연구개발 업체선정은 대부분 제안서평가를 통한 협상에 의한 계약 방식[13]으로 진행되기 때문에 제안서평가 결과는 낙찰자를 선정하는 게 아니라 협상 우선순위가 된다. 그 이유는 연구개발 제안서평가는 기성제품과 같이 성능과 가격이 확정된 제품을 비교하는 게 아니라 어떻게 개발 하겠다는 앞으로의 계획을 평가하는 것이라서 제안내용이 사업팀 요구와 차이가 날 수 있기 때문이다. 그래서 이러한 이견사항을 상호협상을 통해 최종 조율하는 것이다. 협상 우선순위 업체부터 협상을 시작하고, 협상이 결렬되면 다음 순위의 업체와 협상을 하며 최종 협상의 타결될 때 연구개발 낙찰자가 결정된다.

제안서평가를 통한 업체선정 절차

---

12. 국방전자조달시스템 www.d2b.go.kr
13. 국가를 당사자로 하는 계약에 관한 법률 시행령 제43조(협상에 의한 계약 체결)

연구개발 주관업체가 결정되면, 개발 업체는 자신들이 제안한 내용을 기본으로 연구개발 실행계획서를 작성한다. 그리고 이 내용이 계약서에 포함[14]된다.

계약이 체결되면 개발업체는 본격적으로 설계와 시제품 제작에 착수하게 된다. 무기체계 개발은 시스템 엔지니어링의 절차를 따르고 있다. 먼저 개발 무기체계에 대해 군이 무엇을 요구하는지(요구사항분석, System Requirement Review)와 어떤 기능이 반영되어야 하는지(기능분석, System Function Review)를 검토한다. 이것을 체계요구조건/ 체계기능검토회의(SRR/ SFR)라고 한다. 예를 들어 군에서 전투차량의 야간작전이 가능해야 한다는 요구가 있으면 그 요구를 달성하기 위해 무 조명 야간 운행기능을 도출하고, 이 기능을 충족하기 위해 열상잠망경을 부착하는 방안 등을 마련하는 것이다. 연구개발 무기체계는 기존에 없는 장비를 무(無)에서 새롭게 만들어 가는 것이고, 제품이 이미 제작된 후에는 요구사항을 추가로 반영하는 것이 어렵기 때문에 초기 단계에서 요구사항과 필요한 기능을 최대한 염출하는 게 매우 중요하다.

요구사항과 기능이 확정되면 비로소 제품을 설계하는데 개발업체가 대략적으로 제품을 설계 하면 여러 기관이 모여 설계의 적절성을

---

14. 방위사업청 예규 일반무기체계 연구개발 계약특수조건 표준 제3조(계약문서 등)

검토(기본설계 검토, PDR, Preliminary Design Review)하고, 기본설계가 확정되면 개발업체는 시제품 제작이 가능한 수준의 세부 설계를 수행한다. 그리고 설계가 완료되면 다시 관련 기관이 모여 군의 요구사항과 기능을 만족할 수 있게 설계 되었는지, 추가적으로 보완할 것이나 오류는 없는지 등을 검토(상세설계 검토, DDR, Critical Design Review)한다. 이와 같이 기본설계와 상세설계를 구분하고, 각 단계마다 검토를 하는 이유는 설계가 완성된 후에 설계 오류가 식별되면 수정비용과 일정에 큰 손해가 따르기 때문에 단계별로 위험을 줄이기 위함이다.

설계가 확정이 되면 개발업체는 확정된 설계대로 시제품을 제작한다. 하위 부품이 모여 구성품이 되고, 여러 구성품이 모여 체계를 이룬다. 일반적으로 부품이나 구성품을 개발하는 업체를 협력업체라고 부르고, 여러 구성품을 모아 하나의 체계를 완성하는 업체를 체계업체라고 칭한다. 무기체계 연구개발 계약의 당사자는 방위사업청과 체계업체이고, 구성품을 제작하는 협력업체는 체계업체와 계약을 체결한다. 체계업체가 주계약업체로서 연구개발에 관한 모든 책임을 진다.

개발기간에는 시제품 제작만 하는 것이 아니라 무기체계 운용에 필요한 제반요소를 같이 개발한다. 이것을 종합군수지원(ILS, Integrated Logistics Support)요소라고 하는데 무기체계를 배치 한 후, 정비는 누가 어디에서 어떻게 진행할지를 계획하고, 정비에 필요한 장비를 개발하며, 정비에 필요한 부속은 어떻게 확보할 것인지 등을 다룬다. 즉 무기체계가 군에 배치된 이후 운용과정에서 필요한 제반 사항을 모두 검토하고 개발하는 것이다.

시제품 제작이 끝나면 완성된 제품이 군 요구 성능을 만족하는지에 대한 시험평가가 진행된다. 시험(Test)은 정해진 절차대로 장비를 운용할 때 어떤 결과 값이 나오는지를 보는 것이고, 평가(Evaluation)는 시험에 의해 도출된 결과 값이 요구 기준에 부합하는지를 판정하는 것이다. 이 시험평가는 개발시험평가(DT&E, Development Test and Evaluation)와 운용시험평가(OT&E, Operational Test and Evaluation)로 구분되는데, 개발시험평가는 제작된 시제품이 요구된 기능과 성능을 만족하는지를 평가하는 것이고, 운용시험평가는 시제품이 군 운용환경에 적합한지를 평가하는 것이다. 차량을 예로 들면, 개발시험평가에서는 최고속도, 가속성능, 연비 등 요구된 기능과 성능이 제대로 구현되는지를 평가하고, 운용시험평가에서는 완전무장한 군인이 운전하는데 불편은 없는지 강원도 좁은 산길을 주행하는데 부족함이 없는지 등을 평가하는 것이다. 개발시험평가는 업체가 계획을 수립하고 시험을 수행하여 결과 값을 도출하는데 국방부에서 시험계획을 승인하고, 그 결과를 판정한다. 그리고 운용시험평가는 소요군 시험평가 부서에서 시험계획을 수립하고 시험을 수행하며, 계획 승인과 결과 판정은 개발시험평가와 마찬가지로 국방부에서 주관한다.

시험평가는 2006년 방위사업청 개청 당시에는 방위사업청에서 주관하였는데, 무기체계 시험평가에 대한 객관성을 확보한다는 명분으로 2014년 국방부로 이관되었다. (2014. 11월 방위사업법 개정)

시험평가 결과, 시제품이 요구된 기능을 구현하고(개발시험평가 결과 '기준충족'), 군 운용환경에서 전투용으로 사용이 가능하다는 판정(운용시험평가 결과 '전투용 적합')을 받으면 개발업체는 시제품을 대량 양산하기 위해 규격을 제정한다. 즉 소량의 시제품을 제작해서 시험을 해 봤는데 만족할 만한 결과가 나왔다면 동일한 성능을 가진 제품을 대량생산하기 위한 기준을 제정하는 것이다.

규격은 규격서, 도면, 부품/ BOM, 품질보증요구서(QAR, Quality Assurance Requirement), SW 기술문서로 구성되어 있다. 개발업체는 해당 규격자료를 방위사업청 사업팀으로 제출 하고, 사업팀은 내부의 의사결정 절차(분과위원회)에 따라 규격을 제정하고, 관리한다.

규격 제정을 끝으로 연구개발은 종료되고, 이제 양산을 위한 절차가 진행된다. 이때 대부분의 경우 국내 연구 개발된 무기체계는 방위사업청으로부터 방산물자로 지정받고, 개발업체는 산업통상자원부로부터 해당 방산물자를 생산하는 방산업체로 지정받는다.

방산물자와 방산업체로 지정되면 방위사업법에 의한 여러 보호육성 혜택 등을 받을 수 있으나, 무엇보다 중요한 것은 수의계약 자격이다. 국가를 당사자로 한 계약에 관한 법률 시행령 제 26조(수의계약에 의할 수 있는 경우)에 의해 방위사업법에 따른 방산물자를 방위산업체로부터 제조·구매하는 경우 수의계약을 할 수 있기 때문에 개발업체 입장에서는 양산을 다른 업체와 경쟁하지 않고, 단독으로 수주할 수 있다. 경쟁을 하지 않는다는 것은 저가 입찰할 필요가 없고, 이는 수익으로 이어진다.

사업팀은 전력화 기간 및 비용, 전력화 물량, 양산업체 선정방법을 포함한 '양산계획'을 작성하고, 이러한 '양산계획'은 다시 '방위사업추진위원회'의 심의를 거쳐 확정한다. 그리고 양산계획이 확정되면 한국국방연구원이 양산사업에 대한 사업타당성 조사를 수행한다. 이미 연구개발 사업 착수 전에 사업타당성 조사를 했음에도 양산 사업타당성 조사를 다시 하는 이유는 동일한 무기체계라고 해도 연구개발사업과 양산사업을 각기 다른 사업으로 보기 때문이다. 이 사업타당성 조사를 거쳐 예산이 반영되면, 방위사업청은 업체와 계약을 체결한다.

그러면 업체는 규격에 따라 생산을 시작하고, 제품 생산이 완료되면 정해진 규격에 따라 제품이 제대로 생산되었는지를 검사하게 되는데, 이 품질검사는 방위사업청 출연기관은 국방기술품질원에서 담당한다. 정해진 규격대로 제품이 만들어져 품질검사에서 기준충족이 되면, 해당 무기체계는 비로소 군에 인도되어 전력화된다.

군에 전력화된 무기체계는 다시 운용초기단계에서 여러 시험을 거친다. 운용과정에서의 제한사항을 조기에 식별하여 조치하기 위함인데, 최초생산물량이 전력화된 후 군 주관 하에 '야전운용시험(Field Test)'을 하고, 후속물량이 전력화 되면 다시 한 번 '전력화평가'를 한다. 양산업체는 야전운용시험과 전력화평가에서 미흡사항 식별되면 이를 보완하여 후속 양산에 반영한다.

또한 양산업체는 생산과정에서 자체적으로 결함을 식별하거나, 단종품목 등이 생기면, 설계를 변경하거나, 대체품을 적용하여 이를 해결한다. 이런 과정을 거치면서 초기 규격은 꾸준히 개정되는데, 이 규격은 업체가 임의로 개정하는 게 아니라, 방위사업청 사업부서에서 관리한다. 무기체계의 부품 하나까지 정부가 통제하고, 관리하는 것이다.

그리고 마침내 계획된 모든 물량의 생산을 완료하여 군에 인도가 되면, 연구개발 사업은 종결된다.

> ### ◈ 야전운용시험(Field Test) 사항
>
> <국방전력발전업무훈령 제80조(야전운용시험)>
>
> 1. 무기체계의 야전운용성능
> 2. 부대 전투수행능력 중 전술단위 임무수행능력
> 3. 전력화지원요소 확보의 적정성
> 4. 시험평가결과 보완요구사항 반영 여부(형상의 변경 상태 등) 등

> **전력화평가 사항**
>
> <국방전력발전업무훈령 제83조(전력화평가)>
>
> 1. 무기체계 및 부대의 야전운용 적합성
> 2. 부대의 요망 임무수행능력
> 3. 교리, 편성 및 운영개념의 적합성
> 4. 교육훈련여건 및 훈련체계 구비여부
> 5. 종합군수지원요소의 적절성
> 6. 표준화·규격화 적절성
> 7. 운영유지비용 절감방안
> 8. 운용시험평가 및 야전운용시험(FT)결과 후속조치사항 조치결과
> 9. 후속 양산 또는 후속 구매를 위해 보완해야 할 사항
> 10. 성능개량 소요 및 차기 전력소요제기 시 적용할 개선사항 등

구매

구매 사업도 소요결정이후 사업추진기본전략 수립까지는 연구개발과 동일하게 진행된다. 다만 사업추진기본전략에서 '구매'로 결정이 되면 연구개발기본계획대신 구매계획을 수립한다. 구매계획 역시 대부분 내용은 사업추진기본전략을 근거로 작성하기 때문에 구매계획에서 실제로 다루는 중요한 내용은 업체 선정과 관련된 내용이다.

구매계획 포함사항

<방위사업관리규정 별지 제17호 서식>

1. 다음 각 목의 획득배경 및 목표
    가. 소요결정 과정에서 제기된 운영개념
    나. 공급 가능업체 파악 및 공급을 제한하는 요소에 대한 분석 등 획득 여건
    다. 산업육성정책, 대상장비 선정 및 평가를 위한 필수조건 및 선택조건 구분, 비용절감요소 식별, 획득일정 등
    라. 획득 비용분석
    마. 전력화 일정
    바. 성능과 비용의 상호조화 가능성
    사. 대상장비 설명
    아. 위험 요소
    자. 기타 필요한 사항
2. 제안요청서에 포함할 주요사항
3. 시험평가팀 구성 등 시험평가에 관한 사항
4. 협상팀 구성 여부 등 개략적인 협상계획에 관한 사항
5. 구매하고자 하는 무기체계의 선정·기종결정 원칙 및 기타 사업추진 계획사항
6. 다음 각 목의 실행방안
    가. 경쟁촉진 및 공정성 확보방안 (비경쟁 시 비경쟁사업 추진 사유)
    나. 기종결정 절차
    다. 계약업체 선정방법에 관한 사항
    라. 재원확보 방안
    마. 장비별 인도 우선순위, 인도방법 등

> 바. 절충교역 추진전략
> 사. 품질보증(국제품질보증 협정 활용여부를 포함한다)
> 7. 상호운용성 확보계획
> 8. 법 제19조제2항에 따른 민간전문가의 협상참여 여부
> 9. 분석평가 결과의 활용

구매계획이 확정되고 나면, 사업부서는 연구개발과 마찬가지로 입찰을 공고하고, 제안요청서를 제공한 후, 업체가 제안서를 제출하면 이를 통해 제안서평가를 진행한다. 다만 여기의 구매 제안서평가는 연구개발 제안서평가와 그 목적이 다르다.

연구개발은 개발업체를 먼저 정해 놓고, 시제품제작, 시험평가 등을 진행하기 때문에 연구개발 제안서평가는 업체 선정이 목적이다. 그러나 구매는 이미 제품이 만들어져 있기 때문에 제품 검증이 먼저다. 그래서 구매는 제품이 요구사항을 충족하는지 자료를 통해 먼저 확인하고, 시험평가를 거쳐 실제 성능을 검증한 후, 그 다음 최종 제품을 결정하는 순서로 진행된다. 따라서 구매 제안서평가는 최초 서류 심사와 같다. 제안된 제품이 요구사항을 충족할지, 다음 단계인 시험평가를 진행할 만한지를 평가하는 것이 목적이다. 그래서 구매 제안서평가는 연구개발 제안서평가와 달리 요구항목별 '충족' 또는 '미충족'으로

만 평가된다.

제안서평가를 통해 '충족'이 된 제품은 실제 검증을 위한 구매 시험평가를 받게 된다. 구매 시험평가도 연구개발 시험평가와 같이 소요군이 시험하고, 국방부가 평가한다. 연구개발 시험평가와 다른 점은 시험평가와 동시에 협상이 진행된다는 것인데, 사전에 식별하지 못한 요구사항을 추가하거나, 비용 절감을 위해 일부 성능을 제외하는 등의 조율이 이루어진다. 그리고 이 시험평가에서 '전투용적합' 판정을 받은 제품은 '기종결정 평가'로 넘어간다.

기종결정 평가는 구매사업에서 비로소 최종 제품을 선정하는 과정이다. 일반적으로는 '전투용적합'한 제품 중 최저 비용 제품으로 결정하지만, 제품 간 성능차이가 크거나 안보 및 군사외교, 경제적 파급효과 등을 종합적으로 고려하여 결정하기도 한다. 기종결정 평가방법을 어떻게 할지는 구매계획에서 승인된다.

기종이 결정되어 계약이 체결되면, 계약업체는 생산을 시작하게 되고, 생산이 완료된 제품은 수락검사를 통해 성능을 검증 후 군에 전력화한다.

일반적인 사업추진 절차

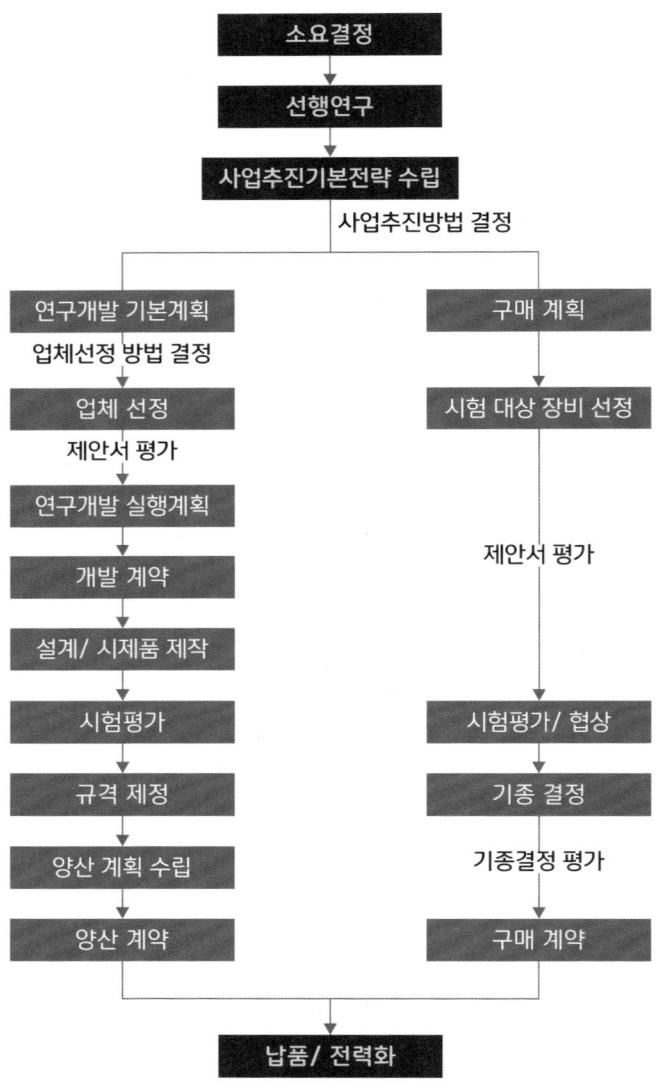

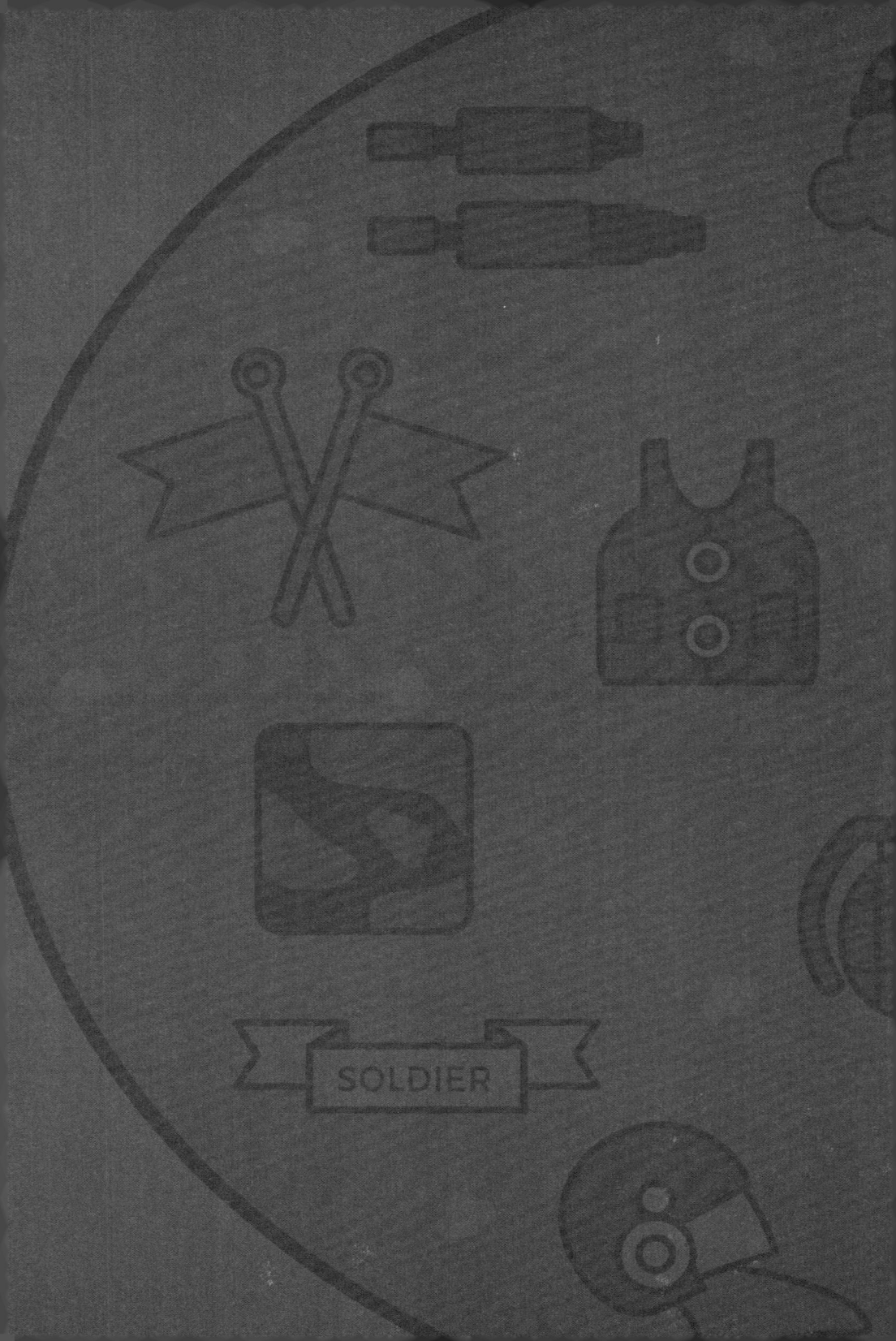

제2장
방위사업 비효율, 모순 그리고 갑질

방산업체의 자금난만 가중시키는 연구개발 투자방식

> 방위사업청은 국내 무기체계를 연구 개발하는 사업에 업체 자체 투자를 강요한다. 정부가 100% 사용할 제품임에도 업체 자금으로 먼저 개발하라는 것이다. 방산업체가 자체투자 해야만 개발 책임감이 높아지고, 기술혁신도 이룰 수 있으며, 수출 경쟁력을 높이고, 예산도 절감할 수 있다는 명분이다.
>
> 그러나 실제로 정부투자나 업체투자나 투자주체를 달라한다고 해서 바뀌는 것은 전혀 없다. 그저 업체투자는 방산업체의 자금난만 가중시킬 뿐이고, 자금조달 능력이 입찰의 진입장벽이 되는 역효과만 낳을 뿐이다.

정부가 사용할 제품의 개발비를 방산업체에게 분담

　방위사업청은 사업 초기단계부터 업체를 어렵게 한다. 앞서 살펴본 바와 같이 사업추진방식을 국내 업체주관 연구개발로 할 경우에는 그 투자 형태를 결정한다. 투자형태는 정부가 개발비 전액을 투자하는 정부투자, 업체가 개발비 전액을 투자하는 업체투자, 정부와 업체가 공동으로 투자하는 공동투자 방식이 있다. 정부투자로 연구개발한 제품은 양산 제품 단가에 별도의 개발 비용이 청구되지 않는다. 개발비를 모두 정부가 투자했으니 양산단가에는 순전히 양산에 필요한 비용만 포함된다. 그러나 업체투자 또는 공동투자 방식으로 진행한 경우, 업체가 투자한 비용은 향후 양산비용에 개발비로 반영되어 추가 청구된다. 예를 들어 업체가 개발비 10억을 들였고, 단가가 10억 원인 제품 10대를 생산한다고 할 때, 양산단가는 단가 10억 원에 대당 개발비 1억 원이 추가되어 11억 원이 된다.

　민간분야에서는 사회기반시설(SOC)에 한해 민간투자를 받아 정부의 재정건전성을 높이고, 사회기반시설의 확충 및 운영의 효율성을 높인다. 민간업체가 투자하여 사회기반시설을 건설하고, 직접 운영하거나 임대하여 투자비를 회수하는 방식이다. 이것은 사회기반시설에 대한 민간투자법을 근거로 하고 있다. 그런데 정부가 100% 소요와 운용을 독점하는 방위산업에 민간업체가 비용을 투자하여 연구 개발하는 모양새는 다소 이상하다. 국방 분야에 투자할 정부예산이 부족한 것도 아니고, 정부가 100% 운용하는 사업이기 때문에 운용 수익을 얻는 것도 아니며, 운용의 효율성 개선을 기대할 것도 아니다. 단지 방산업체에게 돈을 미리 주느냐 나중에 주느냐의 차이일 뿐이다.

> ❖ **무기체제 연구개발의 투자 주체 선정 등에 관한 지침**
>   **(2012.5.14. 제정)**
>
> **제3조(연구개발사업의 투자주체 선정 기준)**
> ① 통합사업관리팀장은 방위사업관리규정 제78조의2에 따라 업체 투자비 회수의 용이성, 국내기술수준, 사업의 기술적 난이도 등을 고려하여 개발비의 투자주체(업체투자·공동투자·정부투자) 연구개발 형태를 정한다.
> ② 제1항에 따라 연구개발 형태를 정하는 경우 통합사업관리팀장은 다음 각 호의 조건을 고려하여 업체투자, 공동투자, 정부투자의 순으로 연구개발사업 투자주체를 검토하여야 한다.

2006년 방위사업청 개청 이후 2012년까지 대부분의 무기체계 연구개발 사업은 정부투자로 진행되었다. 그러던 중 2012년 5월에 방위사업청은 「무기체계 연구개발 투자주체 선정 등에 관한 지침」을 제정하면서 연구개발 사업의 투자방식을 업체투자, 공동투자, 정부투자 순으로 검토하게 하였다. 여러 투자방식을 선택하는 것이 아니라 업체 투자 먼저 적용하고, 적당한 투자업체가 없으면 정부와 업체가 공동으로 투자하고, 그것마저 없을 때 비로소 정부가 투자하는 방식을 순차적으로 적용하게 한 것이다.

2012년 5월 당시의 보도를 보면 방위사업청은 이 지침을 제정함으로써 무기체계 개발 시 업체 투자여건이 활성화돼 방산업체의 기술혁신과 수출경쟁력이 강화되며, 국가예산이 효율적으로 운용될 것이라고 하였다.[01] 또한 연구개발 시 업체의 책임성이 강화될 것이고,[02] 업체투자를 활성화함으로써 비로소 방산기업이 주도적으로 무기를 개발할 수 있게 되었다고 하였다.[03]

방위사업 기술혁신, 수출경쟁력, 국방사업 예산 효율화, 업체 책임성 강화 등 당시 방위사업 화두를 이 지침 하나로 이룰 수 있다는 듯 말했다. 기존에는 100% 정부투자만 가능하였으나, 이제는 방산업체도 개발비를 투자할 수 있는 길이 마련되었고, 방산업체가 투자하여 기술을 개발하면 기술혁신이 되고, 수출도 활성화된다고 하였다. 마치 그동안은 정부가 투자를 전담했기 때문에 기술혁신과 수출이 부진했다는 식이다.

---

01. 전경웅,「기술력 가진 기업이 무기개발 주도한다」,「뉴데일리」, 2012.5.14., http://www.newdaily.co.kr/site/data/html/2012/05/14/2012051400022.html
02. 정책브리핑 2012.6.12.
03. 양낙규,「무기개발주체 업체비율 대폭 늘린다」,「아시아경제」, 2012.5.14., http://www.asiae.co.kr/news/view.htm?idxno=2012051409555313198

투자주체에 따라 달라지는 것은 없다

보도 자료만 보면 그럴 듯한 말들이나, 실상을 알고 보면 이 제도는 전혀 실효성이 없고, 방산업체의 피해만을 강요하는 제도다. 먼저 업체주관 연구개발 시 개발 범위와 과업, 개발 난이도, 개발 방식과 인력 등은 변함이 없는데 투자를 누가 하느냐에 따라 기술혁신 정도가 달라진다는 말은 이치에 맞지 않는다. 또한 수출 역시 무기체계 성능 및 가격 경쟁력, 해외 핵심제품의 수출승인(Export License) 등에 영향을 받는 것이지 개발비 투자 주체에 따라 달라지지는 않는다. 한마디로 말해 만들고자 하는 제품은 달라진 게 없는데 돈을 누가 지불하느냐에 따라 제품이 달라진다는 말은 거짓이다. 당시 방위사업의 화두였던 기술혁신과 수출경쟁력을 갖다 붙여 그럴싸하게 호도했을 뿐이다.

하물며 지침을 보면 업체가 100% 투자하여 연구개발을 성공했을 때 개발된 결과물의 특허권 등 지식재산권은 정부가 소유하거나 실시할 수 있도록 하고 있다. 업체입장에서는 정부의 도움 없이 개발을 성공했는데, 정작 그 결과물을 스스로 활용할 수도 없다는 것인데 기술혁신과 수출경쟁력이 좋아질리 없다.

생산자주도방식(ODM)에서 원청업체가 돈은 주지도 않으면서 하청업체 자체투자로 개발에 성공하면 그제서 사 주겠다는 식이다. 더구나 개발에 성공하면 그 소유권을 가로챈다. 원청업체의 횡포가 분명한데, 하청업체는 원청업체를 거치지 않고는 제품을 판매할 수 없으니 원청업체 요구하는 대로 할 수밖에 없다.

예산 절감 효과도 없고, 지불 시기만 달리할 뿐

그렇다고 국가예산이 효율적으로 운용되는 것도 아니다. 대부분 가지고 있는 생각은 개발비용을 업체가 전부 또는 일부라도 투자하면 그만큼 정부 예산이 줄어드는 것이 아니냐고 말한다.

사회간접자본에 대한 민간투자의 경우, 투자금은 그 시설을 이용하는 민간으로부터 회수되기 때문에 정부예산이 줄어드는 효과가 있다. 하지만, 완성된 무기체계는 군이 사용하는 것이기 때문에 별도의 수익이 발생되지 않는다. 그래서 방산업체 투자금은 전액 정부가 다시 지불해야 한다. 결국 방산업체 투자금은 연구개발 개발 당시에 일괄적으로 주느냐 아니면 개발이 완료된 이후 분할해서 주느냐의 시기 문제일 뿐이다.

사회간접자본인 도로건설에 민간이 100억을 투자했다면 그 투자비는 도로 통행료를 징수하여 회수한다. 정부 입장에서는 100억 원의 예산을 줄일 수 있다. 그런데 무기체계 연구개발에 방산업체가 100억을 투자했다면 개발비 전액이 양산단가에 반영된다. 양산간 100대를 생산한다면 단가에 개발비 1억 원이 추가로 반영되는 것이다. 정부 예산에는 차이가 없다. 지금 당장은 100억 원의 예산이 줄어드는 것처럼 보여도 어느 순간에는 100억 원이 고스란히 나간다. 결국 조삼모사인데, 실상을 모르고 예산절감이 되는 양 자화자찬한다.

일부에서는 업체투자 연구개발이 업체의 개발 책임감을 강화하는 효과가 있지 않느냐고 하면서 제도를 옹호한다. 개발에 실패하면 업체가 투자한 금액만큼 업체 손실이 되니 업체가 손실을 막기 위해 개발에 최선의 노력을 다하지 않겠냐는 것이다. 그러면서 정부가 투자하기 때문에 업체가 개발에 불성실하다는 것이다.

정부투자 및 공동투자도 개발 실패 시 손실비용은 100% 업체가 부담

일반적으로 투자라면 그에 따른 위험은 투자 당사자가 각각 부담한다. 2인이 50억씩 투자했다가 개발에 실패하면 각각 50억씩 손해를 보는 것이다.

만약 무기체계 연구개발에서도 개발 실패에 대한 손실을 정부와 업체가 각각 나눠 갖는다면, 업체 투자금액이 커질수록 업체 책임감은 당연히 높아질 것이다.

하지만 실상 정부투자, 공동투자, 업체투자건 투자형태에 관계없이 개발 실패에 대한 모든 책임은 전적으로 업체가 부담한다. 업체는 업체투자인 경우에만 손실 보는 게 아니라, 정부투자 사업에서도 개발실패 시 정부 투자금 전액을 환급해야하기 때문이다. 한마디로 무기체계 연구개발 사업에서 정부는 1원도 손해를 보는 일이 없고, 업체는 실패할 경우 투자형태와 관계없이 모든 책임을 진다.

정부투자 업체주관 연구개발로 진행하다가 개발에 실패한 차기전술교량사업의 계약업체는 계약해제 후 착수금 162억 7,000만원, 보증금 18억, 이자 23억 6,000만 원 등 총 204억 원을 정부로 반납하였다.

예를 들어 개발비가 100억 원인 연구개발 사업이 있다고 하자. 정부투자로 진행했을 때 업체는 정부로부터 100억 원을 받아 개발을 진행한다. 그러다가 개발에 실패하게 되면 계약조건에 따라 계약목적물 달성이 불가하여 계약해제를 하게 된다. 연구개발은 일반적인 제조사업과 달리 기성부분을 인정받지도 못하기 때문에 개발비 100억 원 전액을 반납해야 한다. 더욱이 업체는 100억 원에 대한 이자와 계약보증금까지 더해 정부로 반납한다. 정부투자 사업이지만, 업체입장에서 개발 실패는 개발비 이상의 손실로 이어진다.

이 사업을 정부와 업체가 50:50 공동으로 투자하여 정부가 50억 원, 업체가 50억 원을 투자했다고 하자. 이 경우에도 개발에 실패할 때, 정부와 업체에 각각 50억 원씩의 투자금 손실이 생기는 게 아니라 모든 손실 비용은 업체가 부담한다. 업체가 투자한 50억 원은 업체 자체 손실이 되고, 정부로부터 받은 투자금 50억 원은 이자까지 더해 정부에 반납해야 한다. 공동투자라고 하지만, 개발이 실패하면 정부는 일체의 손실이 없고, 모든 손실은 업체가 부담한다.

마지막으로 업체가 100% 투자하여 실패한 경우에는 업체 투자한 개발비 100억은 업체 자체 손실이 된다.

 이와 같이 업체 입장에서 정부투자, 공동투자, 업체투자와 관계없이 개발에 실패했을 경우 손실비용은 똑같다. 오히려 계약보증금과 이자를 고려한다면 정부투자를 받아 개발할 경우의 손실 위험도가 더 크다. 결국 투자형태에 따른 손실비용이 같기 때문에 업체투자비율이 높아진다고 업체의 책임감은 높아지지 않는다. 아니 애초에 정부투자의 경우에도 업체는 이미 최선의 노력을 다하고 있었던 것이다.
 결국 이 제도는 업체의 기술혁신 및 수출경쟁력 강화, 효율적 예산운용, 개발 책임성 강화에는 아무런 실효성이 없는 제도다. 오히려 이 제도는 사업 착수를 지연시키고, 업체의 자금난을 가중시켜 개발참여의 진입장벽이 되고 있을 뿐이다.

 연구개발 사업의 투자형태를 업체투자, 공동투자, 정부투자 순으로 검토하라고 했기 때문에 사업팀은 제일 먼저 업체투자로 입찰공고(협상에 의한 계약의 경우 40일 이상)를 한다. 그런데 방산업체는 투자금 마련이 부담되어 입찰에 참여하지 않는다. 그러면 다시 재공고(5일 이상)를 하는데 이때마저 아무도 입찰에 응하지 않으면 입찰내용의 투자방식을 업체투자에서 공동투자로 바꿔 수정공고를 한다. 그러면 입찰내용이 바뀌었기 때문에 40일 이상 다시 공고를 해야 한다.

 당시 대부분 사업이 최초에 업체투자로 공고되었으나 무 응찰이 빈

번하였고, 재공고를 통해 공동투자로 바뀐 다음에야 업체가 입찰에 참여하였다. 실상 방산업체 입장에서는 수백억 원 하는 개발비용 마련이 쉽지 않기 때문인데, 그러는 사이 행정력과 시간만 낭비한 것이다.

무기체제 제안서 평가업무 지침 (2020.1.)

별표 15. 공동투자 연구개발사업 참여업체 투자비율에 따른 가점 평가

1. 업체제시 투자비율에 따른 가점 부여 기준

참여기업	업체 제시 투자 비율		
	하한선		상한선
모두 대기업인 경우	50%	~	90%
모두 중견기업인 경우	40%	~	72%
모두 중소기업인 경우	25%	~	45%
각각 중견기업 및 중소기업인 경우	40%	~	72%
중견기업의 비율이 3분의 2 이상인 경우	40%	~	72%
중소기업의 비율이 3분의 2 이상인 경우	25%	~	45%
그 밖의 경우	50%	~	90%

※ 비고

1. 중견기업과 중소기업이 50:50으로 참여할 경우는 '각각 중견기업 및 중소기업인 경우'에 따른다.
2. 중견기업과 중소기업의 합이 3분의 2 이상 참여할 경우는 '중견기업의 비율이 3분의 2 이상인 경우'에 따른다.

또한 공동투자로 할 경우에도 방위사업청이 정해놓은 투자기준은 업체의 자금난을 더 어렵게 했다. 방위사업청 훈령인 무기체계 제안서 평가업무 지침에서는 공동투자 시 업체 투자비율에 따라 제안서 평가에서 가점을 주도록 하고 있는데, 정부와 업체의 공동투자라면서 50:50도 아니고, 대기업의 경우 개발비의 90%, 중견기업은 개발비의 72%, 중소기업은 개발비의 45%를 투자해야 최대 가점(1점)을 받을 수 있도록 하고 있다. 즉 개발비가 100억인 사업의 경우, 공동투자라고 해놓고 최대가점을 받으려면 대기업은 90억을 투자해야 하고, 중견기업은 72억을 투자해야 한다.

그런데 연구개발비는 대부분 수백억 원이 들기 때문에 아무리 대기업이라도 그만큼의 가용 자금을 보유하지 못해, 결국 막대한 이자비용을 감당하며 금융권에서 대출을 받아 충당해야만 한다. 더군다나 대출마저 어려우면 입찰에 참여조차 하지 못한다. 자금 여건이 입찰의 진입장벽이 되어 버리는 것이다. 2017년에 모 사업의 경우 국내에서 개발 가능한 업체가 두 곳 있었다. 그런데 이 사업을 공동투자로 입찰공고를 하니 입찰에 참여한 업체는 한 곳 뿐이었다. 다른 한 업체는 경영사정이 좋지 않아 입찰참여를 포기한 것이었다. 각자 가지고 있는 고유의 기술력이 주가 아니라 보유 자금력에 의해 개발업체가 선정되어 버린 것이다.

기술력이 아니라 자금력으로 입찰을 결정하는데 무슨 기술혁신이고, 방산업체의 자금난을 가중시키면서 방산업체 경쟁력을 강화한다는 것은 참 모순이다. 그저 이 제도는 2012년 당시 국방예산이 낭비되고 있다는 잘못된 인식을 가진 위정자에게 잘 보이기 위해 방산업체의 피해를 강요한 잘못된 제도일 뿐이다. 이 당시 대통령은 무기중개 리베이트만 안 받아도 국방예산 20%를 절감한다고 섣불리 확신했고, 기획재정부에서 넘어 온 방위사업청장은 위정자의 뜻에 부응하여 국방예산을 줄여 보이는 것이 최우선 목표였으며, 예하 부서는 청장의 지시사항이라면 맹목적으로 수명했기 때문에 이러한 제도가 만들어 진 것이다.

만약 제도를 만드는 과정에서 업체투자비는 정부가 차후 다시 보전해주기 때문에 국방예산 절감과 무관하고, 정부투자와 공동투자의 경우에도 개발에 실패하면 업체가 100% 손실을 부담하므로 책임성이 강화되지 않는다는 사실을 그 누구라도 제기했다면 이러한 제도는 만들어지지 않았을 것이다. 당시 이러한 제도가 만들어진 것을 보면 방위사업청 역시 투자형태에 따른 실질적 차이점을 몰랐거나 아니면 알면서도 지시사항 수명만을 위해 밀어붙인 것으로 볼 수 밖에 없다.

최소한 투자형태에 따라 직접적 영향을 받는 방산업체의 입장이 조금이라도 반영되었다면 달라질 수도 있었겠지만, 방위사업청 내부 훈령으로 일방적으로 제정하다보니 업체로서는 이의제기도 못하고, 따를 수밖에 없었다.

아무런 실익없이 방산업체의 피해만 유발하는 제도

이 제도는 시행과정에서 문제점이 꾸준히 제기됨에 따라 방위사업청은 2016년 8월에 무기체계 연구개발의 투자주체 선정 등에 관한 지침을 개정하면서 업체투자, 공동투자, 정부투자 순으로 투자주체를 검토한다는 조항을 삭제 했다. 그런데 아예 없앤 것이 아니라 투자비 회수 용이성, 국내 기술수준, 기술난이도 등을 고려하여 투자주체를 검토하게 하고, 그러면서 '탐색개발 사업 또는 체계개발로 종결되는 사업 등에 한해 정부투자를 우선 검토 한다' 고 했다.

> **무기체제 연구개발의 투자주체 선정 등에 관한 지침**
> (2016.8.2.개정)
>
> **제3조(연구개발사업의 투자주체 선정 기준)**
> 통합사업관리팀장은 … 연구개발 사업추진형태를 정하는 경우 업체의 투자비 회수 용이성, 국내기술수준, 사업의 기술적 난이도 등을 고려하여 연구개발사업 투자주체를 검토하여야 한다. 다만, 다음 각 호에 해당하는 경우에는 정부투자를 우선 검토한다.
> 1. 탐색개발단계에서의 연구개발 사업
> 2. 체계개발로 전력화가 완료되는 연구개발 사업
> 3. 기타 사업의 특성, 전력화 시기, 비용 등을 고려하여 정부투자가 유리하다고 판단되는 사업

얼핏 개선이 된 듯 보이지만, 실제 정부가 우선 투자한다는 탐색개발 사업은 그 개수가 많지 않고, 체계개발로 종결되는 사업 역시 몇몇 C4I 사업뿐이다. 실상 연구개발 사업의 대다수는 양산까지 이어지는 체계개발 사업이기 때문에 여전히 투자주체가 고려되고 있다.

그런데 여기에서 투자비 회수 용이성은 고려 사항이 안 된다. 어차피 양산에서 개발비가 100% 보전되기 때문이다. 그렇다면 국내 기술수준과 기술적 난이도를 고려해야 하는데, 애초에 국내 기술수준이 낮고, 난이도가 높으면 업체주관이 아니라 국과연 주관으로 개발된다. 정부투자의 명분이 적을 수밖에 없고, 여전히 업체주관 연구개발 사업은 업체투자와 공동투자가 우선 검토될 수밖에 없다.

개발위험과 투자주체와 아무런 관계가 없는데도 규정을 관리하는 방위사업청은 그 실상을 모르고, 그로 인한 손해가 없으니 제도개선에 관심이 없고, 제도에 의해 피해를 받는 방산업체는 방위사업청 내부훈령으로 제정되어 적용되다보니 이의를 제기할 경로가 없다.

정부가 주도하여 정부가 사용하는 무기체계를 만드는 것이라면 잘하라고 응원해주고, 지원해 줘도 모자랄 판에 그러기는커녕 최대한 악조건을 만들어 놓고, 그 와중에서도 개발에 성공해야 보수를 주겠다는 것은 마치 서바이벌 생존게임과 같다. 규제라는 온갖 장애물과 트랩을 설치해놓고, 이를 극복하고 살아남아 보라는 식이다.

업체 경쟁력을 제대로 평가 못하는 복불복 제안서 평가

> 방위사업청은 제안서평가를 통해 무기체계 연구개발 주관업체를 선정한다. 제안서평가에서 업체 역량을 제대로 평가할 수 있어야 개발능력이 뛰어난 업체를 선정할 수 있고, 업체 스스로도 경쟁력을 갖추기 위해 노력할 것이다. 그러나 방위사업청의 제안서평가는 복불복 형태다. 업체별 제안내용에 차이가 있을 수 없는 내용을 평가하고, 업체 개발역량과 무관하게 정부 시책 준수 여부를 평가에 반영하고, 평가위원의 전문성도 부족하여 제안내용을 충분히 이해하지 못한 채 평가하기 때문이다. 그래서 제안 업체로서는 일단 입찰가격을 최저가로 제안하고, 제안서의 가독성을 높이는데 주력해야 하며, 평가위원이 잘 선정되기만을 빌어야 하는 실정이다.

2006년 방위사업청을 개청 이전에 방위산업에는 전문화, 계열화 제도가 있었다. 방산 전문화 및 계열화는 군용물자 특성을 고려하여 연구개발 및 생산업체를 사전에 지정하여 운용하는 것이었다. 정부로서는 안정적 공급원을 확보하고, 중복투자를 방지하는 등의 장점이 있었고, 방산업체는 해당 분야의 독점적 권리를 가지는 이점이 있었다.

그런데 이러한 전문화 계열화 제도가 어느 순간 기존 방산업체의 기득권이 되어버렸다. 매출이 보장되다보니 비용절감이나 기술 축적에 소홀하게 되었고, 신생업체에게는 방산 진입장벽이 되는 등의 문제가 대두되었던 것이다. 그래서 이 제도는 방산업체의 경쟁력 강화를 명분으로 폐지되었고, 현재 방위산업은 모든 업체에게 문호가 개방되었다.

시장을 개방하고, 자유경쟁 체제를 만들었으니 기회의 측면에서 공정해졌다고 할 수 있다. 그런데 경쟁은 참여 기회의 공정성만이 아니라 경쟁 목적에 부합하는 공정한 평가가 전제되어야 한다. 만약 평가가 제대로 되지 않고, 제멋대로 평가가 이루어지면 경쟁은 의미가 없다.

예술가를 선발할 때 국어, 영어, 수학 성적을 기준으로 선발하거나, 국가대표 운동선수를 선발할 때 제비뽑기로 하면 안 되는 것과 같다. 예술가를 선발할 때는 예술성이 정확이 반영되도록 평가해야 하고, 운동선수를 선발할 때는 운동능력이 정확히 평가되어야 한다. 그래야 그 과정상에서 경쟁자간 올바른 경쟁을 촉진할 수 있고, 선발 목적에 부합하는 공정한 결과를 얻을 수 있다. 누구나 경쟁에 참여할 수 있지만, 그 결과를 가위바위보나 제비뽑기로 평가한다면 그 누구도 경쟁에서 이기기 위해 노력하지는 않을 것이다.

방위산업 역시 마찬가지다. 진정으로 경쟁력을 강화하려면 시장개방과 더불어 공정한 경쟁을 촉진하는 공정한 평가가 마련되어야 한다. 즉 무기체계 연구개발사업의 업체 선정은 무기체계 연구개발을 가장 효율적으로 수행할 수 있는 업체를 정확하게 선정해야만 한다. 그래야만 경쟁에서 이기기 위해 업체 스스로 경쟁력을 꾸준히 높여 갈 것이기 때문이다. 만약 무기체계 연구개발 업체 선정을 제비뽑기 식으로 하면 업체들은 경쟁력 강화 노력보다는 제비뽑기에서 요행만을 기대할 것이다. 그러다가 개발 능력이 부족한 업체가 선정되면 이는 곧 개발 실패로 이어질 것이다.

방산업체의 경쟁은 제안서평가를 통해 이루어진다. 정부가 어떤 무기체계를 연구개발로 획득하고자 할 때, 정부가 먼저 정부의 요구사항을 담은 '제안요청서'를 제공하면, 업체는 정부 요구사항을 구현하기 위한 그들만의 방안을 담은 '제안서'를 제출한다. 그러면 정부는 여러 업체에서 제출된 제안서를 상호 비교·평가하여 우열을 결정하게 된다. 이 제안서에는 업체별 무기체계 개발 계획이 담겨있고, 그 계획 실현에 필요한 각 업체의 능력 등이 어필되어 있다. 기존에 이미 나와 있는 상품이면 가격만 고려하여 구입하면 되지만, 연구 개발하는 무기체계는 아직 형상도 식별되지 않고, 세부 성능도 확정할 수 없으며, 생산 단가도 알 수가 없기 때문에 업체로 하여금 어떻게 개발할 것인지를 먼저 제안 받는 것이다.

예를 들어 장갑차를 국내연구개발하기로 추진할 때, 방위사업청은 입찰공고를 하면서 개발기간과 예산, 장갑차에 요구되는 최대 주행거리, 가속 성능, 방호력, 탑재 무장, 수송 인원 등 정해진 작전운용성능을 알려주며, 개발 간 요구사항으로 상호운용성, 국산화, 품질관리, 종합군수지원 요소, 규격화 등을 해야 한다는 것을 제안요청서에 담아 업체에게 배부한다.

그러면 업체는 방위사업청이 정한 기간과 예산범위 내에서 요구사항을 모두 충족하는 장갑차를 어떻게 만들 것인지와 업체의 능력을 홍보하는 제안서를 작성하여 제출한다. 요구사항 분석부터 설계, 시제품 제작, 시험평가, 종합군수지원 개발, 규격화 등의 모든 과업에 대한 세부 추진계획을 수립하고, 과거 장갑차 개발 및 납품 실적, 현재 보유한 기술과 인력, 설비 현황 등을 제안서에 담아 업체가 최적의 개발 업체임을 어필한다.

그러면 방위사업청은 각 업체가 제출한 제안서를 상호 비교 평가하여 협상우선순위를 선정하고, 우선순위에 따라 업체와 협상을 수행하며, 협상완료시 연구개발 계약을 체결하게 된다.

전문화, 계열화 제도가 폐지된 후, 자유 경쟁을 통해 방산업체 경쟁력 강화라는 순기능을 이끌어 내기 위해서는 업체의 능력을 정확히 평가하여 가장 최적의 업체를 선정하는 것이 무엇보다 중요하다. 업체의 능력이 정확히 평가되어야만 성과를 위한 노력이 꾸준히 이어질 것이고, 투자한 노력이 제대로 인정받지 못하고 요행에 의해 결과가 결정되면 굳이 노력이란 것은 할 필요가 없어지기 때문이다.

평가의 핵심 요소 : 평가항목, 배점, 방법 및 기준, 위원

제안서평가의 주요 요소는 평가 항목, 항목별 평가배점, 평가방법 및 기준, 평가위원이다. 먼저 평가가 제대로 되려면 평가 취지에 맞는 평가 항목이 있어야 하고, 모든 항목이 똑같이 중요할 수는 없기 때문에 항목별 중요도를 고려한 평가배점이 있어야 한다. 그리고 점수를 어떻게 줄 것인지에 대한 평가방법과 기준이 있어야 하고, 마지막으로 그 평가를 수행할 사람이 있어야 한다.

기업에서 신입사원을 선발할 때를 가정해 보자.
평가항목은 성적, 어학능력, 기타 자격증, 면접이다. 그리고 평가배점은 총점이 100이고, 성적 30, 영어 30, 자격증 30, 면접 10으로 각각 나누었다. 평가방법은 성적, 영어, 자격증은 미리 정해놓은 기준에 의해 정량 점수를 부여하고, 면접은 별도의 면접관을 구성하여 정성평가를 진행한다. 그리고 면접관은 회사 임원이다.
만약 평가항목 중 성적대신 출생지역을 평가항목에 반영하면 어떻게 될까? 그러면 신입사원 선발은 회사에 필요한 능력 있는 자를 선발하는 게 아니라 특정지역 출신을 뽑는 평가로 변질된다. 그래서 평가항목은 평가의 본래 목적과 방향을 같이 해야만 한다.

또한 평가항목의 배점이 높다는 것은 그 항목이 평가의 주된 요소라는 의미다. 전공분야의 전문성이 요구하는 직이라면 성적의 가중치가 높아야 할 것이고, 영어능력을 요구하는 분야라면 영어 가중치가 높아야 한다. 만약 영어 사용 빈도가 낮은 직위에 영어 가중치를 높게 하면 이것 역시 평가의 의도에 어긋난다.

평가방법 역시 평가결과에 큰 영향을 미친다. 예를 들어 지원자의 영어 점수가 토익 900점이라 가정 해보자. 회사가 토익 900점 이상이면 영어능력은 충분하다고 생각하여 만점인 30점을 줄 수도 있고, 점수가 높으면 높을수록 좋다고 생각하여 990점 대비 적은 점수를 줄 수도 있다. 지원자의 영어점수는 애초에 변함이 없는데, 평가방법에 따라 결과 값이 달라지는 것이다. 또한 전자인 경우 영어능력이 이 정도면 충분하다고 생각하는 기준이 900점이 될 수도 있고, 800점이 될 수도 있다. 그래서 평가의 기준 역시 중요하다.

마지막으로 평가위원은 면접과 같은 정성평가에 매우 큰 영향을 미친다. 평가위원의 주관적 판단은 외부의 개입이 불가하고 오롯이 평가위원의 판단에 의존하기 때문에 결과에 대한 논리적 이의제기가 불가하다. 이런 정성평가는 결과에 대한 논쟁이 적은 장점이 있지만, 평가자가 누구냐에 따라 결과가 달라지는 단점도 있다. 그래서 정성평가를 제대로 하려면 평가위원의 전문성과 공정성이 전제되어야 한다. 전문지식이 없는 사람이 면접을 하면 신입사원의 직무지식을 제대로 평가하지 못하고, 내심 특정인물을 선발하겠다고 마음먹었다면 결과가 공정하지 못하기 때문이다.

  이처럼 올바른 평가는 올바른 평가항목, 평가배점, 평가방법 및 기준, 평가위원이 제대로 이루어져야만 한다.

  방위사업청은 2007년부터 제안서평가 지침을 제정하여 이를 근거로 업체선정을 하고 있다. 그런데 방위사업청의 제안서평가는 무기체계 연구개발에 참여하는 업체의 경쟁력을 제대로 평가하지 못하고 있다. 연구개발을 잘 할 수 있는 업체를 선정하기보다는 특혜, 편파에 대한 불신으로 인해 경쟁력 있는 업체 선정이라는 목적을 상실한 채, 평가 행위 자체만을 위한 평가를 진행 하고 있다.

  우선 방위사업청 무기체계 연구개발 제안서평가의 주요 요소인 평가항목, 평가배점, 평가방법 및 기준, 평가위원이 어떻게 구성되는지를 보자. 무기체계 연구개발 제안서평가의 평가항목을 보면 크게 평가분야는 기술능력평가와 비용평가로 구분된다. 기술능력평가 분야는 사업추진계획과 사업추진 능력으로 구분되는데 무기체계를 어떻게 만들지에 대한 계획의 적절성과 그 계획을 업체가 수행할 능력이 되는지를 평가하는 것이다.

무기체계 연구개발사업 제안서평가 평가항목 및 배점

단위 : 점

평가분야 (배점한도)	평가항목			(표준) 배점	평가유형
	대분류	중분류	세부분류		
기술능력평가 (80)	사업추진계획 (40)	개발계획	개발목표 및 전략	6.0	C
			구성품 개발 및 체계통합 계획	4.0	C
			핵심기술 등 확보계획	6.0	C
			국산화 계획	3.0	C
			SW 개발계획	1.0	C
			상호운용성 확보계획	2.0	C
		관리계획	개발일정 관리계획	4.0	C
			개발비용 관리계획	2.0	C
			형상관리 및 품질관리 계획	2.0	B+C
			위험 및 이슈, 안전관리 계획	2.0	C
		지원 및 사후관리 계획	시험평가 등 계획	5.0	C
			전력화지원요소 확보계획	1.0	C
			군용항공기 감항인증 계획	1.0	C
			품질보증 계획	1.0	C
		소계		40.0	-
	사업추진능력 (40)	기술보유현황	소요기술 분석현황	7.5	C
			소요 핵심기술 등 확보현황	9.0	C
			유사장비 개발 완료현황	2.0	C
			국산화 품목현황	5.0	C
		자원보유현황	사업수행 조직 및 인력 보유현황	3.0	C
			장비 및 시설 등 보유현황	4.0	C
		경영상태	협력업체 선정 및 관리	2.0	C
			신용평가 등급	1.5	B
			기술유출방지대책	3.0	B+C+D
			과거사업수행성실도	3.0	B
		소계		40.0	-

비용평가 (80)	최저 제안가격 / 해당 제안가격	20.0	A
가·감점 평가 (−4.4~ +3.4)	중소·중견기업 참여 가점	+2.0(최대)	C
	방위산업기술보호 가점	+0.1(최대)	C
	신규채용 우수기업 가점(별표 12)	+0.3(최대)	C
	업체제시 투자비율에 따른 가점	+1.0(최대)	C
	중소·중견기업 참여 감점	−0.6(최대)	C
	보안사고 감점	−1.5(최대)	C
	방위산업기술 유출·침해사고 감점	−1.5(최대)	C
	입찰조력자 허위 명시 관련 감점	−0.5(최대)	B+C
	업체식별 표시 감점	−0.1(최대)	C
	제안서 분량 초과 감점	−0.2(최대)	C

사업추진계획의 세부 평가항목은 연구개발과정에서 수행되어야 하는 개발과업이 모두 망라되어 있다. 개발목표 및 전략에서 요구조건 분석, 구성품 개발 및 체계통합, 핵심기술 확보, 국산화, 소프트웨어 개발, 상호운용성, 전력화지원요소, 시험평가, 감항 인증, 품질보증 등의 모든 과업이 포함되고, 이러한 과업수행에 수행하기 위한 일정, 비용, 위험 및 안전관리 계획 등이 포함된다.

사업추진능력의 세부 평가항목은 개발업체의 능력을 평가하기 위한 것으로 개발에 필요한 핵심기술 보유현황, 유사장비 개발 경험, 기술 인력, 장비, 시설 보유 현황, 협력업체 구성, 신용등급 등으로 구성되어 있다.

방위사업청은 제안서가 계약서에 준하기 때문에 향후 계약 관리를 위해 무기체계 연구개발 간에 수행되는 모든 과업을 제안서에 포함하라고 하고 있으며, 제안서에 담긴 모든 내용을 평가항목으로 정하고 있다.

> **무기체제 제안서 평가업무 지침**
>
> **제24조(평가항목 및 배점 결정)**
> ① 통합사업관리팀장은 … 표준 평가항목 및 배점 적용을 원칙으로 한다.
> ② 통합사업관리팀장은 사업 특성상 평가항목 또는 배점의 조정이 필요하다고 판단되는 경우 다음 각 호에 따라 조정할 수 있다. 다만, 과거사업수행성실도 평가항목 및 배점은 조정할 수 없다.
>   1. 대·중분류 평가항목 또는 배점 조정 : 해당 사업본부장 승인을 받아 결정
>   2. 세부분류 평가항목 또는 배점 조정 : 통합사업관리팀장이 자체 조정하거나 전문가 의견수렴 방법(계층분석기법(AHP) 및 델파이 기법 등)을 통해 조정

평가배점 역시 방위사업청은 무기체계 제안서평가 업무지침에서 표준배점을 제시해놓고 있다. 원래는 사업별로 배점을 따로 정하도록 하였었으나, 배점의 신뢰성 시비가 일어나자 2013년부터는 사업특성

과 무관하게 표준배점[04]을 정해 적용한다. 그러면서 사업특성에 따라 가감할 수 있다는 별도 조항을 만들었으나, 사업부서에서는 배점을 가감 시 괜한 오해를 불러일으킬까 우려하여 대부분 표준평가항목과 배점을 그대로 사용한다.

다음은 평가방법과 기준이다. 방위사업청 제안서평가는 정량평가와 정성평가, 상대평가와 절대평가를 혼합하여 A, B, C, D 4개의 평가유형을 적용하고 있다. 먼저 A유형은 '정량평가가 가능한 상대평가'로 정량적 수치로 제안되는 항목에 적용한다. 예를 들어 특허보유 건수가 '가' 업체는 100개, '나' 업체는 80개라고 할 때 '가' 업체는 100/100으로 1점, '나' 업체는 80/100으로 0.8점이 된다. 이것은 평가위원의 주관적 판단이 필요 없고, 정해진 산식에 의해 그대로 산출된다.

다음 B유형은 정량평가가 가능한 절대평가항목이다. 이것 역시 A유형과 같이 정량적 수치로 제안되는 항목에 적용되는데, A 유형과 달리 업체 간 상대점수를 주는 것이 아니라 사전에 정해놓은 기준에 의해 절대점수를 부여한다. 앞에서처럼 특허보유 건수를 평가할 때 특허건수 80개 이상은 1점, 70개 이상은 0.8점이라는 평가기준을 세워놓으면, 특허건수 100개인 '가' 업체와 80개인 '나' 업체 모두 1점이 된다. 그런데 만약 여기에서 특허건수 90개 이상을 1점, 80개 이상을 0.8

---

04. 무기체계 연구개발 제안서평가 및 협상지침(2013.9.10.) 개정

점으로 기준을 달리 정한다면 '가' 업체는 1점, '나' 업체는 0.8점이 된다. 즉 이 평가유형은 기준을 어떻게 정하는가에 따라 결과가 달라진다.

세 번째 C유형은 정성평가가 가능한 상대평가방식이다. 이것은 평가위원의 주관적 판단으로만 평가되는 항목이다. 위의 특허관련 평가에서 특허 건수만을 가지고 평가하는 것이 아니라, 특허의 질과 해당 무기체계 개발의 적용 가능성을 평가위원이 주관적으로 평가하는 것이다. 1점부터 0.6점까지 평가위원이 판단한 점수를 준다.

네 번째 D유형은 조건충족여부를 평가하는 방식이다. 조건 충족 기준을 정해놓고, 충족하면 1점, 미달하면 아예 0점을 준다. 특허 보유 건수를 예로 들면, 특허 보유 충족 기준을 90건으로 정해놓게 되면 '가' 업체는 100개라서 1점을 얻고, '나' 업체는 80개라서 0점이 된다. 이것 역시 B 유형과 같이 기준을 어떻게 정하느냐에 따라 결과가 달라진다.

이렇게 4가지 평가유형이 있는데, 앞선 예에서 보듯이 동일한 평가 항목이라도 어떤 유형을 적용하느냐에 따라 결과 값은 달라진다. 평가유형에 따라 결과가 달라진다는 것은 자칫 평가 공정성에 휘말릴 위험이 있다. 위의 예에서 '나' 업체와 같이 보유 특허건수는 80개로 변함이 없는데 어떤 유형인지에 따라 1점도 되고, 0.8점도 되고, 심지어 0점이 될 수도 있다. 이것으로 입찰에서 탈락한다면 적용유형의 적절성과 기준에 대해 이의를 제기할 것이 분명하다.

이런 공정성 시비가 우려되기 때문에 대부분 항목은 평가위원의 주관적 판단에 맡기는 C유형을 적용하였다. 제안하는 업체가 누가 될지를 모르는 상황에서 괜한 평가기준을 만들었다가 편파시비에 휘둘리느니 평가에 관한 모든 책임을 제3자인 평가위원에게 맡기는 것이다. 평가위원들의 정성적 판단에 대해서는 어느 누구도 이의를 제기하지 않기 때문이다. 그래서인지 2021년에는 형상관리, 신용평가, 과거 사업수행 성실도를 제외한 모든 항목을 평가위원이 정성평가하도록 명문화 해 버렸다. 이제는 사업부서에서 굳이 평가유형을 구분할 필요가 없어진 것이다.

[별표 4] 평가항목 유형별 평가기준

구분	평가항목 유형	평 가 기 준
A	정량평가 가능한 상대 평가항목	▪ 제안업체가 제시한 수치를 평점산식에 따라 상대적으로 비교하여 평가 *비용평가에 적용
B	정량평가 가능한 절대 평가항목	▪ 제안업체가 제시한 수치/자료 및 방위사업청 관련 부서의 확인자료를 통해 평점산식 및 평점기준에 따라 평가 *신용평가등급, 통합 실태조사 (기술유출방지대책 관련), 과거사업수행성실도 등 적용
C	정성평가 가능한 상대 평가항목	▪ 평가등급 간 점수 | 구분 | 우수 | 보통 | 미흡 | 미제안 | | 점수 | 100 | 92.5 | 85 | 77.5 | 70 | 60 | 0 | *단수업체 평가 시에도 동일하게 적용
D	조건 충족여부 평가항목	▪ 충족(1), 미충족(0) ▪ 충족에 대한 조건 및 기준 적용

마지막 평가위원 구성은 다음에 해당하는 자격을 갖춘 자중에서 선정한다. 나름 전문성을 갖춘 자 중에서 선정하려 하지만, '관련 분야'에 대한 기준과 범위가 모호하고, 특히 방위사업청장이 필요하다고 인정하면 누구나 평가위원이 될 수가 있다.

> **제안서 평가위원 자격 요건**
>
> 1. 무기체계 연구개발 또는 구매 사업관리 경력이 3년 이상인 자
> 2. 관련분야 무기체계 운용경력이 3년 이상인 자
> 3. 합참, 소요군, 국과연, 기품원 등에서 관련분야 업무를 담당하는 자
> 4. 학교 및 국방대학교, 각 군 사관학교 등 관련분야 조교수 이상인 자
> 5. 국과연, 기품원, 한국국방연구원, 민간 연구기관의 연구원 등으로서 관련분야 근무경력이 5년 이상인 자
> 6. 관련분야 자격증 등을 소지한 자
> 7. 그 밖에 방위사업청장이 필요하다고 인정하는 자

그럼 이제 이러한 제안서평가가 왜 변별력이 없는지를 보자.

업체별 제안 내용에 차이가 없는 내용을 평가

방위사업청의 제안서평가가 변별력이 없는 첫 번째 이유는 평가항목의 초점이 업체별 비교 우열에 맞춰져 있지 않고, 계약 과정에서 업

체가 수행해야 하는 과업 전체를 모두 평가하고 있기 때문이다. 이와 같은 이유는, 제안서가 계약의 근거가 되기 때문에 제안서에는 개발 과정에서 수행되는 모든 내용이 수록되어야 하고, 일단 업체가 제안한 내용은 모두 평가되어야하기 때문이라고 한다.

그렇지만 문제는 제안서에 수록된 내용의 많은 부분이 업체의 고유 제안이 아니라, 방위사업청에서 이미 규정과 지침으로 정해놓은 것을 업체가 준수하겠다는 식의 선언적 내용이다. 즉 업체 제안 내용이 아니라 수행 과업을 제안서에 명시해 놓은 것들이다.

예를 들어 사업추진계획에서 업체별 제안내용 차이는 구성품 및 체계개발 계획, 기술 보유 수준과 부족한 기술 확보계획, 국산화 계획, 시험평가 계획 등이다. 업체별로 구상하는 제품이 다르니 업체별 적용 기술이 달라지고, 기술이 달라지니 그에 따른 국산화 품목과 시험평가 수행 계획도 달라진다.

그러나 그 외의 SW개발, 상호운용성, 개발 일정 및 비용관리, 전력화지원요소, 감항인증, 품질보증은 제안업체별로 독창적으로 수행되는 게 아니라 시제품 개발에 수반되는 기본 과업들이며 업체별로 수행 계획이 달라지지 않는다. 이미 방위사업청에서 해당 과업들에 대해서는 세부 수행절차를 규정과 매뉴얼로 만들어 놓았기 때문에 업체가 별도의 수행절차를 만들어서도 안 되고, 그대로 따라야만 한다.

'SW개발계획'이 SW 품질보증 활동 및 형상관리, 신뢰성 시험방안, 유지보수 계획의 적절성을 평가한다지만, 이러한 내용은 방위사업청 훈령 「무기체계 소프트웨어 개발 지원에 관한 규정」과 매뉴얼 「무기체계 소프트웨어 개발 및 관리 매뉴얼」에 그 수행 절차가 명확하게 규정되어 있다. 업체는 그 내용을 그대로 제안서에 적으면 된다.

'상호운용성 확보계획'은 상호운용성 확보계획과 연동방안의 적절성을 평가하고자 한다지만, 상호운용성에 대해서는 소요결정서에 비교적 자세하게 나와 있고, 세부적인 확보계획은 방위사업청 훈령 「상호운용성 관리지침」, 국방부 훈령 「국방 정보화 업무 훈령」 및 「상호운용성 관리지시」 등에 자세히 나와 있다. 결국 상호운용성은 규정에 의해 정해진 절차로 확보된다.

'개발일정 관리계획'은 추진계획의 적절성과 개발일정 준수 여부, EVMS(성과관리시스템) 적용계획 등을 평가한다고 하는데 애초에 개발기간이 정해져 있고, 기간 내에 수행해야 하는 개발시험평가, 운용시험평가, 규격화 등의 과업이 명확하기 때문에 업체별로 추진 일정에 차이가 없다. 그리고 EVMS는 방위사업청 훈령 「과학적 사업관리 수행지침」에 수행과정이 나와 있다.

'개발비용 관리계획'은 원가절감 추진방안, 연구개발비, 양산비, 운영유지비 산정의 적절성, EVMS 적용 등 비용관리의 적절성을 평가하는 것인데, 연구개발 계약은 확정계약으로 체결되기 때문에 연구개발 비용절감은 별 이득이 없다. 그리고 개발을 시작하기도 전에 양산비와 운영유지비를 산출하는 것은 매우 부정확하기 때문에 업체는 일단 방위사업청이 선행연구에서 산출한 금액을 넘지 않는 수준으로 유사하게 제안한다. 또한 업체가 제안한 연구개발비, 양산비, 운영유지비는 차후 아무런 구속력이 없기 때문에 업체로서는 최대한 절감을 추진하겠다는 식의 선언적 내용을 포함한다.

'형상관리와 품질관리 계획'은 형상관리 조직 현황 및 수행절차, 전력화평가 후속조치 계획, 품질경영인증 여부를 평가하겠다는 것이다. 업체마다 형상관리 조직의 구성은 다르겠지만, 형상관리 수행절차는 방위사업청 훈령 「표준화 업무 지침」에 나와 있다. 전력화평가는 전력화평가 후속조치는 방위사업청 훈령 「방위사업관리규정」 제53조(야전운용시험, 전력화평가 지원 및 후속조치)에 어떻게 해야 하는지가 나와 있다. 품질경영인증은 방위사업청의 「국방품질경영체계 인증제도 관리지침」을 따르는데 대부분의 방산업체가 인증을 받음에 따라 업체 간 큰 차이가 없다.

'위험 및 이슈, 안전관리 계획'은 사업 진행 간 위험요소 분석 및 도출된 위험요소에 대한 관리방안 등의 적절성을 평가한다. 하지만 제안서의 목적 자체가 자신이 최적의 개발업체임을 내세우는 것인데, 괜한 위험분석은 오히려 업체의 약점으로 지적된다. 더구나 위험을 드러낸다고 해서 별다른 도움을 받을 것도 아니기 때문에 업체로서는 100% 보완이 가능한 위험만을 형식적으로 도출할 뿐이다. 방위사업청에서 먼저 사업위험요소를 도출하고 그에 대한 대책을 제안 받아 비교하면 모를까, 업체 스스로 위험을 도출하고, 스스로 대책을 제시하는 현 위험관리계획은 별 실효성이 없다.

'전력화지원요소 확보계획'은 전투발전지원요소와 종합군수지원요소 개발계획의 적절성을 평가한다. 그런데 전투발전지원요소인 교리, 교육훈련, 시설은 군이 담당해야 할 사항이고 이 내용은 소요결정서에 명시되어 있는 내용 외에는 개발업체가 추가로 제안할 것이 없다.

또한 종합군수지원요소 개발은 시제품을 만들어가면서 「국방 무기체계 종합군수지원(ILS) 실무지침서」에 나와 있는 대로 수행할 일이다. 업체별로 전력화지원요소 확보계획에 차이가 있을 수 없다.

'군용항공기 감항인증 계획'은 감항인증 기준의 적절성을 평가하고, 감항인증 계획의 적절성을 평가하는데, 감항인증 기준은 방위사업청 훈령 「군용항공기 표준감항인증 기준」에 이미 나와 있고, 감항인증 수행절차는 규정 「군용항공기 감항인증 업무규정」에 세부적으로 규정되어 있다.

'품질보증 계획'은 품질보증 활동 일정 및 절차, 목표 및 기준 등을 평가하는데 품질보증은 방위사업청 훈령 「방위사업 품질관리 규정」에 어떻게 수행해야 하는지가 자세히 나와 있다. 제안서에는 이 규정에 따라 품질보증 계획을 제안하면 된다.

즉 시제품 자체 개발 말고, 개발 과정에서 일반적으로 수행되는 업무는 방위사업청이 규정과 매뉴얼로 이미 그 수행절차를 구체적으로 정하고 있는데, 이것을 업체가 자신들의 제안서에 옮겨 적어 제출하면, 그것을 다시 방위사업청이 평가한다. 한마디로 방위사업청은 자신들이 수립해 놓은 절차를 스스로 평가하는 것이다.

이처럼 사업추진계획의 제안서평가 항목 14개 중 제안 내용에 큰 차이가 없는 일반과업에 해당하는 항목이 9개(64%)다. 이것을 점수 배점으로 보면, 사업추진계획 배점 40점 중 16점(40%)이다. 사업추진계획 평가의 40%에서 상호 우열을 정할 수 없다는 것이다.

첫 번째 문제가 업체 간 내용 차이가 없는 항목을 평가함으로써 변별력이 저하된 것이라면, 두 번째 문제는 여기에 강제적인 차등점수를 줌으로써 평가결과마저 왜곡시키는 데 있다.

이전 제안서평가의 기술능력평가는 업체별 절대평가로 진행되었다. 그런데 제안내용에 별반 차이가 있을 수 없으니 업체 간 동등한 점수를 받을 수밖에 없었고, 결국 기술능력평가에서 업체별 점수 차이는 매우 경미해졌다.

이렇게 되자, 비용평가가 평가결과를 좌우하기 시작했다. 누가 보더라도 기술력이 높고, 국내에서 유일하게 개발생산 경험을 가진 업체가 입찰가격이 높아 탈락하는 사례가 발생하기 시작한 것이다. 기술능력평가와는 달리 비용평가에서는 입찰 금액에 따라 점수 차이가 상대적으로 벌어지기 때문이다. 그러자 방산업체로서는 아무리 기술을 자신하고, 설령 개발비에 적자가 예상되더라도 무조건 최저가격 입찰을 해야만 했다.

이렇게 비용평가가 입찰결과를 좌우하자, 방위사업청은 기술능력평가의 변별력을 높이기 위해 2013년부터 기술능력평가에서도 모든 정성평가에 강제적으로 차등점수를 부여하게 하였다. 그리고 차등 구간별 점수도 크게 차이 나게 만들었다.

> **무기체제 연구개발의 제안서 평가 및 협상 지침 (2013.9.10.)**
>
> 제13조(평가 방법)
>
> ④ 제안서평가팀은 제1항에 의한 평가기준표를 근거로 평가항목에 대한 평가점수를 부여하고, 정성평가 항목의 경우 업체별로 차등점수를 부여하여야 한다. 단, 평가 대상이 4개 업체 이상일 경우는 제한적으로 동점을 부여할 수 있다.

그런데 문제는 구성품 개발, 국산화 계획 등 제안업체별 고유의 계획이라면 차등점수를 부여해도 괜찮지만, 방위사업청 규정과 지침을 제안 내용에 그대로 옮겨 적는 항목마저 강제 차등을 두게 함으로써 평가 결과의 신뢰성을 왜곡시킨다는데 있다.

예를 들어 개발일정과 관련하여 모든 제안업체는 아무리 일정이 빡빡하더라도, 요구된 기한 내에 요구된 모든 과업을 정상적으로 수행하겠다고 제안한다. 실제 일정이 부족하여 지체상금이 예상된다고 해도, 그것은 나중의 문제일 뿐, 제안단계에서부터 일정을 포기하지는 않는다. 그리고 일정관리를 위한 성과관리시스템은 잘하고 못하고의 문제가 아니라서 청에서 마련해 놓은 지침의 주어만을 바꿔 옮겨 적은 것이다. 추진계획의 적절성, 개발일정 준수 여부, 성과관리시스템의 적용계획에서 차이가 있을 수 없다. 그런데 이러한 항목에 무조건 차등점수를 주어야만 한다. 개발일정 관리계획의 표준배점이 4점이니 한

업체는 4점, 다른 업체는 3.7점을 받게 될 것이다.

그 외 형상관리 및 품질관리, 전력화지원요소, 품질보증 등 나머지 항목도 마찬가지다. 업체 스스로의 계획이 아니라, 방위사업청이 정해 놓은 과업과 절차를 준수하겠다는 내용이다. 그런데 이것을 차등 평가 한다. 이렇게 업체별 제안 내용에 차이가 없는데 차등점수를 줘야 하는 항목의 배점 합계가 16점이나 된다. 최소 한 등급의 차이를 주면 총점에서 1.2점 차이가 난다.

이렇게 정작 내용은 별 차이가 없는데 강제 차등을 두라고 하면, 결국 평가 기준은 문구, 편집 등 가독성이 될 수밖에 없다. 그래서 제안 업체는 제안서제출 전 거액을 들여 전문 편집업체에게 편집을 맡긴다. 어차피 내용은 대동소이한데 차등점수가 부여되니 좋은 점수를 받기 위한 고육지책이다.

결국 제안서평가가 제안서의 내용이 아니라 외적 요인에 의해 좌우되니, 평가결과의 신뢰성에 의문이 생길 수밖에 없다.

제안서 작성 비용과 관련하여, 전장관리정보체계 사업에 한해 「소프트웨어산업 진흥법」을 근거로 제안서 작성비용을 보상 해준다. 또한 「국가를 당사자로 하는 계약에 관한 법률 시행령」 제89조를 근거로 시설공사의 경우 설계비를 보상할 수 있다. 무기체계 연구개발 사업도 제안서작성을 위해 인력과 비용 등에서 많은 자원이 투입되고 있으나, 아직은 일체의 보상이 없다. 법률이 근거가 되어야 하나, 소관부서가 이에 대한 관심이 없기 때문이다.

> **무기체제 제안서 평가업무 지침 (2021.3.1.)**
>
> **제17조(제안서 보상기준)**
>
> 업체가 해당사업 입찰을 위해 제출한 제안서 작성비용은 원칙적으로 보상하지 아니한다. 다만, 전장관리정보체계사업 입찰의 경우에는「소프트웨어산업 진흥법」제21조 및 과학기술정보통신부 고시「소프트웨어사업의 제안서 보상기준 등에 관한 운영규정」에 따라 기술능력평가 배점한도의 85% 이상인 자 중 낙찰자로 결정되지 아니한 2인 이내의 범위 내에서 보상할 수 있다.

세 번째 문제는 평가위원의 전문성 부족이다.

정성평가로 진행되는 제안서평가 결과에 가장 큰 영향을 주는 요소가 바로 평가위원이다. 정량평가라면 정해진 기준에 따라 항상 같은 값이 나오지만, 정성평가의 평가기준은 평가위원의 주관적 판단이기 때문에 평가위원이 누구냐에 따라 결과가 좌우된다. 그래서 합리적 평가가 되려면 평가목적에 맞는 평가항목과 평가배점을 설정함과 동시에 평가위원의 전문성, 투명성, 공정성이 확보되어야 한다.

그런데 현 무기체계 연구개발 제안서평가에서 평가위원의 투명성과 공정성은 어느 정도 마련된 듯 보이지만, 전문성은 정말 많이 부족하다. 내용에 별반 차이가 없는 평가항목을 강제 차등 평가하여 결과의 신뢰성이 저하되고 있는 와중에 평가위원의 전문성마저 부족해져 버리니 신뢰성은 더욱 나빠진다.

광범위한 방위사업에 두루 전문성을 가진 자가 드물다

우선 평가위원의 전문성이 부족한 이유는 제안서 자체가 특정 전문분야만 담고 있는 게 아니라, 기술 및 생산, 국산화, 소프트웨어, 상호운용성, 종합군수지원요소, 형상관리 및 품질관리, 감항인증, 시험평가, 일정 및 비용관리 등 다양한 전문분야를 담고 있기 때문이다. 이러한 각 분야는 별도의 전문 기관이 존재할 정도로 고유의 전문성을 필요로 하는데, 모든 내용을 이해하고 평가할 수 있는 전문가는 애초에 희박하다.

전문가를 위촉해 놓고, 비전문 분야를 평가하게 한다

그래서 방위사업청에서는 평가위원 자격요건으로 무기체계 운용경험 3년 이상, 사업관리 경력 3년 이상, 대학 교수, 연구경력 5년 이상 등으로 정해놓고 있다. 무기체계 운용 분야, 사업관리 분야, 기술 분야별로 전문성을 갖춘 평가위원을 위촉하려는 것이다.

그런데 여기에서 문제는 분야별 전문가를 뽑아 놓고는 비전문분야까지 평가를 맡기는 것이다. 즉 전문성은 위촉 당시에 필요한 기준일 뿐이고, 일단 평가위원으로 위촉이 되고 난 후, 실제 평가는 전문성과 무관하게 진행된다.

예를 들어 대학에서 기계공학의 명망 있는 교수를 평가위원이 위촉했다고 가정하자. 무기체계 적용되는 기계 공학 분야에 대한 전문성은 기대할 수 있지만, 무기체계는 기계공학뿐만 아니라 전기, 전자, 화공 등 다양한 기술의 복합체라서 모든 기술 분야를 제대로 평가한다고 보기 어렵다. 더욱이 상호운용성, 종합군수지원, 형상관리 및 품질관리, 시험평가 및 감항인증 등 방위사업에 한해 특수하게 적용되는 사항들에 대해서는 용어부터 낯설 수밖에 없다. 상호운용성에서 연동대상과의 정보교환 내역, 통신 기반, 표준적합성이 매우 생소하고, 종합군수지원에서 정비성과 신뢰성, 가용성과의 관계, 군의 정비체계도 낯설다. 형상은 어떻게 관리하고, 품질은 어떻게 관리하는지도 잘 모른다. 대부분 분야를 용어부터 새롭게 배워가며 평가해야 하는데 그 내용마저 역시 워낙 방대하니 아무리 뛰어난 능력을 가졌다 해도 하루 이틀 만에 방위사업에 관한 모든 분야를 이해하는 것은 불가능하다. 그렇다보니 평가내용을 제대로 알고 평가하기 보다는 표현의 정확성, 내용의 일관성 및 논리성 등 평가위원이 스스로 정한 자체 기준에 따라 평가할 수밖에 없다.

평가위원의 전문성을 발휘할 여건이 안 된다

한편으론 제안서 평가 항목 자체도 평가위원의 전문성을 그다지 요구하지 않는다. 앞에서 살펴본 바와 같이 사업추진계획과 관련한 평가

항목의 상당수는 방위사업청이 정해놓은 규정과 매뉴얼을 그대로 옮겨 적으면 되는 것이다. 경쟁업체간 제안내용에 별반의 차이가 없고, 분량도 제한된 상태라서 내용을 얼마만큼 효율적으로 알기 쉽게 표현하느냐에 따라 결과가 좌우된다.

한편 일부항목은 제안 내용만 가지고는 애초에 제대로 평가할 수가 없다. 먼저 사업추진능력 중 기술보유현황의 세부 평가항목인 '소요 핵심기술 확보 현황'은 업체가 확보하고 있는 핵심기술 보유 현황의 적절성을 보겠다는 것이다. 하지만 업체는 핵심기술과 관련한 특허, 인증, 논문, 자체 연구보고서를 100건 이내로 제시하고, 제안서 분량이 제한되기 때문에 관련기술의 제목과 간단한 요약만 제공한다. 이런 상황에서는 평가위원이 아무리 전문성이 있다 해도, 기술 제목과 요약지만 가지고서 무기체계 핵심기술과의 연관성을 이해할 수가 없고, 어떻게 활용될 것인지도 알 수가 없다. 더구나 평가기간도 보통 2일뿐이니 하나하나 따져볼 시간 역시 없다. 한마디로 내용도 모르고, 시간도 부족한 상태에서 평가를 하는 것이다.

또한 사업수행 조직 및 인력 보유현황은 개발인력의 전문지식과 경험이 개발에 적절한지를 평가하고자 하는 것이다. 보통 기술 인력 구성의 적절성은 방위사업청의 물품적격심사[05]나 수상함 적격심사[06]에서와 같이 학력 또는 자격증, 근무 연수. 유사 개발 참여기간 등을 세세하게 구분하여 정량적으로 평가하고 있다. 그런데 연구개발 제안서

---

05. 방위사업청 예규 「물품 적격심사 기준」 별표 1 적격심사 항목 및 배점한도
06. 방위사업청 예규 「수상함 적격심사 기준」 별표 1 수상함 평가기준표

평가에서는 인력의 적절성마저 평가위원에게 맡기고 있다. 그러면서 평가를 위해 참여 인력의 이력서를 제공하는데 이마저 업체식별이 안 되도록 이력서의 일부는 빈칸으로 되어 있다. 평가위원으로서는 불완전하고, 분석되지 않은 원 자료(Raw Data)만으로 인력 구성의 적절성을 평가해야 한다. 결국 평가위원이 스스로 중요하게 생각하는 몇 개 기준에 따라 우열을 평가할 수밖에 없다.

협력업체 선정 및 관리현황 여기 마찬가지다. 협력업체 선정 및 의사소통체계, 관리방안의 적절성을 평가하고자 하지만, 제안서에 업체를 식별할 수 있는 일체의 표식이 불가하기 때문에 협력업체가 어떻게 구성되고 있는지를 알 수가 없다. 그리고 의사소통체계와 관리방안이란 실체가 드러나지 않는 것들로서 평가의 잣대가 명확하지 않다. 그런데도 상대적인 우열을 가리도록 요구하고 있다.

이렇게 기술능력평가는 비전문가에 의해, 내용이 이해가 안 되는 상태에서 진행된다. 전문성이 매우 중요한 정성평가에서 전문성 반영이 부족하다보니 결과의 신뢰성을 의심받는다.

방위사업청 입장에서는 평가위원의 주관적 판단에 그 어떠한 이의도 제기되지 않기 때문에 평가 시비가 없는 것에 만족하며 자평한다. 하지만, 업체입장에서 보면 아무리 기술력이 업계 최고 수준이고, 최적의 개발계획이라 해도 그 결과를 예측할 수가 없다. 기술능력평가 결과는 제안서의 편집과 누가 평가위원이 되느냐에 따라 달라지니 여전히 비용평가와 가·감점 평가에 집중할 수밖에 없다.

개발비용을 업체에게 전가시키는 도구일 뿐인 비용평가

비용평가 점수는 정해진 비용평가 산식에 의해 정량적으로 산출된다. 산식은 「배점×최저제안가격 / 당해제안가격」이다. 예를 들어 '가' 업체가 100억, '나' 업체가 95억의 개발비용을 제안했다면 '가' 업체는 「배점(20점)×최저제안가격(95억) / '가' 업체 제안가격(100억)」이 되어 19점을 얻고, '나' 업체는 최저 제안가격과 업체 제안가격이 동일하므로 「배점(20점)×최저제안가격(95억) / '나' 업체 제안가격(95억)」으로 20점이 된다. 최대 가격과 최저 제안가격 간에 1점의 점수 차이가 발생한다.

⊕ 연구개발사업 비용평가 평점 산식 (무기체계 제안서 평가업무 지침)

평점 = 가격평가 배점한도 × (최저 제안가격 / 당해 제안가격)

* 최저 제안가격 : 유효한 입찰자 중 최저제안가격
* 당해 제안가격 : 당해 평가대상자의 제안가격으로 하되, 제안가격이 평가기준가의 100분의 95 미만일 경우에는 평가기준가의 100분의 95에 상당하는 가격

제안서평가에서 기술능력과 비용을 같이 평가하는 이유는 기술능력 격차와 가격을 절충하기 위함이다. 기술능력에 자신이 있으면 비용을 그만큼 높게 가져가고, 기술능력이 부족하면 비용을 그만큼 낮게 하여 입찰경쟁력을 확보하라는 의미다.

하지만 기술능력평가 결과를 예측할 수가 없으니 복수 입찰의 경우 제안가격의 5%는 무조건 낮출 수밖에 없다. 평가기준가의 95%인 최저 제안가격을 제안해야 비용평가에서 손해가 없기 때문이다. 실제로 비용평가 결과에 따라 협상우선순위가 뒤바뀌는 경우도 생기다 보니 업체로서는 개발비용에서 손해가 따르더라도 어쩔 수 없이 낮춰야 한다.

결국 이것은 개발 예산 5%를 업체에게 전가하는 것이다.

업체는 제안서를 두 가지 버전으로 작성한다. 경쟁업체가 참여할 때를 대비한 95%금액의 제안서, 단수업체로 참여할 때를 대비한 100%금액의 제안서다. 입찰 마감시간까지 경쟁사의 입찰 동향을 눈여겨보다가 복수경쟁이 되면 95%금액의 제안서를 제출하고, 단수경쟁이 되면 100%금액의 제안서를 제출한다.

방산업체를 움직이는 수단이 되어버린 가·감점 평가

기술능력평가의 변별력과 신뢰성이 떨어지고, 비용평가에서는 입찰 업체 모두가 저가 입찰을 하여 점수의 변별력이 없어지다보니 이제는 가·감점 평가가 중요한 핵심요소가 되었다.

가·감점 평가는 2007년 방위사업청이 무기체계 연구개발 제안서평가 및 협상지침[07]을 제정할 때만 해도 별다른 항목이 없었다. 그런데 2021년 방위사업청의 무기체계 제안서 평가업무 지침을 보면 기술능력과 비용평가와 관련 없는 가점 및 감점 요소가 8개나 되고, 그 점수도 −4.4점에서 3.4점이 된다. 대부분의 제안서 평가가 1점 내외에서 우열이 가려지는 것을 보면 가·감점 요소는 입찰순위에 결정적 요인이 된다.

무기체계 제안서 평가업무 지침의 가·감점 사항

제25조의4(가·감점 평가)

1. 중소·중견기업 참여 가점
2. 방위산업기술보호 가점
3. 신규채용 우수기업 가점
4. 공동투자 연구개발사업 참여업체 투자비율에 따른 가점
5. 신속시범획득·신속연구개발 참여 가점
6. 중소·중견기업 참여 감점
7. 불공정행위 이력 감점
8. 입찰조력자 허위 명시 관련 감점
9. 장기 채무 불이행 감점
10. 제안서 분량 초과 감점

그런데 이 가·감점 사항은 연구개발을 잘할 수 있는 업체를 선정하는 것에 초점이 맞춰져 있지 않고, 방위사업청이 추진하는 정책과 제도를 업체가 얼마나 잘 따르는지에 초점이 맞춰져 있다.

방위사업에 관한 대부분 정책과 제도는 법령이 아닌 방위사업청 내부 훈령으로 정해 놓았기 때문에 방산업체로서는 딱히 준수의무가 없다. 그래서 내부 훈령을 외부 방산업체에게 강요하기 위해 청 내부 훈령에서 정해놓은 정책과 제도의 준수 여부를 평가항목에 가·감점 사항으로 반영해 놓은 것이다. 업체입장에서 훈령을 준수할 의무가 없지만, 제안서 평가를 잘 받기 위해서는 훈령에서 정해놓은 내용을 따를 수밖에 없다. 원청업체가 하청업체를 일감으로 통제하는 것과 같다. 그래서 제안서평가는 연구개발을 잘 할 수 있는 업체를 선정한다기보다는 청의 정책과 제도를 방산업체에게 강요하는 수단으로 이용된다.

중소기업을 육성시킨다는 취지하에 연구개발에 일정 비율 이상의 중소, 중견기업을 참여시켜야만 가점을 주고, 참여 규모가 작으면 아예 감점을 한다. 방산업체로서는 사업 금액 규모에 따라 일정 수 이상의 중소·중견기업을 의무적으로 참여시켜야 한다. 그런데 애초에 무기체계 연구개발을 대기업 혼자서 해 온 게 아니라 여러 협력업체와 협업을 해 왔다. 업체로서는 기존 2차 협력업체 중 방위사업청이 요구하는 비율만큼 1차 협력업체로 끌어올려 비율을 맞춘다. 이런 식으로 중소, 중견기업이 육성되는지는 의문이다.

공동투자로 진행되는 경우, 업체가 분담하는 개발 투자금액 규모에 따라 가점을 부여한다. 말은 가점이라고는 하지만, 경쟁이 되는 순간 가점을 못 받는 것은 곧 감점이다. 개발업체로서는 경쟁업체와 비교하여 감점을 막기 위해 최대 상한 투자비율을 제안할 수밖에 없다.

예를 들어 대기업의 공동투자 비율은 50~90%이고, 분담비율에 따라 1점의 가점을 준다. 어떤 업체가 개발비의 50%를 투자한다고 하면 가점은 0점이고, 다른 업체가 개발비의 90%를 투자한다고 하면 1점의 가점을 준다. 기술능력평가와 비용평가를 합해도 채 1점 차이가 안 나는 경우가 많기 때문에 공동투자에서 1점 차이는 낙찰을 결정한다. 결국 경쟁으로 진행되는 공동투자 입찰에서 개발업체는 선택권은 없고, 경쟁에 쳐지지 않기 위해 무조건 최대 투자비율을 제시할 수밖에 없다. 비용평가에서는 최저가로 입찰하고, 공동투자에서는 최고금액을 투자할 수밖에 없도록 만들어 놓았다.

정부 고용 확대 정책 기조에 부응하기 위해 제안서 평가 시 전년대비 최근 6개월간 신규채용 증가율이 4% 이상이 되면 가점을 준다. 방산업체의 평균 영업이익률은 꾸준히 감소하고, 가동률은 60%대에 머물러 있는데 과연 고용확대가 가능할지는 의문이다. 방산업체로서는 중요한 입찰을 앞두고 있을 때 신규 채용을 미뤘다가 한 번에 채용하면 유리해 질 수 있다. 하지만 이것은 실질적인 고용확대가 아니라, 제안서평가를 잘 받기 위한 하나의 기술(技術)일 뿐이다.

방산비리 정부합동조사 후속대책의 일환이자 검찰의 영역을 키우기 위해 방위사업감독관을 신설했고, 방위사업감독관에서는 국내 컨설팅업자를 양성화한다는 취지로 입찰조력자를 제출하게 하였다. 그리고 업체에 이를 강제하기 위해 입찰조력자를 허위로 제출하면 감점을 한다고 한다. 심지어 그 정도에 따라 협상결렬 또는 낙찰자 결정도 취소토록 하고 있다. 그렇다고 입찰조력자의 사실 확인 절차는 별도로 없다. 그냥 혹시나 모를 차후 일에 써먹기 위한 자료로 접수할 뿐이다.

그 밖에 신속시범획득, 신속연구개발 사업 참여를 촉진하기 위해 3년 이내 해당 사업의 참여 실적을 가점으로 인정하고, 방위산업기술보호를 강조하기 위해 방위산업기술보호 실태조사 결과도 가점으로 반영한다. 그리고 신속한 채무이행을 강제하기 위해 장기 채무 불이행을 감점하며, 제안서 분량을 규정하기 위해 제안서 분량 초과의 경우도 감점을 한다.

정리해 보면 기술능력평가는 업체별 자체 계획이 아니라 정부에서 정해놓은 절차와 방법 등 내용에 별 차이가 없는 항목을 차등 평가하여 변별력을 저하시키고 있다. 그리고 평가 시비 예방을 목적으로 거의 모든 항목을 평가위원의 주관적 판단으로 평가하나, 정작 평가위원의 전문성이 확보되지 않는다. 그 이유는 나름 각 분야의 전문가를 평가위원으로 선정한다지만, 정작 실제 평가에서는 비전문분야를 평가하게 하고, 설령 전문성을 발휘하려고 해도 제안서 분량이 제한되고, 기간마저 한정되어 있기 때문이다. 그런데도 무조건적인 우열 평가를 하라고 하니 어떻게는 경쟁업체 간에 서열은 정해지지만, 그 결과가 공정하고, 타당한지에 대한 신뢰성은 의심받을 수밖에 없다.

이렇듯 기술능력평가에서 기술력에 대한 정확한 판단이 불가하기 때문에 나머지 비용평가에서는 무조건 최저금액으로 입찰해야 하는데, 모든 참여업체가 최저 금액을 제안하므로 비용평가에서도 변별력은 기대할 수 없다. 그저 비용평가는 개발 예산 5%를 업체에게 전가하는 제도가 되었을 뿐이다. 그리고 가·감점평가는 최적의 업체 선정이라는 제안서평가의 목적을 반영하기보다 방위사업청의 정책과 제도를 업체에게 강요하는 수단으로 운용된다.

결국 업체입장에서 보면, 제안서평가를 위해 평소 방위사업청이 내놓은 정책과 제도는 무조건 잘 준수해야 하고, 일단 입찰가격을 최저가로 제안해야 한다. 제안서는 가독성을 높이는데 주력해야 하고, 최종 결과는 평가위원이 누구냐에 달려있다. 한마디로 제안서평가 결과는 복불복이다.

전문화·계열화 제도를 폐지하고, 경쟁체제를 도입하였다면 뛰어난 역량을 가진 업체를 제대로 선정해야만 업체는 스스로 경쟁력을 강화하는 동기를 얻을 수 있다. 능력을 제대로 평가해 줘야만 그 능력을 더욱 갈고 닦을 수 있는 것이다. 그래서 경쟁체제에서 제안서평가의 효율성과 신뢰성은 무엇보다 중요하다. 지금처럼 누가 되든 간에 순위만 결정되면 된다는 풍토에서 방위산업 경쟁력은 있을 수 없다.

아무런 실효성이 없는 전시 행정, 사업성과관리(EVM)

> 방위사업청은 무기체계 연구개발 사업을 효율적으로 관리한다는 취지로 사업성과관리 제도를 도입해 적용하고 있다. 그런데 이 제도는 무기체계 연구개발 사업의 계약형태와는 맞지 않고, 자료의 적시성과 신뢰성마저 부족하여 제대로 운영될 수 없다. 그저 정부의 효율적인 사업관리 수단으로 홍보될 뿐이다.

제안서평가를 통해 협상우선순위를 정하고, 협상이 완료되면 계약을 체결한 후 본격적으로 연구개발을 진행하게 된다. 소요결정이 된 이후, 사업추진방법 결정부터 연구개발 기본계획 수립, 개발업체 선정까지 방위사업청이 주도하였다면, 계약 이후의 대부분 업무는 업체가 자체적으로 주도한다. 하지만 사업주관부서로서 방위사업청도 계약이행을 관리해야 하는데 개발이 제대로 진행되고 있는지 확인이 쉽지 않다. 그래서 2006년부터 개발 상황을 정량적 수치로 모니터링 할 수 있는 사업성과관리(EVM, Earned Value Management)제도를 도입하여 운용하고 있다.

방위사업청 개청취지 중의 하나가 비효율적 사업관리를 개선하는 것이었으니 사업성과관리 제도는 정부 성과를 홍보하기에 제격이었다. 2010년 방위사업청의 사업성과관리 제도에 관한 정책브리핑을 보면, 사업성과관리 제도를 이렇게 홍보했다.

> ✦ **정책브리핑 : 사업성과관리(EVM) 수행지침 시행 (2010.4.19.)**
>
> 국방 연구개발사업의 효율적인 사업관리를 위해 필요한 『사업성과관리(EVM) 수행지침』이 최근 방위사업청 훈령으로 공포되었다.
>
> *사업성과관리(Earned Value Management) : 주기적인 사업성과 측정을 통하여 계획된 일정과 비용과의 차이(편차)를 분석함으로써 사업의 진행상태를 점검하고 관리하는 기법으로 측정된 비용/성과를 활용하여 최종 사업비용 및 종료시점 예측과 계획된 사업비 목표 달성을 위한 정기적인 비용관리가 가능

그간 방위사업청에서는 국방 연구개발사업의 투명성, 효율성, 경제성 향상을 위해 KHP사업, 장보고-Ⅲ사업 등 일부 연구개발 사업에 사업성과관리(EVM)를 적용하여 왔으나, 사업성과 관리 대상사업에 대한 선정기준과 수행절차가 정립되지 않아 방위사업청과 업체 간 효율적인 사업관리에 제한점이 있었다.

이에 따라 방위사업청은 실현가능한 지침을 마련하기 위해 연구기관에 정책용역을 의뢰하는 등 지속적인 의견수렴과 검토를 실시한 결과 지난 3월 26일(금) 『사업성과관리(EVM) 수행지침』을 제정, 공포하게 되었다.

이번 제정된 지침 시행으로 단계별 사업기간 3년 이상 및 단계별 사업예산 1,000억 원 이상의 사업은 사업성과관리를 의무적으로 적용하도록 하였으며, 사업성과관리 수행절차를 계획 수립 및 승인과 사업성과 분석 및 관리의 두 부분으로 구분하여 정립함으로써 방위사업청과 업체 간 효율적인 사업관리가 이루어짐으로써 상호 간 실질적인 협력관계를 더욱 강화해 나갈 것으로 예상된다.

또한 한국방위산업진흥회의 요청으로 오는 4월 21일(수) 경남 창원 컨벤션센터에서 방산업체를 대상으로 사업성과관리 교육 및 지침 설명회를 실시하며, 이번 설명회를 시작으로 향후 주기적인 교육과 설명회를 통해 과학적인 사업관리 중요성에 대한 공감대 형성과 상호 간 이해증진으로 국방 연구개발사업의 투명성, 효율성, 경제성 향상에 크게 기여할 것으로 기대된다.

또한 2012년에는 사업성과관리(EVM)를 통해 사업의 객관적이고 가시적인 성과측정이 용이하며, 성능과 비용을 동시에 고려하여 개발비용 증가를 방지하고, 업체의 개발비용에 대한 불신을 해소하여 투명하고 체계적인 업무수행이 가능하다고 홍보[08]하였다.

> **방사청, 과학적 관리기법으로 사업비용을 줄인다**
> (뉴스1, 2012.8.6)
>
> 방사청 관계자는 "EVM과 CAIV를 병용해 사업을 관리하면 객관적이고 가시적인 성과측정이 용이하며 성능과 비용을 동시에 고려한 사업관리를 통해 개발비용 증가를 방지할 수 있다"면서 "업체의 개발비용에 대한 불신을 해소할 수 있는 등 보다 투명하고 체계적인 업무 수행이 가능해진다"고 설명했다.

위의 설명대로 사업성과관리(EVM)는 일정과 비용 투입에 대한 성과를 주기적으로 점검하면서 사업을 관리하는 기법이다.

사업성과관리(EVM)의 기본이론은 비교적 간단하다. 예를 들어 총 100만원을 들여 물건 50개를 생산한다고 가정해 보자. 아래와 같이 개당 생산비용은 2만원이고, 매월 10개씩 5개월 동안 생산하기로 했다.

---

08. 김정욱, 「방사청, 과학적 관리기법으로 사업비용 줄인다」, 「뉴스1」, 2012.8.6., https://www.news1.kr/articles/766861

생산계획(예)

구분	1월	2월	3월	4월	5월	계
계획 생산 대수(개)	10	10	10	10	10	50
계획 투입 비용(만원)	20	20	20	20	20	100

그리고 실제 생산실적을 보면 1월에는 계획대로 10개를 생산했고 개당 2만원씩 총 20만원이 지출되었다. 계획대로 진행된 것으로 보인다. 그런데, 2월에는 계획된 10개에 못 미친 8개 밖에 생산하지 못했는데 비용은 오히려 개당 2.5만원으로 초과 지출되었다. 한편 3월에는 계획된 개수보다 더 많은 14개가 생산되면서 비용은 오히려 적게 들었다. 관리자 입장에서 보면, 생산과 비용이 들쑥날쑥하고, 생산관리에 뭔가 문제가 있어 보인다.

실제 생산(예)

구분	1월	2월	3월	4월	5월	계
계획 생산 대수(개)	10	8	14	-	-	32
계획 투입 비용(만원)	20	22	16	-	-	58

이런 상황에서 계획된 일정대로 생산이 되고 있는지, 비용이 부족하지는 않는지, 만약 일정이 지연되거나 비용이 부족하다면 얼마만큼의 일정과 비용이 추가될 것인지를 미리 예측하는 것이 바로 사업성과관리(EVM)다.

사업성과관리에서는 계획 투입 비용을 계획비용(PV, Planned Value)이라고 하고, 실제 투입 비용을 실비용(AC, Actual Cost)이라고 한다. 그리고 계획한 과업 대비 실제 과업 성과를 비용가치로 환산한 것을 성과가치(EV, Earned Value)라고 한다. 예를 들어 20만원을 투입하여 10대를 생산하기로 했는데, 8대 밖에 생산하지 못했다면 해당 월은 계획대비 80%의 과업을 달성한 것이고, 성과가치는 20만원의 80%인 16만원이 된다.

이렇게 세 가지 항목을 정하고 나면, 정해진 산식에 의해 일정편차(SV, Schedule Variance), 일정효과지수(SPI, Scheduel Performance Index), 비용편차(Cost Variance), 비용효과지수(Cost Performance Index)를 얻게 된다. 정리하면 아래와 같다.

구분(누적)	1월	2월	3월	4월	5월	비고
계획 생산 대수	10	20	30	40	50	계획 과업
계획 투입 비용	20	40	60	80	100	PV
실제 생산 대수	10	18	32	-	-	과업 성과
실제 투입 비용	20	42	58	-	-	AC
성과 가치(EV)	20	36	64			PV×과업성과÷계획과업
SV(일정편차)	0	-4	4			EV-PV
SPI(일정지수)	1.0	0.90	1.07			EV÷PV
CV(비용편차)	0	-6	6			EV-AC
CPI(비용지수)	1.0	0.86	1.10			EV÷AC

SV(일정편차)는 계획된 과업 대비 실제 수행된 과업의 차이를 가치로 환산한 것이다. 예를 들어 2월의 성과를 보면, 2월까지 40만원을 지출해서 총 20대를 생산하기로 계획했기 때문에 2월의 계획비용(PV)은 40만원이다. 그리고 2월까지 20대를 생산해야 했는데 실제 18대밖에 생산하지 못했기 때문에 과업성과는 90%다. 그래서 성과가치(EV)는 계획비용(PV)의 90%인 36만원이다. 그러면 일정편차(SV)는 계획비용(PV) 40만원에서 성과가치(EV) 36만원을 뺀 4만원이 되는데, 이것의 의미는 2월 현재 4만 원 정도의 과업이 지연되고 있다는 뜻이다. 그리고 이 성과가치를 계획비용으로 나누면 일정효과지수(SPI)가 나오는데 이 값이 1보다 크면 조기달성이 되고, 1보다 작으면 일정지연이 된다. 2월의 일정효과지수는 90%로 일정이 계획보다 뒤쳐져 있음을 의미한다. 이런 경우 관리자는 이 자료를 이용하여 일정 지연을 경고하여 일정 단축을 독려할 수 있다. 그 결과 3월에는 30개보다 2개를 초과한 32개를 생산했다면, 60만원(PV)대비 64만원(EV)의 성과가치를 얻은 것이고, 일정효과지수(SPI)는 1.07이 되어 일정이 단축되었음을 알 수가 있다.

CV(비용편차)는 과업으로 얻은 성과가치에서 실 사용비용을 뺀 값이다. 예를 들어 1월에는 과업을 100%달성(10개 생산을 계획해서 10개 생산)하여 성과가치(EV)가 20만원이다. 그리고 실제 사용비용(AC)도 20만원이다. 비용편차가 없다.

하지만 2월이 되어서는 계획보다 2개를 적게 생산하여 성과가치가

36만원밖에 되지 않는다. 그런데 실제 투입한 비용은 42만원이라서 2월의 비용편차(CV)는 6만원이다. 이 말은 계획보다 6만원을 더 초과해서 사용하고 있다는 것이다. 그리고 비용효과지수(CPI)는 성과가치를 실 사용비용으로 나눈 값인데 1보다 크면 비용절감이 되고 있음을 보여주고, 1보다 작으면 비용이 초과 지출되고 있음을 나타낸다. 2월의 비용효과지수(CPI)는 0.86으로 계획보다 더 많은 비용을 지출되고 있음을 의미한다.

이처럼 사업성과관리는 주기적으로 일정과 비용이 어떻게 되어가고 있는지를 확인하는데 용이하다. 사업자는 EVM에 의한 일정효과지수(SPI)와 비용효과지수(CPI)만 봐도 계획대비 일정과 비용이 어떻게 되어가고 있는지 쉽게 알 수 있다. 지수가 1보다 적으면 일정이 지연되거나, 비용이 초과지출 됨을 의미하니, 그때마다 원인이 무엇인지를 살펴보고, 합당한 조치를 취할 수 있다.

사업성과관리의 현실성이 없는 이유

방위사업청에서도 사업성과관리의 이와 같은 장점을 무기체계 연구개발 사업관리에 적용하고자 하였다. 하지만, 사업성과관리(EVM)는 방위사업 현실에 맞지 않는다. 그래서 방위사업청 홍보와 같이 객관적 성과를 측정한다거나, 개발비용 증가를 억제한다거나, 개발비 투명성을 확보한다는 등의 효과는 없다.

확정계약에 비용관리는 무의미

사업성과관리(EVM)의 현실성이 없는 이유는 연구개발사업의 계약방식에 있다. 방위사업청은 사업성과관리를 통해 주기적으로 개발비용의 지출을 확인하고, 조치함으로써 개발비용 증가를 억제한다고 했다.

하지만 연구개발은 개발 이전에 개발 금액을 사전에 확정하는 확정계약방식이다. 이 말은 일단 계약을 하고 나면, 설령 개발비용 추산이 잘못되었거나 예기치 않은 문제가 발생하여 개발 비용이 당초 금액보다 더 필요하다고 해도 방위사업청이 계약 금액을 더 올려주지 않고, 반면에 비용이 적게 들었다고 해서 계약금액을 환수하지도 않는다.

예를 들어 시제품 2대를 제작하는 연구개발을 100억에 계약하였는데 실제로는 200억이 들었다고 해서 방위사업청이 100억을 추가로 보전해주지 않는다. 추가된 100억은 고스란히 업체가 부담해야 한다.

결국 계약을 체결한 이상 비용은 전적으로 업체가 관리해야 하는 부분인데, 여기에 방위사업청이 개입하여 업체의 지출내역을 들여다본다. 행여나 경쟁으로 인해 저가입찰이라도 하면, 계획금액인 입찰금액보다 지출비용이 당연히 많아지게 되고, 이러면 사업성과관리를 시작하자마자 비용 초과지출을 경고해 댄다. 그러면 방위사업청에서는 업체에게 비용 초과지출 원인을 분석하고, 대책을 마련해 보고하라는 웃지 못 할 상황이 벌어진다.

이 사업성과관리는 수행 주체가 잘못되었다. 사업성과관리는 비용을 직접 관리하는 업체가 적용하면 회사운영에 효과가 있지만, 방위사업청이 사업성과관리를 하는 것은 아무런 의미가 없다.

일각에서는 연구개발 비용이 많이 들면 양산비용이 그만큼 올라가기 때문에 방위사업청 입장에서 연구개발 비용을 관리해야 하지 않느냐고 한다. 그런데 그 말은 틀렸다. 사업성과관리는 오롯이 연구개발비만을 대상으로 하기 때문이다. 양산비용은 사업성과관리(EVM)가 아니라 엄연히 별도의 목표비용관리(CAIV)를 통해 관리된다.

또한 비용은 그렇다 쳐도 일정관리 측면에서는 효과가 있지 않느냐고 한다. 그런데 일정관리는 사업성과관리가 아니더라도 연구개발 간 주기적인 사업관리회의를 통해 계획된 일정대비 현 진행 상태를 점검한다. 사업성과관리에서의 일정관리는 일정현황을 가치로 환산하여 보여 줄 뿐이다. 그리고 무엇보다 일정지연에 대한 책임 역시 업체가 전적으로 부담한다. 방위사업청은 최종 개발 일정이 지연되면 지체상금부과로 계약에 관한 후속조치만을 할 뿐이다. 결국 사업성과관리(EVM)는 사업관리의 실효성이 없고, 그저 대외에 보여주기 위한 요식행위가 되었다.

자료의 적시성 부족

방위사업청도 계약형태에 따른 사업성과관리(EVM) 문제점을 인지하여 2017년에 비로소 금액을 확정하여 계약하는 사업은 사업성과관리를 적용하지 않도록 하였다. 그런데 사업성과관리(EVM)의 문제는 계약형태 뿐만 아니라 자료의 적시성 부족에도 있다. 사업성과관리는 비용과 일정에 문제가 생기면 적절한 조치를 하겠다는 것이 취지인데, 방위사업청이 받아보는 사업성과관리 자료는 2~3개월 전의 자료다. 업체의 실 사용금액(AC)은 업체의 월말 결산이 끝나야만 확인되고, 성과자료 생성 및 시스템 업로드에도 시간이 꽤 소요되기 때문이다.

예를 들어 업체가 2월에 사용한 실 사용금액은 3월이 되어야 확인할 수 있다. 그리고 확인된 실 사용금액(AC)을 업체가 보유한 사업성과관리시스템에 등록하여 자료를 생성하고, 이것을 다시 방위사업청이 관리하는 사업성과관리시스템으로 업로드 해야 한다. 그러면서 또 1개월이 지나간다. 행여나 비용과 일정에 문제가 있어 편차분석 및 대책 보고서까지 요구되면 시간은 더 걸린다.

즉 방위사업청 사업부서는 과거 2~3개월 전의 일정과 비용현황을 보고 받기 때문에 자료의 적시성이 부족할 수밖에 없다.

자료의 신뢰성 부족

사업성과관리의 또 다른 문제는 사업성과관리를 통해 얻어진 데이터의 신뢰성 부족이다. 먼저 비용관리 측면에서 볼 때, 계획예산(PV)의 설정부터 잘못되었다. 연구개발에서 복수업체 경쟁이 있다면 제안가격은 개발비용의 95%수준으로 입찰한다. 업체 입장에서는 연구개발에 실제 100억이 필요하지만, 정부로부터는 95억만 받고, 5억은 업체가 자체 부담하겠다는 것이다. 이렇게 될 때 사업성과관리의 계획예산(PV)은 100억 원이 되어야 한다. 하지만, 방위사업청은 저가 입찰을 무시한 채, 95억 원으로 입찰했으면 계획예산은 95억 원이 되어야 한다고 한다. 이렇게 되면 개발기간 내내 실 사용금액이 계획예산을 초과할 수밖에 없다.

일정관리 측면에서 볼 때 성과가치(EV)의 측정 신뢰성도 부족하다. 사업성과관리의 핵심 요소는 과업달성 정도를 나타내는 성과가치(EV)다. 그리고 이것은 업체 자체적으로 평가한다. 만약 성과가치가 생산수량과 같이 정량적 수치로 평가되는 경우라면 비교적 값이 정확하고 객관적이겠지만, 연구개발과 같이 수개월 또는 몇 년에 걸쳐 장기간 진행되는 과업의 경우 월별 진행정도에 대한 성과판단은 매우 모호하다. 그래서 성과가치(EV)는 오로지 평가자의 주관적 판단에 의존할 수밖에 없다.

그런데 일정이 계획보다 10%이상 지연될 경우 방위사업청에서는 업체에게 원인분석과 그 대책을 제출하라고 요구한다. 업체입장에서는 방위사업청이 별 다른 조치를 해줄 것도 아니면서 귀찮게 자료만 제출하라고 하니, 실제 일정이 지연될지언정 그냥 정상 진행 중이라고 평가한다. 심지어 방위사업청 사업부서도 일정이 지연되면 괜히 문제 있는 사업으로 취급받아 청장, 본부장의 관심만 받게 되니 업체가 문제가 없다고 하면 그냥 넘어간다.

이런 식이다보니 일정관리는 정말 일정을 관리하기 위함이 아니라, 그저 문제가 없다는 것을 보여주는 요식행위가 되었다.

아쉬운 것은 사업성과관리가 방위사업 현실에 맞지 않아 비효율적이고, 소모적으로 운영되는데도 여전히 폐지되지 않고 적용중이라는 것이다. 정책을 수립하고 제도를 도입하는 것에만 혈안이고, 정작 운영이 제대로 되는지에 대해서는 관심이 없기 때문이다. 사업성과관리의 문제를 제기하면 문제의 실상을 이해하기 보다는 '아예 안하는 것보다는 낫지 않느냐?' 또는 '백에 하나라도 장점이 없진 않을 것이다. 만약 장점이 아예 없다면 이 제도가 10년 이상 유지되었겠냐?' 식의 논리로 무시한다. 그래서 한번 적용된 제도는 불필요한 규제가 될지언정 없어지기가 힘들다. 이런 식으로 규제는 쌓이기만 할 뿐 줄어들지가 않는다.

2006년에 사업성과관리를 시범 적용한 이래 사업성과관리의 현실적 적용상 문제점이 꾸준히 제기되었음에도 2008년에 성과관리기법(EVM) 시행지침(안)을 만들고, 예산을 투자하여 방위사업청 내부 전산시스템인 통합사업관리체계에 성과관리시스템마저 탑재하였다.

2010년에는 사업성과관리(EVM) 수행지침을 제정하면서 개발기간 3년 이상이고 1,000억 이상인 연구개발 사업에 의무적용하게 하였고, 2011년에는 개발기간 3년 이상, 500억 이상 연구개발 사업에 의무 적용하도록 적용범위가 확대되었다. 그러다가 2012년에는 아예 금액조건을 삭제하고 개발기간이 3년 이상 되는 사업에 무조건 적용하도록 확대하였는데 그때 제도 개정취지가 '사업성과관리적용을 활성화 해 국방 연구개발사업의 효율성, 신뢰성, 투명성을 증대해 가겠다.'는 것이었다. 사업성과관리에 대한 방위사업청의 이해수준을 여실히 드러내는 대목이다. 만약 방위사업 실상과 제도에 대한 무지 때문이 아니면 이것은 대국민 기만이다.

이런 제도가 유지되는 또 다른 이유는 이런 비효율적 제도로 인한 피해가 제도를 관리하는 방위사업청에게는 없다는 데 있다. 사업성과관리에 필요한 모든 자료는 개발업체가 만들고, 문제가 발생해도 그 원인과 대책을 개발업체가 작성하고, 그에 대한 후속조치도 개발업체가 수행한다. 방위사업청은 개발업체로부터 보고만 받는 위치다. 한마디로 제도를 관리하는 방위사업청은 피곤할 게 없다. 그러니 문제에 대한 관심도 없고, 제도를 개선할 생각도 없다. 그냥 사업성과관리를 통해 사업관리를 효율적이고, 객관적으로 하고 있다는 겉모습에만 관심을 가질 뿐이다.

몰라서 못하는 양산목표비용관리 (CAIV)

> 연구개발 단계에서 양산단가가 결정되기 때문에 연구개발과정에서의 양산단가관리는 매우 중요하다. 이를 위해 방위사업청에서는 사업성과관리제도를 도입할 때 목표비용관리제도도 같이 도입해 운영 중이다.
>
> 그런데 비효율적인 사업성과관리는 강조하는 반면, 정작 중점 수행해야 할 양산목표단가관리에는 소홀하다. 사업성과관리는 업체가 수행하지만, 양산목표단가관리는 방위사업청이 직접 수행해야 하는데, 양산단가를 관리할 시스템이 없고, 사업담당자가 원가에 대한 전문성이 부족하고, 양산단가 산정에 대한 책임마저 없기 때문이다.

방위사업청에서 2006년에 사업성과관리(EVM) 제도를 도입하면서 같이 도입한 제도가 목표비용관리(CAIV, Cost As Independent Variance)다. 사업성과관리(EVM)와 목표비용관리(CAIV) 모두 연구개발 단계에서 수행되는 것은 같지만, 사업성과관리(EVM)는 연구개발 비용과 일정을 효율적으로 관리하기 위한 것이 목적이고, 목표비용관리(CAIV)는 양산 목표비용을 관리하는 것이 목적이다.

목표비용관리(CAIV)제도는 의외로 간단한다. 사업 초기단계에서 양산 목표단가를 정해놓고, 설계, 시제품 제작, 시험평가, 규격화 등 연구개발 전 과정에서 주기적으로 양산 단가를 따져보며 목표단가가 초과되지 않도록 관리하는 것이다. 영문 표현과 같이 비용 그 자체를 독립변수로 관리하는 것이다.

예를 들어 어떤 무기체계의 양산 단가를 1억으로 정했다고 하자. 그런데 설계 단계에서 양산 단가를 추산해보니 단가가 1억을 초과하여 1.2억이 되었다고 치자. 그러면 설계단계에서 2천만 원을 절감하는 방안을 검토한다. 고가의 부품을 동등 성능의 저가 부품으로 교체하거나, 아예 우선순위가 떨어지는 기능을 제거함으로써 목표 비용인 1억 범위 내로 양산단가를 맞춘다. 그렇게 설계를 마치고 시제품 제작을 한 후 다시 양산 단가를 추산해 봤더니 이번에도 1억을 초과하여 1.1억이 되었다면 이때도 고가 부품 대체, 성능 및 기능 축소, 부품 대량 구매, 시험 검사 방법 간소화 등의 다양한 방법을 적용하여 목표 단가를 1억 이내로 맞춘다. 이와 같이 목표비용관리는 양산 목표단가를 독립변수로 두고, 그 외의 성능, 기능 등을 종속변수로 관리하는 것이다.

사업성과관리(EVM)에서는 방위사업청이 직접 사업성과관리를 수행하는 것은 의미가 없다고 했다. 연구개발 일정과 비용을 전적으로 업체가 관리하고, 그에 대한 모든 책임마저 업체가 지기 때문이다. 그러나 목표비용관리(CAIV)는 반대다. 목표 양산 단가를 정하고, 목표단가가 초과될 때 설계 변경, 부품 대체, 기능 축소 등의 절감 방법을 결정하여 목표단가를 관리하고, 최종 산출 단가로 양산예산을 반영할 책임도 방위사업청에 있다. 그래서 방위사업청은 사업성과관리와 달리 목표비용관리는 직접 수행해야 한다.

시스템 부재, 전문성 부재, 책임 부재

그런데 굳이 안 해도 되는 사업성과관리는 억지로라도 하는 반면, 정작 중요한 목표비용관리는 소홀하다.

그 이유는 첫째 사업성과관리(EVM)와 달리 목표비용관리(CAIV)는 별도의 전산시스템이 없기 때문이다. 사업성과관리는 비용이나 일정 진행현황을 쉽게 보여주는 시스템이 있다. 그래서 사업부에서는 업체가 제공한 자료만을 갖고 개발비용 초과나 일정 지연을 쉽게 인지할 수 있고, 그때마다 원인분석과 대책제시를 업체에게 요구하기만 하면 된다.

반면에 목표비용관리는 별도의 시스템이 없다. 그래서 목표비용관리를 위해서는 사업관리자 스스로 자료를 분석해야만 하는데, 분석 능력이 부족하니 비용 관련 자료를 축적만 해 놓을 뿐이다.

목표비용관리가 소홀한 둘째 이유는 방위사업청 사업관리자의 전문성 부족에 있다. 단순히 비용 초과나 일정 지연만을 파악하는 사업성과관리(EVM)와 달리 목표비용관리(CAIV)는 다양하면서도 전문적인 지식을 요구한다.

먼저 목표비용관리를 위해서는 기본적으로 양산단가를 산정하는 방산원가구조에 대해 이해를 하고 있어야 한다. 그 이유는 방산원가 구성요소인 재료비, 노무비, 경비에 대한 이해가 선행되어야만 목표단가가 초과될 때 어느 항목을 줄여야 하는지를 따져 볼 수가 있기 때문이다. 즉 재료비가 많이 들면 저렴한 재료를 사야하고, 노무비가 많이 들면 공정을 간소화하는 방법을 써야 한다. 어디에서 무엇을 줄일지를 모르면 목표비용관리를 할 수가 없다. 그리고 방산원가를 알아야만 업체가 제출하는 비용자료가 정확한 것인지 아니면 허수인지를 변별할 수가 있다. 예를 들어 목표 단가 1억인 제품의 비용추산을 해보니 1.2억이 되었다. 그런데 업체는 제비율과 이윤을 낮춰서 목표단가를 1억으로 맞췄다. 이러면 마치 목표단가가 제대로 관리되는 것처럼 보이지만, 재료비, 노무비와 달리 제비율과 이윤은 정해진 규칙에 의해 계산되는 값이기 때문에, 실제 원가를 산정할 때가 되면 계산 오류가 정정되어 다시 1.2억이 된다. 이런 눈속임을 짚어내기 위해 방산원가를 제대로 이해하고 있어야 한다.

또한 무기체계 성능을 조정하기 위해서는 무기체계 운영개념과 공학적 식견을 가지고 있어야 한다. 그래야 목표비용을 맞추기 위한 대안을 결정할 수가 있다. 예를 들어 목표단가가 초과되어 단가를 줄이기 위한 대안으로 전자파 규격을 군용에서 상용으로 변경하자는 제안이 나왔다고 하자. 그런데 군은 비용이 초과되더라도 전자파 규격을 낮추는 것에 동의하지 않고, 업체는 규격을 낮춰야만 비용을 절감할 수 있다고 하면, 사업부서는 이를 조정할 수 있어야 한다. 그러려면 군용 전자파 규격과 상용 전자파 규격의 차이점을 알아야 하고, 상용 전자파 규격을 적용해도 해당 무기체계 운용에 문제가 없는지 등을 운용개념에 근거하여 면밀히 따져볼 수 있어야 한다. 만약 내용에 확신이 없으면 양쪽 입장에서 이리저리 흔들리다가 아무것도 하지 못한다. 즉 목표비용관리에서 비용과 성능을 절충하기 위해서는 비용과 성능, 두 가지 모두에 대한 전문성이 필요하다.

하지만 방위사업청 사업관리 부서는 무기체계 운용개념을 모르고, 성능 및 기능과 관련한 지식에는 관심이 없다. 어느 순간 사업관리부서는 행정부서로서 예산과 계약 관리의 행정업무만 처리하는 분위기가 되었다. 그래서 사업성과관리같이 남이 해 온 것은 처리해도, 양산 목표단가관리같이 스스로 직접 책임지고 수행하는 일에는 소홀하다.

목표비용관리가 소홀한 세 번째 이유는 목표단가 관리에 대한 책임이 없기 때문이다. 즉 목표비용관리를 잘못했다고 해서 별다른 불이익이 없다. 그 이유는 목표단가가 실제 양산단가로 직접 이어지지 않기 때문이다.

양산단가는 사업부서가 아니라 기획재정부의 위탁을 받은 한국국방연구원(KIDA)이 양산 사업타당성 조사를 통해 결정한다. 또한 양산단가는 연구개발이 끝난 후 업체로부터 최종 비용자료를 받아 분석하여 결정되는데, 개발 중에 관리한 목표단가와 달라도 별 개의치 않는다. 기획재정부 입장에서 볼 때, 사업타당성 조사를 통해 산정된 금액만이 기재부의 최초 총사업비 관리금액이 되는 것이라서, 그 이전에 집행기관이 자체적으로 관리했다는 단가는 무의미하기 때문이다.

그렇다면 방위사업청 내부에서라도 목표비용관리에 대한 통제력을 강화해야 하지만, 사업성과관리와 달리 목표비용관리의 수행 책임은 남이 아닌 방위사업청 자체에 있어 내부보호차원에서 부담스럽다.

> 모 사업의 연구개발에서 양산목표비용이 50억이었는데, 연구개발 간에는 정해진 금액 내에서 관리되는 것처럼 보였다. 그런데 연구개발이 끝나고, 사업타당성 조사에서 양산단가를 추산해보니 목표단가보다 10% 이상 증가하였다. 업체는 단가 상승의 원인이 해외 수입품 단가와 완제품으로 구매해 오는 탑재 장비의 단가가 상승했기 때문이라고 하였다. 그러면서 업체는 해외 수입품과 완제품은 업체가 통제하고 관리할 수 있는 부분이 아니라서 어쩔 수 없다는 식이다.
>
> 하지만 양산목표비용관리의 양산단가와 사업타당성조사의 양산단가 추산 시기가 불과 몇 개월밖에 지나지 않은 상태였다. 이 말은 갑자기 수입품 단가와 탑재장비 단가가 10% 이상 상승했다는 말인데, 실제로 보면 목표비용관리간 해외에서 구입해 오는 완제품과 탑재장

비는 수년 전 가격으로 낮춰놓고, 개발 업체 몫을 최대치로 반영하여 관리한 것이다. 실제 양산단가를 산정할 때 외부업체에서 구입하는 완제품은 허위 영수증이 아닌 이상 금액 그대로가 인정되는 점을 이용하여 마치 목표단가가 관리되는 듯 보여준 것이다.

목표비용관리 자체가 허수였던 것이고, 개발기간에 비용과 성능을 절충할 기회를 놓친 것이다.

목표비용관리를 잘못했다고 해서 원가비리는 아니다. 쓸모없는 제품이 생산되거나 불필요한 기능이 추가되는 것이 아니기 때문에 국가예산을 낭비한다고도 볼 수 없다. 단지 최초계획보다 비용이 많이 들어가는 것이다.

하지만 국방예산이 무한대가 아닌 상황에서 군이 요구한 성능을 만족하는 무기체계는 당연히 최적의 비용으로 획득되어야만 한다. 만약 국방중기계획에서 판단한 금액이 집행단계에서 급격히 늘어나게 되면 이는 다른 무기체계의 전력화 지연이나 수량 감소를 유발하게 되고, 결국 군사력의 불균형을 유발하기 때문이다. 그렇기 때문에 당초에 정해진 목표비용을 관리하는 것이 중요하다.

또한 목표비용관리는 단순히 비용관리 만을 의미하는 게 아니라, 그 자체가 사업관리 역량의 핵심지표다. 단가관리를 위해서는 성능과 기능을 절충하거나 재료비 및 노무비 절감, 시험항목 간소화 등이 필요한데 이를 위해서는 무기체계 운용개념과 공학적 지식뿐만 아니라 시험평가, 품질관리 등 사업 전 분야에 대한 복합적인 전문성이 필요하기 때문이다. 그래서 목표비용관리현황을 보면, 그 사업부서의 전문성을 유추할 수 있다.

2016년에 한국국방연구원(KIDA) 연구결과[09]를 보면, 목표비용관리제도의 실효성 제고를 위한 4가지 방안을 아래와 같이 제시한 적이 있다.

1. 상세설계 검토 이후 목표양산단가 재 산출
2. 비용 상승을 모니터링 할 전산시스템 구축
3. 비용과 성능을 절충할 '목표비용관리위원회' 구성
4. 목표양산단가 관리 결과에 대한 판정 조항 마련

체계형상이 구체화되는 상세설계검토 이후에 목표 양산단가를 재설정하고, 전산시스템을 구축하여 모니터링을 용이하게 하며, 합참, 소요군, 방위사업청 등을 모두 포함한 위원회를 구성하여 비용과 성능 절충을 결정하고, 목표양산단가가 급격히 상승하면 결과판정을 통해 양산사업에 불이익을 주는 방안을 마련하자는 것이다.

한국국방연구원(KIDA)의 실효성 제고 방안은 형식과 절차적 측면에서 나름 적용될 수 있어 보인다. 그러나 현실적 측면에서 볼 때 방위사업청의 전문성을 담보하지 않으면 또 하나의 요식행위가 될 수밖에 없다. 상세설계 검토 이후에 목표비용을 구체화한다고 해도 이

---

09. 이현무, 고병성, 이시경, "국내연구개발사업에 있어 목표비용관리(CAIV)제도의 실효성 제고방안", KIDA 주간 국방논단 제1629(16-32), 2016.7.25.

때의 비용분석 역시 전산모델에 의해 제공될 수밖에 없어 비용분석에 전문성이 없으면 이전 제출 자료와 큰 차이가 없을 것이다.

그리고 전산 시스템이 구축된다 해도 데이터를 활용할 능력과 의지가 없으면 사업성과관리(EVM)와 같이 실효성이 없게 된다.

또한 지금도 군은 성능에서 물러섬이 없고, 업체는 비용을 양보하지 않으며 방위사업청은 조율 능력이 없어 상호절충이 어려운데, 위원회를 만들어 협의한다고 해서 결과가 달라지지는 않을 것이다.

마지막으로 목표비용이 어느 일정수준(예를 들어 30%)을 넘어서면 양산추진이 불가하도록 한다면, 목표비용관리를 제대로 하기 보다는 최초 목표비용을 미리 넉넉하게 잡아놓고 시작할 확률이 높다. 또한 양산단가가 상승했다고 양산을 추진하지 않는 것은 군 전력공백을 만드는 것이라 현실적으로 쉽지 않다. TMMR의 경우에도 KIDA가 양산 타당성이 없다고 판정하여 수년 동안 사업이 중단되었지만, 결국 소요량과 성능을 줄여 전력화가 추진되었던 사례를 보면 그렇다.

결국 목표비용관리를 실효성은 무엇보다 방위사업청 사업관리부서의 전문성이 담보되어야 한다.

🛡 연구개발 최대 난관, 전문성 없는 시험평가

> 방산업체에게 무기체계 연구개발의 최대 난관은 시험평가다. 시험평가 자체가 개발의 성공과 실패를 구분 짓는 중요한 단계 때문이기도 하지만, 무엇보다 국내 시험평가 여건이 너무 열악하기 때문이다.
>
> 시험평가기관의 전문성이 부족하여 고무줄 잣대를 들이대고, 시험장 및 시험시설이 부족하여 한 번의 실패가 곧바로 지체로 이어지고, 개발 영역 밖의 문제까지도 방산업체가 포괄적으로 책임져야 하는 불합리한 구조다.

개발에 착수한 다음, 군에서 요구한 성능과 기능을 구현할 수 있는 무기체계를 설계하고, 설계대로 시제품을 만들고 나면, 만들어진 시제품은 군이 요구한 성능과 기능을 제대로 구현하는지 확인해야 하는데, 이것이 시험평가다.

시험평가는 시험(Test)과 평가(Evaluation)로 구분된다. 예를 들어 소총의 유효사거리를 시험평가할 때 실제로 탄을 사격하여 사거리를 측정하는 것이 시험(Test)이고, 시험을 통해 얻어진 사거리가 군의 요구사항에 충족하는 자를 판단하는 것이 평가(Evaluation)다.

시험 평가는 무기체계 기능과 성능이 요구기준을 충족하는지를 보는 개발 시험 평가(DT&E, Development Test and Evaluation)와 운용상 적합성과 연동성을 중점으로 보는 운용 시험 평가(OT&E, Operational Test and Evaluation)로 구분된다.

개발시험은 개발자, 운용시험은 운용자, 평가는 국방부가 수행

개발시험평가는 체계 개발 단계에서 제작된 시제품에 대하여 기술적 도달 정도와 기술상의 성능(신뢰도, 정비성, 적합성, 호환성, 내환경성, 안정성 등)을 측정하고 설계 요구도가 충족되었는지를 결정하기 위해 수행하는 시험 평가[10]다. 즉 개발된 제품이 설계 요구조건과 기준

---

10. 국방전력발전 업무훈령 별표1. 용어의 정의

에 맞게 제대로 만들어졌는지를 확인하는 것이다. 개발시험은 개발업체가 수행하고, 평가는 국방부가 판정한다. 그리고 판정은 정해진 기준을 충족하는지를 평가하는 것이기 때문에 '기준 충족' 또는 '기준 미달'로 구분된다.

운용시험평가는 '소요군이 체계 개발 단계에서 제작된 시제품에 대하여 각종 작전 환경 또는 이와 동등한 조건에서 작전 운용 성능 충족 여부와 운용 적합성·효율성·안전성 등을 확인하고, 전력화 지원 요소 등에 대한 적합성을 시험평가하는 행위'로 정의[11]되고 있다. 쉽게 말해 설계대로 만들어진 무기체계가 과연 군의 실제 운용환경에서 군 작전에 효과적으로 쓰일 수 있는지를 확인하는 것이 운용시험평가인데, 운용시험은 소요군이 수행하고, 평가는 개발시험평가와 마찬가지로 국방부가 판정한다. 그리고 판정은 시제품이 군의 실제 작전에서 운용가능한지를 평가하는 것이기 때문에 '전투용 적합' 또는 '전투용 부적합'으로 구분된다.

모 무기체계의 경우, 개발시험평가에서 군이 요구한 성능과 기능을 기준에 맞춰 구현함으로써 '기준충족'을 받았다. 하지만 운용시험평가 간 해안가에서 장비를 운용하다보니 장비에 녹이 스는 것을 발견하였다. 개발 간 '방청'기능에 대해서는 군과 업체 어디에서도 그 필요성을 제시하지 않아 설계에 반영되지 못했기 때문이다. 녹이 슬어 군

---

11. 국방과학기술 용어사전

작전에 활용이 어렵다면 비록 개발시험평가에서 '기준충족'이 되었더라도 운용시험평가에서는 '전투용 부적합'이 된다.

이렇듯 개발시험평가는 요구 성능과 기능이 기준에 맞게 구현되었는지를 시험평가하는 것이라서 애초에 요구가 없으면 시험도 하지 않는다. 반면 운용시험평가는 비록 요구되지 않았더라도 야전 운용환경에서의 전반적인 운용 상태를 보기 때문에 개발시험평가에서 간과되었던 문제도 식별할 수 있다.

예를 들어 군용 차량을 개발한다고 할 때 개발업체는 군의 요구사항에 따라 시제품을 제작하고, 최고 속도, 가속 능력, 최대 주행거리 등 차량 성능을 시험한 후 국방부로 시험결과를 제출한다. 그러면 국방부는 시험결과를 당초 군이 요구한 기준과 비교하여 '기준충족' 여부를 판정한다. 이것이 개발시험평가다.

그리고 개발시험평가에서 '기준충족'이 되면, 이번에는 소요군이 군용 차량을 실제 야전 환경으로 옮겨 운용 간에 문제가 없는지를 시험한다. 즉 요구된 기준대로 성능과 기능은 구현되겠지만, 혹한기에 방한복을 두껍게 입은 군인들이 차량을 조작하는데 문제가 없는지, 전방지역 비포장 산악지형에서 운행 간에 문제가 없는지, 차량 고장 시 정비 대책이 제대로 마련되었는지 등 운용 전반에 걸쳐 문제가 없는지를 시험하고, 개발시험평가와 마찬가지로 결과를 국방부에 제출하면 국방부가 '전투용적합' 여부를 판정한다. 이것이 운용시험평가다.

<기준충족, 전투용 적합, 군사용 적합의 의미>

시험평가 판정은 시험평가 유형에 따라 '기준충족' 또는 '전투용 적합', '군사용 적합'으로 구분된다.

먼저 '기준충족'이란 장비의 성능과 기능 등이 당초 요구된 기준에 부합하는지를 의미한다. 무기체계 연구개발사업의 개발시험평가, 핵심기술 연구개발사업의 개발시험평가, 민군기술협력 사업의 개발시험평가가 '기준충족'으로 판정된다.

그리고 '전투용 적합'은 실제 군사작전에 투입하여 운용 가능함을 의미한다. 무기체계 연구개발 사업의 운용시험평가, 구매 시험평가, 민군기술협력사업 중에 무기체계 운용시험평가가 '전투용 적합'으로 판정된다.

마지막으로 '군사용 적합'은 완성장비가 아니라서 단독으로 군사작전에 활용될 수는 없지만, 무기체계에 적용하는데 문제가 없음을 의미한다. 무기체계 하위 구성품을 개발하는 핵심기술연구개발사업의 운용시험평가, 민군기술협력 사업 중 기술개발 운용시험평가가 '군사용 적합'으로 판정된다.

시험평가를 위해서는 시험항목, 시험조건, 시험 절차 및 방법, 평가기준이 필요하다. 무엇을 시험할 것인지 시험항목을 정하고 해당 시험항목을 어떤 조건에서 시험을 할 것인지를 정하며, 시험을 어떻게 진행할 것인지에 대한 절차와 방법을 결정해야 한다. 그리고 시험결과를 판정할 평가기준이 있어야 한다. 즉 시험(Test)을 위해 시험항목과 시험조건, 시험 절차와 방법이 필요하고, 평가(Evaluation)를 위한 평가 기준이 필요하다.

예를 들어 감시 장비를 시험평가한다고 가정해 보자. 감시 장비에 대한 군의 요구사항은 15km 거리에서 인원 및 차량을 식별해야 하는 것이다. 이 경우 시험항목 및 평가기준은 15km에서 인원 및 차량 식별이 된다.

그 다음으로는 시험 조건을 정해야 하는데 시험 조건을 어떻게 설정하느냐에 따라 결과 값은 크게 달라진다. 감시 장비의 경우, 날씨, 대기의 질, 시험 시간, 표적과 배경의 변별력, 표적의 복장, 크기 등에 따라 식별율이 크게 달라진다. 즉 날씨가 청명하고, 표적이 클수록 잘 보이고, 날씨가 흐리고, 표적이 작을수록 잘 안 보인다. 이때 만약 시험 기준이 없다면, 군은 작전운용 측면을 중시하여 악천후 조건에서도 15km 거리의 표적 식별이 되어야 한다고 주장하고, 개발업체는 기술 측면을 중시하여 최적 조건에서만 15km 거리의 표적 식별이 가능하다고 주장할 것이다. 이렇게 시험조건에 따라 시험결과가 현격히 달라지기 때문에 시험 전에 시험조건은 최대한 명확히 설정되어야 한다.

시험조건을 정하고 나면 그 다음은 시험절차와 방법을 정해야 한다. 시험 절차와 방법을 정하지 않으면 시험을 할 때마다 결과 값이 달라지고, 이렇게 되면 시험의 신뢰성을 잃게 된다. 그래서 시험의 신뢰성과 재현성을 위해 시험수행 절차와 방법 역시 명확히 설정해야 한다. 감시 장비의 경우, 기상 조건이 부합되는지를 확인하고, 시험장비는 어디에 설치하고, 표적은 어느 위치에서 어떤 방향으로 어떤 속도로 움직일 것이며, 측정은 몇 회를 할 것인지 등 구체적인 시험절차와 방법을 정한다.

대부분의 국내 연구개발 무기체계는 해외에서 이미 운용중인 장비를 국내기술로 개발하는 것이라서 미국이나 나토 등에서 이미 정해놓은 MIL-STD(Military Standard), TOP(Test Operations Procedure), STANAG(Standardization Agreement) 등을 참고하여 적용한다.

하지만 미래에 발생할 모든 변수를 예측하는 것은 불가능하기 때문에 시험평가 진행 중에도 시험항목이나 시험조건이 추가되기도 하고, 절차와 방법이 달라지기도 하며, 평가기준이 수정되거나 구체화되기도 한다.

시험평가는 연구개발 최대의 난관

개발업체 입장에서 국내 무기체계 연구개발의 최대 난관은 시험평가라고 한다. 시험평가 자체가 개발의 성공과 실패를 구분 짓기 때문이기도 하지만, 개발업체가 시험평가를 매우 어렵게 여기는 진짜 이유는 국내 시험 환경이 열악하고, 대군 업무 자체가 매우 힘들기 때문이다.

시험평가 관리기관의 전문성 부족

시험평가가 어려운 이유는 무엇보다 정부기관 및 군의 전문성 부족에 있다. 합참에서 소요가 결정되고 나면, 방위사업청이 사업추진방법 결정부터 규격화까지 연구개발 전 과정을 담당하나, 유일하게 시험평가만큼은 국방부가 주관한다.

방위사업청 개청 당시 시험평가는 사업관리의 한 분야로 인식되어 방위사업청에서 일괄 담당하였지만, 2014년에 무기체계 시험평가의 객관성을 확보한다는 이유로 시험평가 주체가 방위사업청에서 국방부로 변경[12]되었다. 당시 K-21 장갑차, K-11 복합소총, 검독수리 고속정, 1,500마력 파워팩 개발사업 등에서 시험평가 판정에 대한 이슈가 발생하자, 국방부는 사업관리기관에서 시험평가마저 담당하기 때문에 문제가 발생하는 것이라고 여겼고, 방위사업청은 가뜩이나 시험평가에 대한 책임과 비난이 가중되는 상황에서 시험평가 기능을 국방부가 가져간다고 하니 이를 내심 반겼다.

사업관리와 시험평가 기관을 달리하여 표면적으로는 객관성을 높일 수 있으나, 문제는 시험평가의 전문성이 낮아진데 있다. 마치 방위사업청 개청으로 방위사업의 투명성은 높아졌으나, 투명성을 제외한 나머지 효율성과 전문성은 오히려 낮아진 것과 똑같은 상황이다.

앞서 언급한 바와 같이 시험평가를 위해서는 시험항목, 시험조건,

---

12. 법률 제12559호 방위사업법(2014.5.9. 일부개정)

시험 절차 및 방법, 평가기준이 필요한데 이것은 무기체계 연구개발 사업에 대한 이해와 무기체계 운용개념 및 기술적 전문성이 전제되어야 한다. 왜냐하면 시험평가에 필요한 항목이나 조건, 절차와 방법 등은 새롭게 정하는 것이 아니라 소요결정서, 운용요구서, 사업추진기본전략, 연구개발 기본계획 및 실행계획서 등 사업관련 문서와 요구사항 검토, 설계 검토, 종합군수지원요소 검토 등 개발 과정에서 염출되기 때문이다. 그런데 시험평가를 담당하는 국방부는 연구개발 사업에 대해 관여하지 않는다. 시험평가에 전문성이 있을 수가 없다.

국방부 역시 시험평가를 직접 담당할 생각은 없었다. 원래는 시험평가를 합참에게 맡기려고 했었는데, 법에서 정한 업무를 합참에게 위임할 수가 없게 되자, 실질적 시험평가 관리는 합참이 다 하고, 최종 판정만 국방부가 하는 식으로 만들었다. 옥상옥이 하나 추가 된 것이다.

그런데 합참이라고 시험평가 전문성이 있는 것은 아니다. 왜냐하면 합참 시험평가 부서의 구성원 대부분이 획득 업무에 경험이 없고, 2~3년을 주기로 순환 보직되는 현역 군인이기 때문이다. 그래서 시험평가 뿐만 아니라 방위사업 자체가 생소하다. 그러다보니 시험평가의 기본이 되는 시험평가기본계획(TEMP, Test and Evaluation Master Plan)를 스스로 판단하지 못하고, 업체가 (안)을 만들어 제시해야만 그제서 검토하여 확정한다. 업체가 주관하는 개발시험평가와 소요군이 주관하는 운용시험평가의 계획과 결과를 검토할 때면 여러 기관을 두루 모아 통합시험평가팀을 구성하고, 통합시험평가팀을 통해 자료를 검토하게 한 후 종합하여 결론 낸다. 더욱이 책임이 수반되는 시험평가 결과판정을 할 때면 통합시험평가팀을 통해 결론을 내고도 시험평가 실무위원회, 시험평가 위원회를 다시 구성하여 공동의 의사결정으로 책임을 분산시킨다. 이렇다보니 시험평가를 관리한다는 합참의 주된 역할은 회의체를 관리하는 모양새다. 방위사업청이 사업관리의 전문성을 소홀히 하고, 예산관리와 일반 행정 업무를 위주로 수행하는 것과 마찬가지로 합참 역시 시험평가에 관한 전문성보다는 행정처리 위주로 수행하는 것이다.

시험평가에 관한 이슈가 없으면 회의체를 통해 시험평가를 관리해도 별다른 문제가 없다. 문제는 시험평가에 관한 이견이 생길 때 발생한다. 사안에 따라 업체의 입장, 소요군의 입장, 방위사업청의 입장이 각기 다르고, 소요군내에서도 전력부서와 시험평가부서의 입장이 각기 다르다. 이렇게 의견이 대립되면 아무리 통합시험평가팀을 구성한들 일치된 의견을 얻을 수 없다. 그런데 애초에 통합시험평가팀은 합참의 의사결정을 효율화하기 위한 회의체일 뿐이라서 시험평가 이견이 발생할 경우 최종 의사결정은 결국 합참이 해야만 한다. 하지만 합참의 전문성이 없으니 이견이 대립되면 누구 말이 옳은지를 스스로 판단하지 못하고, 그제서 문제발생 배경과 추진경과, 관련 규정과 제반 자료, 참고자료를 찾아가며 해결 방안을 찾기 시작한다. 그렇지만 전문성이 단기간에 쌓일 수 없기 때문에 해결방안을 마련하는데 상당한 시간이 걸리고, 설령 해결방안을 찾았다 해도 뚜렷한 확신을 갖지 못하고, 스스로의 결정에 수반되는 책임 부담을 느끼기라도 하면 의사결정을 무한정 유보한다. 의견이 대립되는 기관 간에 서로 조금씩 양보해서 스스로 조율될 때까지 회의만 무한정 반복해댈 뿐이다.

앞서 목표비용관리를 함에 있어서 비용과 성능을 절충하기 위해서는 비용과 성능을 모두 이해해야 하는 것처럼, 시험평가 이견을 조율하고 결론내기 위해서는 시험평가에 대한 전문성이 담보되어야만 한다. 그게 안 되면 평소에는 문제가 드러나지 않지만, 결정적인 상황에서는 스스로의 무능을 드러낼 수밖에 없다.

시험여건의 불확실성 : 열악한 시험여건과 빠듯한 일정, 실패는 곧 일정 지체

시험평가가 어려운 두 번째 이유는 부족한 국내 시험 여건에 있다.

방위사업청 개청 이전에 모든 무기체계 개발은 국과연에서 주관했고, 국과연은 무기체계 시험에 필요한 모든 시험장 및 실험실을 자체 보유하고 있다. 유도무기 및 총포탄 등을 시험할 수 있는 종합시험장, 전차, 장갑차와 같은 지상 기동무기를 시험할 수 있는 기동시험장, 함정무기체계를 시험하는 함정시험장, 위성통신, 레이더 등을 시험하는 전자시험장, 전자파 및 항공장비를 시험하는 항공시험장, 그 밖에 무기체계의 설계 및 개발 과정에서 필요한 다양한 시험실 및 실험실을 갖고 있다. 무기체계 개발에 필요한 시험장이나 실험실을 사업예산에 반영하여 확보하기 때문이다. 그래서 국과연 무기체계 연구개발에서는 시험 여건 때문에 걱정하거나 고민할 필요가 없고, 오롯이 연구개발에만 집중할 수 있다.

그런데 업체 주관 연구개발에서는 무기체계 개발에만 집중해서는 안 된다. 개발을 마친 무기체계를 어디에서 시험할 수 있는지를 고민해야 한다. 웬만한 시험은 개발 업체 자체 능력으로 시험하겠지만, 시험장 유지에 고가의 비용이 소요되거나 사격 시험 등은 외부 시험장을 대여하거나 군 보유 훈련장을 이용할 수밖에 없기 때문이다. 그래서 2013년 방위사업청에서는 시험시설 부족을 해소하기 위해 국과연 시험장을 방산업체에게 전면 개방하도록 하였다.

그렇지만 여전히 시험수요에 비해 공급이 부족한 것이 현실이다. 특히 유도무기 계측이나 대형 무기체계 환경시험과 전자파 시험과 같이 국내에서 시험 가능한 장소가 한 곳뿐인 경우에는 시험을 미리 예약해야 하고, 모든 개발 일정은 시험 일정에 맞춰 진행해야 한다.

민간이 보유할 수 없는 군 훈련장을 대여할 경우도 마찬가지다. 무기체계 특성에 맞는 훈련장을 사전에 물색하고, 군의 훈련 시기를 피해 사전에 미리 대여를 해 놓아야 한다.

물론 여건이 부족할 뿐, 시험이 안 되는 것은 아니니 사전에 계획을 치밀하게 수립하면 된다. 하지만 문제는 한 번에 시험을 통과하지 못할 때 발생한다. 시험장이 부족하다보니 한번 실패를 하게 되면, 사소한 결함이라서 1~2일내에 보완을 한다고 해도 시험장 여건이 다시 마련될 때까지 길게는 수개월을 기다려야 한다.

군 훈련장 역시 마찬가지다. 군도 훈련장이 부족하여 훈련장마다 연간 부대 훈련 일정이 빽빽이 잡혀있다. 업체로서는 한 번에 시험을 성공하지 못하면 훈련장이 다시 빌 때까지 한참을 기다리거나, 다른 훈련장을 찾아 옮겨 다녀야 한다. 문제는 이렇게 시험이 지연되면, 개발 일정 지연으로 이어지고, 일정 지연은 결국 지체상금으로 이어진다는 데 있다.

반면 업체가 시제업체로 참여하는 국과연 주관 연구개발의 경우에는 애초에 지체상금이란 것이 존재하지 않는다. 시험장 여건이 제한되어 시험기간이 연장되면 자동적으로 개발기간도 연장되고, 업체에게는 아무런 불이익이 없다. 그런데 업체 주관 연구개발 사업의 경우에는 시험장 여건 제한으로 인한 일정 지연마저 고스란히 지체상금으로 이어지니, 업체로서는 업체주관 연구개발이 국과연 주관 연구개발에 비해 불리할 수 밖에 없다.

이런 어려움을 논할 때면 방위사업청 내부에서는 시험장 여건이 제한되긴 하지만, 아예 없는 것은 아니니 업체가 잘 계획했어야 하고, 실패해서 문제가 된다면 처음부터 잘 만들었어야 하지 않았냐고 하며 모든 책임을 업체에게 전가한다. 하지만 단 한 번의 시험으로 100% 충족이란 현실적으로 불가능하다. 무기체계 뿐만 아니라 모든 개발은 제작, 시험, 결함 발견, 보완, 재 시험의 절차를 반복해 가면서 제품의 완전성을 높여간다.

그런데 업체 주관 연구개발에서는 시험 기회가 부족하고, 일정상 여유도 없기 때문에 시험을 통해 제품의 완전성을 기대하기는 커녕, 시험은 그저 리스크일 뿐이다.

책임영역의 불확실성 : 개발 영역 밖의 문제까지 포괄적 책임

시험평가가 어려운 또 다른 이유는 업체의 개발 범위를 벗어난 것까지 포괄적으로 책임을 진다는 것이다.

개발업체의 계약 범위는 요구된 대로 무기체계를 개발하고, 시험평가를 통해 규격화하는 것까지다. 상식적으로 개발업체는 개발한 무기체계에 한해 책임을 진다. 개발시험평가는 개발 장비의 성능 위주로 검증하기 때문에 업체의 과업범위를 벗어나는 경우가 없다.

그러나 운용시험평가는 실제 군 운용환경에서 운용 가능한지를 시험하기 때문에 개발된 무기체계 자체만 시험하지 않고, 연동되어야 하는 다른 무기체계와 함께 시험한다. 즉 현재 군이 운용하고 있는 무기체계 네트워크 속에 개발한 장비를 새롭게 추가하여 시험하는 것이다. 이때 문제는 다른 무기체계와 어울려 시험을 할 때 개발 장비 자체의 문제가 아니라 다른 무기체계 문제마저도 개발업체가 책임진다는 것이다.

예를 들어 육군 군단용 레이더를 시험할 때다. 국내에서 개발한 이 레이더는 군단에서 운용하는 레이더로서 작전지역 내 항공기를 탐지하여 군단 전역에 배치된 방공무기에 탐지한 정보를 전달한다. 이때 정보전달방법은 다른 사업에서 개발된 통신장비를 이용하도록 요구되었다. 즉 레이더 개발업체의 역할은 제대로 된 레이더를 만들어 항공기를 탐지하고, 탐지정보를 통신장비로 전송하는 것까지다. 정보가 전달된 그 다음은 통신장비의 영역이다.

그런데 운용시험평가를 수행하는 과정에서 레이더 탐지정보가 군단내의 다른 방공무기로 전송이 지연되는 현상이 발생했다. 원인을 파악해보니 레이더는 항공기 탐지정보를 통신장비로 제대로 전달했으나, 통신장비 내의 데이터처리 방식 문제로 인해 정보 전달이 지연되었던 것이다.

그렇다면 레이더는 제 역할을 했기 때문에 레이더는 '전투용 적합' 판정을 받아야 한다. 그러나 운용시험평가에서는 어느 장비의 결함인지를 떠나 통신장비 결함이 해소되기 전에는 레이더도 '전투용 적합' 판정을 받을 수 없다고 했다. 레이더 개발업체 입장에서는 억울할 수밖에 없다. 레이더 개발 사업에서는 레이더만 제대로 개발하라고 했고, 성능이 제대로 구현되는 레이더를 어렵게 개발했는데, 레이더 개발과는 전혀 무관한 문제로 인해 발목을 잡힌 것이다. 군 입장에서는 '운용시험평가는 군 운용적합성을 보는 것이고, 레이더가 방공 작전에 제대로 활용되지 못하면 전투용으로 부적합한 것이 맞다'는 주장이었다.

하지만 운용시험평가는 개발된 레이더가 방공작전 속에서 제 역할을 수행하는지를 시험하는 것이다. 다른 체계까지 포함한 '방공작전' 수행결과를 '레이더' 평가 결과에 포함하는 것은 다소 억지다. 이것은 레이더가 '전투용적합' 판정 후 양산으로 진행될 때도 통신장비 결함이 여전히 해소되지 않게 되면 그 책임이 군에 미칠까 우려했기 때문이었다.

하지만 사업추진과정을 보면, 레이더 자체가 아무리 '전투용적합' 판정을 받았다고 해도 기반통신체계가 불완전하다면, 양산계획을 심의할 때 심의의 결격사유가 되고, 심지어 양산 사업타당성 조사에서도 기반 통신체계 없이는 사업타당성이 인정되지 않는다. 즉 레이더가 '전투용 적합' 판정을 받아 양산준비가 되어 있어도 방공무기와 연동할 통신방안이 제대로 갖춰져 있지 않으면 양산이 보류되는 것이다. 실제로 이후 레이더가 '전투용 적합' 판정을 받았지만, 통신장비 양산이 지연되어 이 문제가 해소될 때까지 레이더 양산마저 보류되었었다. 결국 운용시험평가는 시험평가 대상장비 그 자체가 더 이상 개선할 게 없고, 운용성이 확인되었다면 마땅히 판정을 해 줬어야 했다.

시험평가 판정이 미뤄지면 이로 인한 피해는 모두 업체 몫이다. 군이나 방위사업청과 같은 공무원은 과업 단위로 일하지 않기 때문에 의사결정을 미루면 오히려 업무량이 줄어드는 효과가 있다. 그러다가 시간이 지나 다른 보직으로 옮겨가면 더 이상 고민할 필요도 없어진다.

그런데 업체는 상황이 다르다. 무엇보다 개발 인력, 개발 장비와 설비를 유지하는 데 비용 손실이 생긴다. 일반적으로 개발 인력은 시험평가를 끝내고 나면 규격제정 후, 일부는 양산준비를 하고, 일부는 다른 개발 사업으로 전환된다. 그런데 시험평가가 종결되지 않으면 언제 다시 시작할지를 모르니 마땅한 과업을 주지도 못하고, 무작정 대기해야 한다. 또한 개발 장비나 설비 역시 시험평가가 중단되었다고 해서 그냥 창고에 보관해 두지 않는다. 자동차를 장기간 운행하지 않아도 주기적으로 시동을 걸고 기본 점검을 하는 것처럼 개발 장비와 설비 역시 주기적으로 관리해야 한다. 그런데 현 계약상 이런 식으로 추가되는 비용에 대해서는 그 누구도 보상 해주지 않는다.

기획재정부 계약예규 계약일반조건[13]을 보면 발주기관의 책임 또는 계약상대자의 책임에 속하지 않는 사유로 계약 기간이 연장될 경우에는 실비를 초과하지 않는 범위 내에서 계약금액을 조정해주도록 되어 있다. 그렇다면 업체의 귀책이 아닌 사항으로 인해 시험평가 판정 지연이 될 경우에는 계약기간을 연장해 주고, 기간 연장으로 인해 발생하는 실비를 증액해 주어야 옳다. 만약 이것이 현실화된다면 업체로서도 딱히 불만을 가질 이유가 없다.

하지만 방위사업청은 계약기간은 연장해 줄지언정 실비를 증액해 주지는 않는다. 개청이후 한 번도 실비를 산정해서 증액해 준 적이 없고, 실비 산정 절차도 딱히 마련되어 있지 않다. 비용분석 기능이 있는 청 본부 사업 분석과는 사업 예산 판단을 위한 비용분석만을 전담할 뿐, 집행 과정의 실비는 소관이 아니라고 한다. 그리고 계약 원가를

---

[13] 기획재정부 계약예규 제512호(2020.9.24.) 용역계약일반조건 제18조(지체상금), 제19조(계약기간의 연장)

분석하고, 확정짓는 원가부서는 개발비용은 원가가 아니기 때문에 원가 부서 소관이 아니라며 미룬다. 그렇다면 사업부서라도 확인을 해줘야 하는데, 사업부서는 비용이나 원가에 전문지식이 없다. 간혹 사업부서에서 적극적으로 증액을 해주려고 하면 이제는 계약금액을 조정하는 계약부서에서 비용분석이나 원가검증 없이는 증액이 불가하다고 한다.

한마디로 개발업체에 비용 손실이 있음은 너도 나도 분명히 이해를 하지만, 괜히 업체에게 이익이 되는 일을 했다가 수사 또는 감사라도 받을까 두려워 아무도 나서지 않는다. 심지어 개발업체 역시 괜히 실비를 산정해 달라고 했다가 밉보이지는 않을까 걱정되어 자체 손실로 묻어버리는 게 현실이다. 규정과 현실의 괴리이고, 방산업체 영업 이익률이 갈수록 떨어지는 이유 중의 하나다.

업체로서는 계약기간만이라도 연장해 주면 그나마 다행이다. 업체 귀책이 아닌 사유로 계약 이행이 지연되는 것이라면 계약 연장을 위한 수정계약이 당연하다. 그런데 어떤 사업부서는 기간 연장을 위한 수정 계약은 해주지 않고, 대신 향후 계약 종료 이후 지연 기간에 대한 지체상금 면제 방식으로 처리하라고 한다. 전자는 계약기간이 연장되기 때문에 아예 지체라는 게 없는 것이고, 후자는 지체는 있으나 업체 귀책이 아님을 증명하여 지체상금을 면제받는 것이다. 당연히 업체로서는 전자보다 후자가 깔끔하고 안전하다. 후자는 계약이행 종료 후 지체상금 면제를 심의하는 과정에서 담당자가 바뀌어 기존 입장을 뒤집기도 하고, 다른 요인을 트집 잡아 지체상금을 그대로 부과할 수도 있기 때문이다. 그래서 대부분 계약서를 수정하는 것을 원하지만, 사업부서에서 수정계약을 거부하면 어쩔 수 없다. 업체로서는 수정 계약이 안 된다고 해서 사업을 중단할 수도 없으니 차후에 문제가 없길 바라는 희망만을 갖고 계속 진행할 수밖에 없다.

여기서 사업부서가 수정계약을 안하는 이유는 책임지기 싫어서다. 수정계약은 사업부서가 요청해야 하는 반면, 지체상금은 계약부서의 역할이다. 그래서 사업부서는 계약기간을 연장해 주는 것이 업체 봐주기가 되는 것은 아닐까, 이 일로 수사 또는 감사라도 받지 않을까 하는 두려움 때문에 조치를 기피하고, 계약부서로 책임을 미루는 것이다. '설마'라고 하겠지만, 현실이 그렇다.

그런데 계약부서라고 책임을 지지는 않는다. 계약부서는 계약 자체만을 관리할 뿐이라서, 지체상금 면제심의를 할 때면 사업부서로 면제여부에 대한 의견을 되묻는다. 만약 이때 사업부서에서 면제의견을 명확히 주지 않으면 계약부서 역시 업체 봐주기가 될까 싶어 지체상금을 그대로 부과한다. 그러면서 지체상금 부과가 타당하지 않다고 생각하면 법원으로 소를 제기하라고 한다.

업체의 개발 범위 밖에서 생기는 문제는 연동되는 무기체계 뿐만이 아니라 시험평가 전반에 걸쳐 폭넓게 발생한다. 위에서 개발한 레이더는 전시에 철도로 수송되어야 하는 조건이 있었다. 그런데 레이더 높이 때문에 철도로 수송 시에는 터널을 통과하기 위해 철도공사에서 보유하고 있는 저상 화차를 이용해야만 했다. 그런데 시험평가관은 철도공사에서 운용하고 있는 저상 화차의 수량이 적기 때문에 전시 레이더 수송에 할당될 수 있을지 불확실하다면서 철도공사의 저상 화차가 레이더 수송에 할당될 것이라는 근거를 제시하라고 했다. 그리고 그것이 없으면 군 운용상 부적합으로 판정하겠다고 했다. 개발 장비인 레이더를 시험평가하면서 철도공사의 화차 운용 계획까지 개발 업체에게 요구하는 것이다.

또한 상호운용성 시험 중에는 연동합의서 작성여부를 확인하는 항목이 있다. 연동합의서란 서로 다른 정보체계에서 상호간에 데이터를 주고 받기위해 상호 협력하겠다는 합의서로서 소요를 요청하는 부서 또는 운용하는 부서 간에 작성을 한다. 예를 들어 상이한 두 체계가 서로 데이터를 교환하기 위해서는 데이터베이스를 맞추고, 데이터 포맷도 일치시키고, 상호간의 통신방식 등을 맞춰야 하는데 이것에 서로 노력하겠다는 운용부서 간 합의서다. 이 연동합의서를 근거로 연동통제문서를 작성하고, 연동통제문서를 기준으로 개발업체가 설계와 제작을 진행한다. 이렇듯 연동합의서 작성에 개발업체는 일체 관여하지 않는데, 정작 실제 시험 간 연동합의서가 없으면 시험평가 '기준미달'이 된다.

이런 식으로 시험평가에서 발생하는 모든 일은 모두 업체 책임으로 귀결되는 게 현실이다. 이렇다보니 업체가 본인의 개발영역에서 제 아무리 책임을 다 한다 해도, 시험평가 간 엉뚱한 일에 잘못 엮이면 그 피해를 고스란히 받아야 하므로 시험평가는 언제나 불안하다.

항공기, 함정, 위성 개발 등 개발부터 생산까지 장기간이 소요되는 경우에는 개발 중에 운용시험평가를 하여 '잠정 전투용 적합' 판정 후

양산을 조기에 착수한다. 예를 들어 함정 한 대를 건조하는데 5년이 걸린다고 하자. 첫 번째 함정 건조 후 시험평가를 거쳐 '전투용 적합' 판정을 받은 후에 두 번째 함정을 건조하기 시작하면 함정 건조 기간에 다시 5년이 걸린다. 이렇게 되면 획득기간이 너무 오래 걸리니 개발 중에 최초 시험평가를 하여 '잠정 전투용적합'으로 판정하고, 개발과 양산을 병행 추진하는 것이다. 만약 최초 시험평가 이후 추가적인 결함이 발생하면 이를 보완하고, 보완된 내용은 양산중인 제품에도 동시에 반영한다. 그리고 개발이 완료되면 후속 운용시험평가를 통해 '최종 전투용 적합'판정을 받는다. 결국 개발 장비 성능이 100%로 검증되지 않은 상태에서도 잠정 전투용적합 판정을 통해 양산을 진행한다.

그런데 성능이 100% 검증된 제품의 '전투용 적합' 판정이 안 되는 것은 비합리적이다. 어떤 체계는 100% 성능검증이 안 된 상태에서도 양산을 가는데, 100% 성능 검증을 완료하고, 하물며 양산을 하겠다는 것이 아니라, 규격화 등을 거쳐 사업을 마무리하겠다는 것뿐인데 이것을 안 해준다. 내용의 전후 사정을 보면 능히 가능한 것이지만, 규정에 없다고 안 한다. 그렇다면 규정을 개정해야 하건만 규정을 만들 생각도 없다. 10여 년 전에 만들어진 규정을 적용할 줄만 알지 문제점을 인식하고 개정할 수 있는 전문성과 열의가 없기 때문이다. 방위사업청은 국방부 소관이라는 이유로 소홀하고, 국방부는 실질적인 시험평가는 합참이 한다는 이유로 소홀하고, 합참은 국방부가 정한 훈령 범위 내에서 내부 시험평가 지침을 만들어 그 틀 내에서만 움직일 뿐이라고 한다.

근본적으로 규정을 만드는 본인들에게 불편이 없고, 업체의 불이익에는 관심이 없기 때문이다.

입장과 관점에 따라 달라지는 시험결과, 조율능력의 부재

장비의 기능과 성능을 평가하는 개발시험평가는 정량적 평가기준을 가지고 있고, 시험을 통해 정량적 수치를 얻어 판정하므로 평가결과에 대한 이견은 없다. 그런데 운용시험평가는 군 운용 적합성을 평가하면서 '적절성'이라는 평가 기준으로 사용하고 있는데, 문제는 '적절성' 판정이 전적으로 시험평가관의 주관적 판단기준에 좌우된다는 것이다.

앞서 제안서평가에서도 정성적 평가항목이 제대로 평가되기 위해서는 평가자의 전문성이 전제되어야 한다고 했다. 마찬가지로 운용시험평가에서도 타당성 또는 적절성을 시험하는 정성적 항목에서는 시험평가관의 전문성이 전제되어야 한다. 그래서 군도 시험평가관의 전문성 함양을 위해 최대한의 노력을 하고, 비록 정성평가라고 하지만, 객관성을 최대한 유지하기 위해 개발업체의 입장과 자료를 충분히 살펴보고, 상호 협의를 거쳐 판정을 한다.

하지만 모든 정성적 평가항목에서 시험평가관과 개발업체의 의견이 일치할 수는 없다. 시험평가관과 개발업체의 입장과 이해관계가 서로 다르기 때문이다. 서로의 의견이 끝까지 좁혀지지 않을 경우에 시험평가 판정은 시험평가관의 생각대로 판정된다. 시험기준 자체가 시험평가관의 주관적 판단이고, 시험평가의 판정은 합의를 전제하지 않기 때문이다. 그래서 개발업체는 장비 성능에 아무리 자신이 있다고 해도 운용시험평가 결과를 확신하지 못한다.

운용시험평가에서 시험평가부서와 개발업체 간에 이견이 발생하는 첫 번째 이유는 서로가 생각하는 시험범위가 다르기 때문이다.

개발업체는 개발 전 과정 걸쳐 합참, 소요군, 방위사업청, 국과연, 기품원 등 관계 기관의 의견을 접수 받아 개발을 수행한다. 즉 군의 요구한 사항을 구현하는 것이 개발 업체의 역할이기 때문에 개발 업체가 생각하는 개발 범위는 요구 사항을 기반으로 한다. 그래서 개발시험평가에서도 군의 요구사항 위주로 평가한다. 무기체계 개발 절차와 용역계약 범위로 볼 때 개발업체의 입장이 틀리지 않다.

그러나 시험평가관은 군 운용적합성을 보기 때문에 요구사항에 한정하여 시험하지 않는다. 시험범위가 더 넓어지게 되고, 그래서 개발 과정에서 미처 고려하지 못한 사항이 문제가 될 수도 있다. 앞선 예와 같이 해안 운용 장비에 대한 방청기능을 누구도 염출하지 못했을 때, 개발시험평가에서는 방청 시험 자체가 누락되어 '기준 충족'이 된다. 하지만 운용시험평가에서는 해안 운용이 제한되기 때문에 '전투용 부적합'이 된다. 개발업체로서는 애초에 군에서 요구하지 않은 항목이었기 때문에 업체의 귀책이 아니라는 이의를 제기하지만, 시험평가관은 요구되지 않았다고 해도 군 운용상 제한되는 것은 사실이기 때문에 '전투용 부적합'이라고 한다. 이처럼 운용시험평가는 요구사항 위주로 평가하지 않기 때문에 개발업체가 예상치 못한 문제가 드러날 수밖에 없다.

운용시험평가에서 이견이 발생하는 두 번째 이유는 운용시험평가의 시험방식에 있다. 개발시험평가가 요구사항을 기반으로 요구사항에 '기준 충족' 되는지를 검증하는 방식인 반면, 운용시험평가의 군 운용 적합성은 '기준 충족'이 되는 구체적 기준이 없기 때문에 '기준 충족' 되는지를 시험하지 못하고, '기준 미달' 되는 것은 없는지를 검증하는 방식으로 진행된다. 즉 개발시험평가가 '참'을 증명하는 방식이라면 운용시험평가는 '거짓'이 없음을 증명하는 것이다. 그런데 '참'이라고 해서 '거짓'이 아닌 게 아니고, '참'이 아니라고 해서 모두 '거짓'이 아닌 것처럼, 바라보는 관점에 따라 '기준 충족'이 되기도 하고, '기준 미달'이 되기도 한다. 즉 모든 사항이 '참'과 '거짓' 이분법으로 구분되는 게 아니고, 바라보는 시각에 따라 결론이 달라진다.

예를 들어보자. 레이더의 기본 원리는 전파를 발생시키고, 물체에 부딪쳐 반사되는 반사파를 이용하여 거리와 방향 등을 측정하는 것이다. 다시 말해 레이더는 정해진 대역폭에서 최대 탐지거리까지 전파를 잘 송출하고, 정해진 크기의 표적에서 반사된 전파를 잘 수신한 후, 거리와 방향 등을 분석하여 표적 정보를 제공하는 것이다. 그런데 전파

특성을 이용하는 것이다 보니 실제 표적만 탐지하는 게 아니라, 눈, 비, 구름 등의 기상, 조류 등이 있는 경우에도 반사파를 되돌려 받아 화면에 뭔가 있는 것으로 표시한다. 그래서 레이더 화면에는 하늘에 떠 있는 실제 항공기만 표시하는 게 아니라 가끔씩은 구름, 새와 같은 허위 표적도 표시하게 된다.

개발시험평가의 탐지성능 시험은 최대 탐지 거리에 항공기를 띄운 후 탐지가 가능한지를 보고, 항공기 자체의 GPS정보와 레이더 탐지정보를 비교하여 정확성을 확인한다. 항공기를 정확하게 탐지하는지가 중요할 뿐, 레이더 전시화면에 다른 허위 표적이 있다고 해도 개의치 않는다. 그러나 운용시험평가에서는 표적이 탐지되는지 만을 보는 게 아니라 운용자가 실제 탐지하는데 문제가 없는지를 시험한다. 그래서 레이더에 허위 표적까지 표시되면 거짓 경보로 인해 탐지정확도가 낮아질 수밖에 없고, 행여나 허위 표적에 집중하다가 실제 표적을 놓칠 수도 있으므로 군 운용상 문제가 있다고 한다. 개발자는 허위 표적은 전파를 이용하는 레이더의 특성상 어쩔 수 없이 수반되는 물리적 특성이며, 간헐적으로 발생하기 때문에 속도와 방향 등의 이동 패턴을 보면 실제 표적과 허위 표적을 쉽게 구분할 수 있다고 한다. 그리고 이 문제는 운용자 교육을 통해 해결할 수 있다고 주장한다. 반면 시험평가관은 운용자 수준은 천차만별이고, 복무기간도 줄어들어 운용자의 질적 수준을 기대할 수 없기 때문에 장비 자체에서 실제 표적과 허위 표적을 구분해야 한다고 주장한다. 개발자 입장에서 보면 정상적으로 표적 탐지에 문제가 없는데 운용자 입장에서 보면 표적 탐지에 문제가 있어 보인다.

또 다른 예로 무선 데이터 통신체계를 개발할 때였다. 개발업체는 무선 데이터 통신을 위해 단말기, 안테나 등을 개발하고, 개발시험평가에서는 혹서기, 혹한기, 우천, 눈, 비 등의 자연환경에서 통신 거리와 전송 속도를 만족하며 통신되는지를 시험했다. 그런데 운용시험평가는 장비의 성능 자체가 아니라 장비를 운용하는데 문제가 없는지를 본다. 이때 운용시험평가 기간에 갑작스런 폭설로 인해 외부 안테나가 눈으로 덮여 송수신이 안 되는 현상이 발생했다. 개발업체는 안테나가 눈으로 덮이면 물리적으로 전파송수신이 안 되기 때문에 어쩔 수 없는 당연한 현상이고, 안테나가 눈으로 덮이지 않도록 운용자의 사전 조치가 선행되어야 한다고 주장한다. 반면 시험평가관은 산악 지역은 겨울철에 눈이 워낙 많이 오고, 때로는 단말기와 안테나가 원거리로 이격되어 설치되기 때문에 폭설에도 눈으로 덮이지 않는 대응책이 필요하다고 주장한다.

이렇듯 시험평가에서 개발업체와 시험평가관이 바라보는 시험 범위와 시험 방식은 다르다. 그래서 동일한 사안에 대해 이견이 생길 수밖에 없다. 그렇다고 이러한 이견이 문제는 아니다. 애초에 개발시험평가와 운용시험평가의 수행 취지가 다르고, 무기체계의 완전성을 기하기 위해서는 시험 범위와 시험 방식이 다양할수록 유리하기 때문이다.

문제는 보는 관점에 따라 견해가 달라질 수 있음에도 판정결과에 대한 의견 대립 시 정부에게 유리한 쪽으로만 결정한다는 것이다. 한마디로 이것도 맞고, 저것도 맞는데 한쪽 생각대로 판정한다는 것이다.

통합시험평가팀을 통해 조율을 한다고 하지만, 정부기관 특성상 행여나 업체 봐주기로 오인 받을까 우려하는 순간 그 누구도 객관적이 되지 못하고, 적극적으로 나서지도 않는다. 결국 업체가 먼저 양보하지 않는 한 의사결정은 계속 미뤄지게 되고, 최종적으로는 매번 정부에 유리한 쪽으로 결정된다.

업체로서는 어디에 하소연 할 방법도 없고, 일방적으로 양보하고, 끌려갈 수밖에 없으니 시험평가가 어려울 수밖에 없다.

개발업체 입장에서 시험평가가 어려운 이유를 정리 해 보면, 개발 장비 자체의 기능과 성능 구현이 어려운 게 아니라, 개발업체가 통제할 수 없는 외부 문제에 있다. 시험 여건이 부족하다고 해서 고가의 비용이 소요되는 시험장을 업체 자체적으로 확보할 수 없고, 연동되는 다른 무기체계 결함까지 개발업체가 해결할 수도 없다. 또한 군 운용 적합성 평가는 시험평가관의 자의적 판단 기준에 따라 판정되기 정성평가라서 업체가 개입할 수 없다.

그런데 업체의 책임영역 밖에서 발생하는 모든 일의 책임을 업체가 부담한다. 시험 실패 후, 시험장 여건 부족으로 두 번째 시험까지 상당기간이 소요되면 이때의 일정지연 원인은 애초에 제품을 잘 만들지 못한 업체 책임이 된다. 연동되는 다른 무기체계 결함으로 시험이 중단되어 비용손실이 발생해도 그에 대한 손실은 스스로 감수하여야 한다. 그리고 정성평가 결과에서 이견이 있으면 정부에게 불이익이 없도록 스스로 양보해야 한다.

업체의 책임영역내인 개발 장비의 기능과 성능부족으로 발생한 일이라면 전혀 불만이 없다. 하지만 개발업체의 영역이 아닌 부분에서 발생한 모든 일마저 개발업체가 포괄적인 책임을 져야하니 시험평가 어려울 수밖에 없다.

경쟁력을 명분으로 도전만 강요하는 업체 주관 연구개발

> 방위사업청은 방산업체의 기술 축적과 수출 경쟁력 확보를 명분으로 국과연주관 연구개발 사업을 업체주관으로 전환한다. 그렇다면 기술수준은 차치하고 최소한 개발 여건은 동등해야 마땅하다.
>
> 하지만, 업체주관 연구개발은 시험평가 여건과 대군 협조 역량은 매우 열악하다. 이렇게 기울어진 운동장에서 업체주관 연구개발만 강요하는 것은 아무런 실익이 없으며 방산업체를 사지로 몰아세우는 것 뿐이다.

정부는 국방 연구개발 혁신을 위해 국방과학연구소는 신기술 및 핵심기술, 비닉사업에 집중하고, 일반 무기체계 연구개발은 업체주관으로 확대하겠다고 한다. 기존 국방 연구개발에서 국과연이 일반무기체계 연구개발까지 모두 주도하다보니 정작 첨단기술 개발에 소홀하게 되고, 업체는 국과연의 시제업체로서 시제품 제작과 양산만을 담당하다보니 기술축적이 안되어 경쟁력이 낮아진다는 이유였다.

그래서 방위사업청 개청 이후 연구개발 주관형태를 결정하는 사업추진기본전략 수립단계에서 업체 기술 능력이 입증된 여러 사업이 업체주관 연구개발 사업으로 결정되었다.

그런데 시간이 흘러도 여전히 국과연 주관 연구개발 사업의 비중은 줄어들지 않았다. 그러자 2011년에는 기존에 국과연 주관 연구개발 사업으로 결정된 사업 중 화생방 정찰차, 소부대 무전기, 대포병 탐지레이더 등 11개 사업을 업체주관 연구개발로 일괄 전환하였다. 개별 사업의 사업추진기본전략에서 이미 기술 수준, 비용, 일정, 사업 위험성 등을 고려해 국과연 주관 연구개발로 결정되었던 것을 정책 추진 측면을 고려하여 업체주관 연구개발로 바꾼 것이다.

그런데 그 이후에도 국과연 주관 연구개발 사업의 비중은 줄어들지 않았다. 그러자 다시 한 번 2020년에 국과연 주관 연구개발 사업 중 한국형수직발사체계-II, 경어뢰 성능개량, 130mm 유도로켓-II, 공대지 유도탄 2차 사업 등 4개 사업을 업체주관으로 일괄 전환하였다.

개별사업별로 최적의 획득방안을 따져볼 때는 국과연주관연구개발이 맞는데, 업체주관 연구개발 활성화라는 정부 정책목표 구현을 위해 기존 검토 결과를 뒤집은 것이다. 이렇게 되면 정책목표 구현은 될 수 있을지언정, 획득이 최적으로 이루어질지는 미지수다.

한편 방위사업청은 업체주관 연구개발을 해야만 업체가 기술을 축적하게 되고, 수출 경쟁력을 확보할 수 있다고 했다. 만약 이게 사실이라면 개발업체로서도 업체주관 연구개발을 환영해야 하고, 시간이 지날수록 업체주관 연구개발이 자발적으로 확대되어야 하는데 실상 국과연주관 연구개발이 여전히 선호되고 있다.

그 이유는 업체입장에서 볼때, 개발이라는 과업 자체는 같지만, 업체주관 연구개발의 수행여건 자체가 국과연 주관 연구개발에 비해 너무 열악하기 때문이다.

시험 여건의 부족

업체 주관 연구개발이 어려운 첫 번째 이유는 시험여건이 부족하기 때문이다. 국과연은 50년 넘게 무기체계를 개발해 오면서 웬만한 무기체계를 모두 시험할 수 있는 자체 시험장을 보유하고 있고, 새로운 시험장비와 설비가 필요하면 사업예산에 포함하여 확보할 수 있다. 군의 협조가 필요한 시험의 경우에도 정부 출연기관으로서 군에 직접 협조를 요청하고, 군도 국과연에는 호의적이다. 그래서 국과연 주관 연구개발에서는 시험평가의 어려움이 없다. 장비 개발만 잘하면 된다.

물론 업체 주관 연구개발도 비교적 간단한 장비라면 업체 스스로 시험장비와 설비를 갖추고 개발한다. 그러나 고가의 시험장비나 설비는 국과연이나 군으로부터 대여할 수밖에 없다. 국과연 주관 사업이라면 예산을 들여 시험장비와 설비를 구축하겠지만, 업체주관 사업에서 시험장비와 설비는 개발업체가 기본적으로 갖추어야할 경쟁요소이고, 없으면 대여를 하게 하지 별도의 구축비용을 주지 않는다.

그런데 시험 장비 및 설비는 최종 평가만을 위한 것이 아니다. 개발단계에서 설계검증을 위해 활용된다. 개발과정에서 설계와 시험을 반복해가며 결함을 찾아 보완하고, 제품의 완전성을 높여야하기 때문이다. 시험여건이 열악하면 제품의 완성도를 맞추기가 쉽지 않고, 설계 내내 성능에 대한 의심을 가질 수밖에 없다.

또한 군 협조 역시 개발업체가 필요한 만큼 받을 수가 없다. 개발 장비를 시험하려면 필연적으로 현재 군이 보유하고 있는 무기체계나 훈련장이 협조되어야 하는데, 군은 자체 작전과 훈련이 우선이고, 여력이 되는 범위 내에서만 지원할 뿐이다.

업체가 역량을 총 동원하여 제품 제작을 완성한다고 해도, 시험단계에 접어들어서는 제 맘대로 할 수 있는 게 없다. 시험여건 부족이 업체 주관 연구개발을 어렵게 하는 이유다.

2020년에 업체주관으로 전환이 결정된 한국형수직발사체계-II, 경어뢰 성능개량, 130mm 유도로켓-II, 공대지 유도탄 2차 사업이 그렇다. 모두 개발 자체에 어려움이 있는 것이 아니라 시험이 어려워 국과연 주관으로 결정되었던 사업들이다. 이 사업들은 기존 무기체계를 성능개량 하는 것이라서 업체 역시 기존 무기체계 개발 및 양산을 통해 상당 수준의 기술을 보유하고 있었다. 하지만 문제는 시험이었다. 국과연은 자체 시험장을 보유하고, 시험경험도 있으나, 업체는 국과연이나 군 시험장을 대여해야만 하고, 시험경험도 부족하다.

예를 들어 한국형수직발사체계를 시험하기 위해서는 개발 중인 한국형 차기 구축함을 협조해야 하고, 해상 시험장도 만들어야 한다. 경어뢰 성능개량은 어뢰를 탑재할 잠수함을 협조 받아야 하고, 해상 표적도 만들어 파괴 시험도 해야 하므로 해상 안전까지 통제해야 한다. 130mm 유도 로켓은 수십 km이상 비행해야하기 때문에 각종 비행계측 장비와 원거리 사격 시험장이 필요하다. 공대지 미사일을 시험하려면 KFX나 FA-50을 대여해야 하고, 미사일을 발사시킨 후 수백 km 비행 후 표적에 명중되는지를 시험해야 하므로 공역통제, 해상통제, 비행계측까지 해야 한다.

업체로서는 자체 개발한 장비만 시험하면 되는 게 아니라, 군 운용 장비를 협조하고, 국과연 시험장 및 설비를 대여하고, 공역통제, 해상통제, 안전통제마저 직접 해야 한다. 그런데 심지어 이게 모두 대관업무다. '을'의 입장인 업체가 수행하기에는 매우 버거울 수밖에 없다.

지체상금, 업체주관 연구개발에 대한 차별

시험여건 부족하다고 해서 개발이 안 되는 것은 아니다. 시험이 아예 불가능하다면 모를까 시험여건이 부족하면 부족한대로 그에 맞춰 개발하면 되기 때문이다.

국과연 주관 연구개발이 이렇게 진행된다. 시험 간에 결함이 발생하여 시험이 중단되거나, 시험여건 제한으로 시험일정이 지연되면, 개발기간 역시 그만큼 연장한다. 그렇다고 어떠한 불이익이 따르지도 않는다. 그저 개발기간만 늘어날 뿐이다.

그러나 업체주관 연구개발은 다르다. 철저히 계약으로 묶여있기 때문에 사유와 무관하게 일정지연은 곧 지체상금이 된다. 설령 외부 위탁 시험시설의 고장으로 인해 시험일정이 지연되더라도 모두 업체가 책임져야 한다.

업체는 답답할 것이다. 업체가 개발하고 있는 장비 자체 결함이 아니고, 외부 위탁 시험시설의 내부 사정으로 생긴 문제다. 더구나 국내 시험시설이 부족하여 그 시험시설 말고는 달리 선택할 여지가 없었는데도 그런 사정은 일체 감안되지 않는다. 예를 들어 어뢰 시험을 위해 해상 시험장을 구축해야 하는데, 기상 상태가 좋지 않아 시험장 마련이 지연되었다면 비록 자연환경으로 인한 지연이지만, 업체의 귀책이다. 어렵게 시험장을 구축해서 시험을 하는 도중 행여나 민간 어선이 갑자기 발견되어 시험이 지연되어도 업체 귀책이다.

이처럼 시험지연 현상과 원인이 동일함에도 불구하고, 국과연주관이냐 업체주관이냐에 따라 처분이 너무 심하게 차별된다. 업체로서는 시제업체로 참여하나 개발업체로 참여하나 수행과업은 대동소이한데, 이렇게 차별이 심하니 업체주관 연구개발을 선호할 리가 없다.

지체상금에 대한 차별은 시험평가에만 국한되지 않는다. 국과연 주관 연구개발에서는 개발 제품 자체의 설계결함으로 문제가 생겨 지연이 발생해도 아무런 지체상금이 없다. 심지어 시험평가에서 기준미달이 되고, 사업이 수년이 지연되어도 아무런 불이익이 없다.

대군 업무, 업체에 대한 부정적 선입견

업체 주관 연구개발이 어려운 또 다른 이유는 대군 업무 협조가 어렵기 때문이다. 업체주관 연구개발에서 군의 협조는 필수적이다. 설계단계의 요구사항 분석 및 설계 검토 시에 군이 참여해야 하고, 시제품 제작 단계에서 장비, 훈련장 및 사격장 등을 협조해 주어야 하며, 시제품 제작 이후에는 시험평가 및 주요 이슈 사항에 관해서 협조해야 한다.

국과연 주관 연구개발 사업에서의 대군 업무는 전적으로 국과연이 담당한다. 특히 국과연은 정부출연기관으로서 군의 전폭적인 신뢰를 받고 있기 때문에 국과연주관 연구개발에서 군의 협조는 매우 적극적이고, 호의적이다. 업무전산망도 상호 연결되어 있다.

반면 업체 주관 연구개발 사업의 대군업무는 전적으로 업체가 담당하는데, 평소 군과의 교류가 없다보니 어디에 접촉해야 하는지조차 낯설다. 특히 업체에 대한 군의 인식이 국과연만큼 호의적이지 않아 협조가 쉽지 않다. 분명 국과연이나 업체나 군이 사용하는 무기체계를 개발하는 것은 매한가지인데 국과연은 군사력 건설의 동반자로 인식하고, 업체는 군에 장비를 팔아 이문을 챙기는 이익 집단이라고 인식한다. 한마디로 국과연은 동반자, 업체는 장사꾼이다. 그래서 국과연을 돕는 것은 적극적이나, 업체를 돕는 것은 후순위로 미룬다. 업체가 군의 협조를 받아내는 게 쉽지 않다.

또한 같은 주장이라도 국과연 말은 신뢰하는 반면, 업체주장은 있는 그대로 받아들이지 않는다. 반드시 국과연이나 기품원의 검증을 받아 제출하도록 요구한다. 기본적으로 업체 말은 있는 그대로 믿지 못한다는 불신이 깔려있다. 그러니 업체가 군을 이해시키고, 설득하려면 국과연보다 배 이상의 노력이 들어간다.

이런 식으로 개발업체는 결코 군과 상호 대등한 협조관계가 되지 못한다. 군의 도움을 받을 때면 '을'의 입장에서 '갑'을 대해야만 한다.

업체주관 연구개발, 강요가 아니라 여건 마련이 우선

방위사업청은 업체주관 연구개발을 활성화해야 업체의 기술이 축적되고, 수출이 강화된다고 한다. 하지만 이 말은 틀렸다.

먼저 기술축적은 연구개발 형태에 의해 달라지지 않는다. 업체가 국과연 주관 연구개발의 시제업체로 참여해도 기본설계, 상세설계마저 용역형태로 수주 받아 직접 연구개발을 수행하기 때문이다. 즉 시제업체로 참여해도 설계 기술은 축적된다. 또한 국과연 주관이나 업체 주관이나 시제품 제작 업무는 동일하기 때문에 제작 기술 역시 똑같이 축적된다.

또한 수출도 별 차이가 없다. 방산업체가 수출하는 K-9 자주포, K-2 전차, 현궁, 비호 모두가 국과연 주관 연구개발로 개발한 것이다. 시제업체로 참여했어도 제품을 홍보하고, 생산해서 해외 수출하는데 아무런 걸림돌이 없다. 국과연 주관이나 업체 주관이나 어차피 지식재산권도 정부가 소유하는 것이고, 수출을 위해 정부 승인을 받아야 하는 것도 다를 게 없다. 결국 연구개발을 누가 하느냐는 기술 및 수출 경쟁력과 관계가 없다.

차라리 업체 주관을 확대하는 이유가 국과연 재구조화 때문이라면 오히려 설득력이 있다. 국과연이 첨단, 핵심기술을 확대해 나가려면 기존 사업관리 인력을 줄여야 하고, 그러려면 업체주관 연구개발이 확대되어야하기 때문이다.

방위사업청은 업체주관 연구개발에 소극적인 업체를 비난한다. 국과연 뒤에 숨어 스스로 개발할 생각은 않고, 국과연이 시키는 것만 만들면서 위험을 기피하고, 이익만 추구한다는 것이다.

하지만 비난 전에 왜 지지부진한지를 먼저 따져봐야 한다. 국과연 주관 연구개발이 선호되는 이유는 장비와 시설 운용에 제한이 없고, 예산 획득에 유연하며, 개발 일정이 유연하기 때문이다. 결과를 장담할 수 없는 무기체계 연구개발에 최적화된 여건이다. 개발 여건이 풍족하고, 계획에 차질이 생겨 비용이 더 필요하면 예산을 더 받으면 되고, 시간이 더 필요하면 개발기간을 늘리면 된다. 최종 성공을 하게 되면 과정상에 반복된 실패는 성공을 위한 교훈으로 미화되고, 전혀 문제시 되지 않는다.

그러나 업체 주관 개발은 아니다. 장비와 시설 부족은 업체의 더 많은 관심과 노력으로 보완해야 하고, 예산이 부족하면 업체 자체 투자로 메꿔야 하며, 일정이 지연되면 벌금성격의 지체상금을 내야 한다. 개발 과정에서의 실패는 업체의 무능력과 무책임으로 비난 받고, 군이나 관의 적극적인 협조도 기대하지 못한다. 그러면서도 쉬운 일만 하지 말고, 여러 악 조건을 극복하는 것이 진정한 성공이라는 말도 안 되는 충고를 듣는다.

그래서 업체 주관 연구개발을 확대하려면 그 수행 여건부터 제대로 만들어 주어야 한다. 분명 무기체계를 만든다는 목표와 결과가 똑같은데, 한쪽은 포장도로를 달리고, 다른 한쪽은 가시덤불을 헤치며 달려야 하는 것은 불공평하다. 이러면 그 누구도 험로를 선택하지는 않는다. 이러한 현실을 무시하고, 단지 정책 목표 달성만을 이유로 업체를 가시덤불 쪽으로 밀어 넣는 것은 사지로 밀어 넣는 것과 같다. 방위사업청도 나름 업체주관 연구개발 계약에 협약방식으로 적용하여 성실 실패에 대한 책임을 경감하고, 지체상금도 최대 적용한도를 10%로 하여 업체 부담을 덜어주려고 하지만, 궁극적으로 업체주관 연구개발에서 업체가 어려워하는 시험평가와 대군업무에 대한 개선과 지원책 마련이 필요하다.

방위사업청은 미국과 같이 업체주관 연구개발이 활성화되었을 때의 최종 모습만 본다. 과정에 대해서는 무지하고, 관심이 없기 때문이다.

정책을 다루는 정부 관리가 '나무만 볼 게 아니라, 숲을 봐야 한다.'는 허황된 생각에 사로잡혀 목표만 제시하고, 수행과정은 방산업체 스스로 하는 것이라고 생각한다. 그러자 방산업계에서 현실적 어려움을 표하면 '정책 추진과정에서 반론은 필연적이다.'라는 엉뚱한 신념에 사로잡혀 현실의 어려움을 무시한다.

이론상 업체 주관 연구개발을 통해 방산업체가 기술경쟁력을 확보하고, 방위산업이 발전하는 것은 맞다. 하지만, 수행 과정상의 어려움이 해결되지 않는 한 방산업체가 기술 경쟁력을 확보하기는커녕 쓰러지지 않으면 다행이다.

실효성 없는 제조성숙도 평가(MRA)

> **❝**
> 방위사업청은 양산준비성을 보기 위해 제조성숙도평가(MRA)를 도입해 운영하고 있지만, 양산 2~3년 전에 양산업체가 아닌 개발업체를 대상으로 평가하고, 평가의 전문성도 부족하여 그 실효성이 없다. 이 제도는 정부의 품질관리를 홍보하기 위한 요식행위 일뿐이고, 개발 업체만 힘들게 한다.
> **❞**

방위사업청 개청이후 2010년에는 국산 무기체계 품질 문제가 핫 이슈였다. 시험평가를 정상적으로 통과하고, 양산 품질검사도 통과한 후 군에 전력화되어 운용 중이던 K21 장갑차가 수상훈련 중 침수되는 사고가 발생했다. 또한 시험평가를 정상적으로 통과한 K11 복합소총은 양산 품질검사에서 다수의 불량품이 발생하였다. 무기체계 품질문제가 국민적 관심을 끌게 되니 아직 개발 과정에 있던 K2 전차 파워 팩, 고속정의 워터제트 추진기 문제 역시 품질 결함으로 호도되었다. 심지어 무기체계가 아닌 신형 전투화의 품질문제까지 국산 무기체계의 품질 문제로 여겨졌다.

무기체계 품질에 대한 국민적 질타가 이어지니 방위사업청은 2011년 '전 순기 품질검사 추진방안'을 내놓았다. 기존 품질검사가 양산단계 위주로 진행되었기 때문이라는 진단을 내놓았고, 이후부터는 개발, 양산, 운용유지 전 과정에서 품질관리를 대폭 강화하겠다는 것이다. 그러면서 개발단계 품질관리를 위해 2012년에 제조성숙도평가(MRA : Manufacturing Readiness Assessment)제도[14]를 도입했다.

제조성숙도평가는 미 국방부에서 운용중인 제도로 양산 착수 전에 양산을 정상적으로 수행할 수 있는지를 평가하는 활동이다. 즉 개발과정에서 제작할 시제품을 실제 양산에서도 문제없이 만들 수 있는지를 사전에 평가하는 것이다. 왜냐하면 개발만 신경 쓰고 향후 제조단계에 소홀하면, 정작 제조단계에서 기술과 공정 불량으로 불량품이 만들어지기 때문에 개발단계부터 미리 양산품질을 점검하자는 취지다. 또한

---

14. 방위사업청 지침 제2012-9호(2012.4.6.) 제조성숙도평가(MRA) 업무지침

개발초기부터 품질관리에 신경을 써야 향후 비용도 절감되고 위험도 줄일 수 있기 때문이다.

방위사업청도 이 제도를 통해 연구개발 종료 전에 제조성숙도를 평가하고, 그 결과를 반영하여 양산착수여부를 결정한다. 양산품질을 강화한다는 취지지만 실체를 들여다보면 이 제도는 품질관리를 생색내기 위한 요식행위일 뿐, 정작 실효성이 없다.

시기상조, 평가의 실효성 상실

제조성숙도평가의 가장 큰 문제는 평가시기에 있다.

제조성숙도평가 제도가 도입된 2012년만 해도 연구개발은 종료 이후 바로 양산으로 이어졌다. 연구개발 이후 바로 양산이 진행되었기 때문에 연구개발 종료 전에 제조성숙도평가로 양산준비상태를 확인하는 것은 나름 의미가 있었다.

그런데 시간이 지나면서 연구개발과 양산 간에 공백이 생기기 시작했다. 국방예산이 충분할 때는 연구개발과 양산 간에 공백이 없었지만, 군의 요구 사업 규모가 국방 예산을 초과하게 되자, 여러 사업의 양산이 뒤로 밀리기 시작했다. 예를 들어 군에서 10개 사업을 요구했는데, 예산 규모 상 8개 사업만 가능하다면 우선선위에 따라 상위 8개만 착수하고, 하위 2개 사업은 다음 연도로 착수를 미룬 것이다. 그런데 예산부족이 반복되어 미뤄지는 사업이 점점 많아지다 보니 처음에는 같은 해 전반기에 연구개발, 후반기에 양산하던 것이 어느 순간 전반기 연구개발, 그 다음 해 양산으로 간격이 더 멀어졌다. 더 이상 연구개발과 양산이 같은 해에 진행이 안 되는 것이다.

한편 2011년부터 국방 분야 사업타당성조사가 적용되면서 연구개발과 양산 간 공백은 더 늘어났다. 사업타당성조사는 기재부에서 예산편성의 타당성을 보기 위한 것으로서 한국국방연구원을 수행기관으로 정했고, 사업타당성조사를 거치지 않으면 예산편성 자체가 불가능하다.

그런데 일반적으로 방위사업 예산(안)이 6월쯤 결정되므로 그 전에 사업타당성 조사가 완료되어야만 다음 연도 양산 예산을 요청할 수가 있다. 그리고 사업타당성 조사에 대략 6개월 정도 걸리므로 늦어도 그 해 1월에는 사업타당성 조사가 착수되어야 한다. 또한 1월에 사업타당성조사를 착수하려면 늦어도 전년도 후반기에는 양산계획이 수립되어 있어야 하고, 후반기에 양산계획이 수립되려면 최소 그 해 전반기에는 연구개발이 완료되었어야 한다.

정리해보면 F년도 전반기에 연구개발이 종료된 후 후반기에 양산계획을 수립하고, F+1년도 전반기에 사업타당성 조사를 거쳐 후반기에 예산을 요청하고, F+2년도에 양산착수가 가능하다. 즉 연구개발이 종료된 후 2년이 지나서야 양산에 착수할 수 있다는 것이다. 심지어 이 일정도 연구개발이 종료된 후 사업타당성조사를 바로 할 경우에나 가능한 일정이다. 하지만 사업타당성 조사 역시 연구개발 종료 후 바로 진행되지 않는다. 그 이유는 예산부족으로 사업이 뒤로 미뤄지는 것과 같이 한국국방연구원의 연구역량 부족으로 사업타당성조사마저 뒤로 밀리기 때문이다. 한국국방연구원은 연구원 서너 명이 한 조를 이뤄 6개월 동안 조당 1개의 사업타당성조사를 수행하고, 역량을 벗어나는 사업은 다음으로 미룬다. 그렇다고 외부 위탁을 줄 생각도, 연구기간을 단축할 생각도 없다. 군사력 건설을 위해 동시 다발적으로 추진해 온 여러 사업이 한국국방연구원이라는 병목현상에 직면하여 그들의 용량에 맞춰 사업이 진행되는 우스운 현상이 생긴 것이다. 이런 식으로 사업타당성조사는 한 번 밀리면 최소 6개월에서 1년은 추가로 지연된다.

제조성숙도 평가 시기

F											F+1											F+2										
1	2	3	4	5	6	7	8	9	10	11	1	2	3	4	5	6	7	8	9	10	11	1	2	3	4	5	6	7	8	9	10	11
연구개발				양산계획		사업타당성 조사									예산 요구 및 심의							계약			양산							

제조성숙도평가 ←———— 2년 이상 ————→ 양산착수

이렇게 연구개발 종료 이후 양산까지 최소 2년 이상의 공백이 생기기 때문에 개발업체로서는 제조성숙도평가시기에 양산 준비가 될 수가 없다. 즉 제조성숙도평가의 목적인 양산 준비성 검증이 제대로 될

수가 없다. 제도성숙도 레벨 8의 표준평가항목은 '기술 및 산업기반, 설계, 비용 및 자금, 자재, 공정능력 및 관리, 품질, 인력, 설비, 제조계획 및 일정관리' 등 9개 분야 총 64개 평가항목으로 이루어져 있다.

이 중 대표적으로 몇 개를 예로 들어보자.

기술 및 산업기반 분야를 보면 협력업체의 생산능력을 고려했는지를 평가한다. 그런데 연구개발이 아직 끝나지도 않은 상태라서 아직 양산 협력업체가 구성되지도 않았는데, 평가를 한다. 설계분야에서는 제조공정, 생산 장비 및 설비 등이 준비되었는지를 묻지만, 아직 연구개발이 끝나지도 않은 상태에서 2년 뒤의 양산준비가 되어 있을 리 만무하다. 비용분야에서는 생산비용 예측 값을 검토하여 목표비용을 만족할 수 있는지를 묻는데, 양산 비용은 연구개발이 끝난 후 양산 사업 타당성조사에서 확정되기 때문에 당장 기준 삼을 목표 비용이 없다. 자재 분야에서는 단종부품에 대한 조치가 되어 있는지를 묻는데, 양산이 언제 착수될지를 모르는 상태에서 당시 시점으로 단종 예상 부품을 확인한들 실효성이 없다. 그 밖에 품질관리, 인력운용, 설비구축, 일정계획 등도 마찬가지다. 2년 뒤에 있을 일을 평가하는 것은 현실성이 없고, 시기상조다.

제조성숙도 레벨8 표준평가항목(제조성숙도평가 업무지침 별표2)

구분	순번	제조성숙도 레벨8 표준평가항목
1. 기술 및 산업기반 (8)	1	기술적 위험을 문서화하고, 이를 감소시키기 위한 계획 수립 및 조치가 완료되었는가?
	2	단일/단독/해외 공급원을 식별하고, 안정성을 평가하여 대안을 수립하였는가?
	3	협력업체를 모니터링하고 분석함으로써 협력업체 문제로 인한 전체 사업 일정 지연에 대비한 계획이 수립되었는가?
	4	사업 지연 또는 중단 시를 대비한 대안책을 수립하였는가?
	5	협력업체 분석 시 각 업체의 생산능력을 고려하였는가?
	6	유사한 구성품을 생산한 경험이 있는 국내 산업 기반이 존재하거나, 구성품 생산을 위하여 신규 생산시설 확충에 대한 계획이 있는가?
	7	제조공정이 환경에 미치는 영향을 분석하고 조치 계획을 수립하였는가?
	8	공동개발, 공동생산이 가능한 부분에 대해 분석 하였는가?
2. 설계 (13)	9	생산 및 제조 전문가가 형상통제 시 공식적으로 참여하도록 규정화되어 있고 실제로 그렇게 운영되는가?
	10	부품·구성품·조립도 등 개별 제품 설계를 종합하면 전체 체계설계 규격을 충족하는지 확인하였는가?
	11	설계가 일정에 맞춰 완료되었는가?
	12	핵심 공정을 식별하고 제조 공정 절차도를 정의하였는가?
	13	기술적인 승인 기준(물리적/기능적 형상확인 승인 기준)이 구축되고 실시되었는가?
	14	핵심기술에 대해 시연이 완료되었는가?
	15	핵심설계특성이 제조공정을 통해 달성될 수 있음을 체계개발 과정에서 검증하였는가?

2. 설계 (13)	16	형상통제 사항 및 형상통제 이력이 체계적으로 관리되고 기술자료에 반영되었는가?
	17	주계약자와 협력업체는 형상추적 및 통제를 위한 절차 및 시스템을 갖추고 있는가?
	18	제품 제조를 위한 공정 설계가 완료되고 타당성을 분석하였는가?
	19	협력업체에서 제작하는 구성품 등의 생산과정이 안정화되었고, 그 안정성이 입증되었는가?
	20	펌웨어와 소프트웨어의 요구조건이 문서화되어 있는가?
	21	모든 생산·시험장비와 설비의 설계 및 검증이 완료되었는가?
3. 비용 및 자금 (4)	22	(과학적사업관리 수행지침이 적용된 사업) 생산비용에 대한 예측값을 검토하여, 목표비용을 만족할 것으로 분석되었는가?
	23	비용지침이 설계과정에 반영되어, 설계비용 및 제조비용의 목표값이 설정되어 있는가?
	24	하부체계에 대한 설계비용 목표가 수립 및 평가되고, WBS상에서 비용이 추적가능한가?
	25	주계약자가 비용추적절차를 갖추고 있으며, 하도급계약자, 공급자에 관한 비용 통제 지표를 가지고 있는가?
4. 자재 (11)	26	사용되는 자재에 대하여 체계개발단계에서 입증을 완료하였는가?
	27	적용되는 원자재 부족에 대비하여 위험도가 낮은 대체재가 고려되었고, 이로 인한 성능에 대한 영향이 고려되었는가?
	28	단종 부품에 대한 분석 및 조치가 완료되어 대량생산을 위한 자재 확보 계획이 마련되어 있는가
	29	부품 표준화를 위한 절차가 구축되어있고 운용되고 있는가?
	30	자재 비용, 납기, 생산능력 등을 토대로 새로운 자재를 사용할 필요가 있는지 식별하여 조치계획을 수립하였는가?
	31	부품/자재의 원활한 조달을 위해 하도급계약을 관리하는 부서에서 협력업체 관리 계획을 수립하여 수행하였는가?

구분	번호	항목
4. 자재 (11)	32	생산에 적용할 자재목록표(M-BOM)을 완성하였는가?
	33	자재의 저장 및 취급에 대한 문제가 고려되고, 저장 및 취급절차가 마련되었는가?
	34	자재가 환경에 미치는 영향을 분석하고 조치계획을 수립하였는가?
	35	부품 관리 방안을 포함한 자재 관리 절차 및 체계를 구축하여 운용하고 있는가?
	36	장납기 품목에 대해 분석을 완료하고, 최초양산을 위한 장납기품목의 확보계획을 수립하였는가?
5. 공정능력 및 관리 (7)	37	신규 및 유사 공정에 대한 제조기술 확보가 완료되어 입증되었는가?
	38	개발단계 공정에서 양산단계로 전환시 제조공정 변경이 필요한 공정이 식별되고 입증되었는가?
	39	핵심공정관리를 위한 공정변수가 정의되었는가?
	40	시뮬레이션 등을 통해 일정지연을 초래할 수 있는 요인을 찾고 개선하였는가?
	41	생산 공정을 시뮬레이션 하기 위한 소프트웨어가 식별되어 있으며, 이를 입증하였는가?
	42	수율자료를 체계개발시 수집하여 분석하였는가?
	43	체계개발을 통해 설비와 시험장비가 검증되었는가?
6. 품질(8)	44	지속적인 공정개선을 위한 활동이 수행되고 있는가?
	45	품질 향상을 위한 절차가 있고 이를 운영하고 있는가?
	46	제조공정에서 검사 포인트가 정의되었는가?
	47	협력업체에 대한 품질관리 계획이 수립되고, 체계개발단계에서 수행하였는가?
	48	체계개발단계에서 품질보증 이력을 문서화하여 활용하고 있는가?
	49	측정장비의 교정/점검 절차를 구비하여 적용하고 있는가?

6. 품질(8)	50	개발단계 고장정보를 공정에 반영할 수 있는 절차를 갖추고 있으며 체계개발단계에서 이를 운용하였는가?
	51	통계적 공정관리(SPC) 활동을 수행하고 있는가?
7. 인력(3)	52	사업 진행을 위해 필요한 인력을 식별하였고 확충계획을 수립하여 진행중인가?
	53	요구되는 특수기술인력을 식별하였으며, 이를 확보하는 계획이 수립되었는가?
	54	생산, 품질 등 인력에 대한 교육이 프로그램에 의해 이루어지는가?
8. 설비(4)	55	생산시설이 검증되었는가?
	56	양산의 요구된 생산율을 달성하기 위해 설비의 생산능력이 적합한지 분석하고 필요한 조치를 수행하였는가?
	57	기존 설비의 생산능력 향상을 위한 활동을 수행하고 있는가?
	58	정부 소유의 시설/장비 등이 생산을 위해 필요한지 식별하고 대책을 수립하였는가?
9. 제조계획 · 일정관리 (6)	59	최초양산이 가능하도록 생산 계획 및 관리방법이 구축되어 운영되고 있는가?
	60	위험관리계획을 최신화하였는가?
	61	생산 계획 상에 모든 필요 자원을 명시하였는가?
	62	제조장비의 정비 성능 향상을 위한 계획이 수립되어 관리되고 있는가?
	63	특수설비 혹은 시험장비의 필요성을 분석하였는가?
	64	생산에 필요한 각종 제조기준, 기술문서와 제조문서 등의 개발이완료되었는가?

그런데 신기한 것은 이렇다고 해도 평가는 정상적으로 진행된다는 것이다. 개발업체는 양산에 대한 실질적 준비현황을 제시하는 대신 앞으로 어떻게 하겠다는 원론적인 계획을 제시한다. 그러면 평가자들은 현실적으로 그럴 수밖에 없음을 이해하고, 계획을 실적으로 인정한다. 예를 들어 '협력업체 분석 시 업체의 생산능력을 고려했는지'를 물었다. 그러면 양산 협력업체 현황과 그들의 생산능력을 평가해야 하는데, 아직 개발중이라 양산 협력업체가 구성되지 않았고, 앞으로 잘 선정하겠다고 답변한다. 또한 인력과 설비가 확보되었는지를 물어보면, 양산착수 시점이 불분명하기 때문에 지금은 안 되어 있지만, 양산이 확정되면 필요한 인력과 설비는 충분히 확보할 수 있다고 답한다. 단종부품 관리계획을 물어보면 개발종료시점에서 단종부품 관리계획을 작성하고, 양산간 단종부품이 생기면 설계변경을 통해 관리하겠다는 원론적 답변을 답한다. 이렇게 하면 평가자들은 양산준비가 된 것으로 평가한다.

한편 평가시점에서 실체가 있는 항목은 설계 규격 충족, 물리적, 기능적 형상 확인 정도인데, 이미 시험평가 과정에서 설계 규격 충족여부는 확인했고, 규격화 과정에서 물리적, 기능적 형상을 확인했기 때문에 이것은 굳이 안 해도 되는 항목이다.

만약 제조성숙도평가 항목이 제대로 확인된다면 분명 양산 준비의 완전성을 기대할 수가 있을 것이다. 하지만 지나치게 앞당겨 평가함으로써 이제는 안 하니만 못한 것이 되었다. 그래서 제조성숙도평가시기를 양산직전에 하는 것으로 바꿔보려고도 했으나, 바꾸지 못했다. 그 이유는 방위사업추진위원회나 분과위원회에서 양산계획을 심의할 때 제조성숙도평가 결과가 없으면 양산 준비성을 제대로 판단하기 어렵다는 이유에서다. 양산과 관련한 문제에 대해 위원회는 일체의 책임도 지지 않고, 심지어 그 평가결과에 신뢰성이 없는데도 불구하고, 형식으로나마 심의 판단 근거가 있어야 한다는 이유다.

즉 제조성숙도 평가는 실질적인 양산준비상태를 보기 위함이 아니라, 평가 그 자체에 의미가 있는 요식행위가 된 것이다.

평가대상 오류, 양산업체로 확정되지 않은 업체를 평가

제조성숙도평가는 평가대상에도 문제가 있다.

국방과학기술촉진법시행규칙 제4조(연구개발기관의 선정절차 등)를 보면 연구개발 주관기관은 탐색개발, 체계개발, 양산 단계별로 각각 선정하도록 하고 있다. 이 말은 무기체계를 개발한 업체가 양산까지 모두 맡지는 않는다는 것이다.

만약 방위사업법 제34조(방산물자의 지정)에 따라 개발 장비가 방산물자로 지정되고, 동 법 제35조(방산업체의 지정 등)에 따라 개발업체 역시 방산업체로 지정되면 국가를 당사자로 하는 계약에 관한 법률 시행령 제26조(수의계약에 의할 수 있는 경우)에 따라 개발업체는 양산 수의계약 대상이 될 수 있다. 하지만 이러한 방산물자와 방산업체 지정은 연구개발이 완료된 이후에 지정된다. 또한 신청한다고 100% 지정되는 것도 아니다. 이 말은 연구개발 종료 이전에는 양산업체가 정해지지 않는다는 말이다.

그런데 제조성숙도평가는 연구개발 종료 이전에 수행함을 원칙으로 하고 있다. 즉 양산업체가 정해지지 않은 상태에서 개발업체를 대상으로 양산준비상태를 평가하는 것이다. 대상이 잘못되었다.

평가 전문성 부족, 결과의 신뢰성 저하

제조성숙도평가의 문제는 평가자의 전문성에도 있다. 앞서 제안서 평가나 시험평가 등에서 정성평가는 평가자의 전문성이 담보되어야 결과를 신뢰할 수 있다고 했는데, 제조성숙도평가 역시 대부분의 평가 항목이 정성평가로 진행되기 때문에 평가자의 전문성이 전제되어야 한다.

제조성숙도 평가자는 총 7명으로 구성되는데 제조, 양산 등에 5년 이상 경력보유자, 박사학위 소지자로 기준을 정하면서 대상사업과 이해관계가 없는 자라고 명시하였다. 사업관리부서 역시 참관은 하되 평가는 하지 못한다. 그래서 평가자들은 모두 평가 대상사업의 사업관리, 개발관리, 품질관리 등에 직접 관여한 적이 없는 자들로 구성된다.

이렇다보니 평가자들이 해당 무기체계의 주요 기능과 적용되는 핵심기술이 무엇인지를 모르고, 양산에 필요한 인력 구성이나 주요 설비, 공정이 무엇인지를 모른다. 그저 업체가 제시한 '자체평가' 수행 결과를 보고, 내용의 논리적 흐름만 검토하는 식이다.

제조 성숙도평가는 제안서평가, 시험평가 같이 업체 간 우열을 정하거나, 업체 이익에 직결되는 사안이 아니다. 사업관리의 일환으로 양산 준비성을 보기 위한 의사결정의 참고자료인데, 이마저도 편파 시비와 향후 뒤따르는 책임이 있을까 우려하여 평가의 투명성만을 너무 강조해 놓았다.

평가 시기도 안 맞고, 평가 대상도 안 맞는 와중에 평가자들의 전문성마저 없는 것이다.

실효성 없는 제조성숙도 평가에 개발업체만 고생

이렇듯 제조성숙도평가는 양산준비가 될 수 없는 상황에서 양산준비상태를 평가하고, 양산업체로 확정되지 않은 업체를 대상으로 평가하며 해당 무기체계에 대한 이해가 부족한 상태에서 평가하다보니 제도의 실효성이 부족하다.

그래서 제조성숙도평가는 무기체계 품질불량에 대한 정부의 면피성 요식 행위일 뿐이고, 국방품질 전문기관으로서 국방기술품질원의 일감이 될 뿐이다.

정부와 출연기관의 이 같은 노력을 뭐라 할 것은 없으나, 정작 문제는 말도 안 되는 제도를 따르느라 개발업체가 피해를 본다는 것이다.

무기체계 연구개발은 후반기에 과업이 과다하게 몰린다. 개발 후반기에는 개발의 최종관문인 시험평가가 기다리고 있다. 시험평가는 개발의 당락을 결정하기 때문에 개발업체는 제품 결함 보완과 추가 요구사항 조치에 집중해야 한다. 그리고 시험평가가 끝나면 규격서를 만들어야 하고, 최종적으로 개발 산출물까지 모두 정리해서 납품을 해야 한다. 이처럼 과업이 몰려있는 시기에 제조성숙도 평가까지 받아야 한다. 인력운용이 빠듯할 수밖에 없다.

한편 대부분의 방산업체는 연구개발부서와 양산부서를 구분해 운영한다. 개발부서가 시제품 설계 및 제작을 통해 규격화까지 완료한 후 기술 자료를 양산부서로 넘기면, 양산부서에서 공정, 설비 등을 구축하여 대량 생산을 전담한다. 그래서 양산준비를 평가하는 제조성숙도평가는 개발부서뿐만 아니라 양산부서도 같이 준비해야 하는데, 아직 개발이 끝나지 않아 기술 자료가 넘어오지도 않았고, 공정, 인력, 설비 구축계획은 구상도 하지 않은 상태다. 그런데 평가 자료를 준비해야 한다. 그것도 2년 뒤에 있을 일에 대해서 말이다. 이러다보면 현재 생산중인 제품 관리는 뒤로 미룰 수밖에 없다.

업체 입장에서 보면, 한창 바쁜 와중에 헛일을 해가며 인력과 비용만 낭비하는 것이다. 그리고 비효율적 요식 행정에 불만과 불신만 쌓아간다.

탁상공론인 부품단종 관리

> 장기간 운용되는 무기체계에서 부품단종은 필연적으로 발생한다. 그런데 부품이 단종 돼도 개발과 양산에서는 문제가 없다. 개발업체가 적절히 대응하기 때문이다. 부품단종으로 인한 문제는 군이 장비를 관리하는 운영유지단계에서 생긴다. 단종부품에 대한 군의 대응능력이 부족하기 때문이다.
>
> 그런데 정부는 정작 근본적 원인인 군의 대응능력을 향상시킬 생각은 하지 않고, 개발 간 업체의 관리 소홀만을 탓한다.

정부 정책 실패로 인한 피해가 업체로 전가되는 것은 제조성숙도 평가뿐이 아니다. 부품 단종에 대한 정부 정책 역시 마찬가지다.

무기체계는 운용을 시작한 이후 대개 30년 이상 운용된다. 1980년대에 운용을 시작한 육군의 K1전차, 해군의 울산급 호위함, 공군의 KF-5 전투기 모두 현재까지 운용이 계속되고 있다. 무기체계를 오랫동안 운용하게 되면 부품단종으로 인한 문제가 필연적으로 수반된다. 그 이유는 기술이 발전함에 따라 원제작사가 구형 제품 생산을 중단하기 때문이다. 간혹 제작사가 도산되거나 또는 부품 제작에 필요한 원재료를 구하지 못해 단종이 되기도 한다.

이런 부품 단종은 무기체계뿐만 아니라 자동차, 휴대폰, PC 등 일반 상용제품에서도 똑같이 발생한다. 다만 상용제품은 비교적 단기간 동안 운용하고, 가격이 저렴하여 수리 대신 신품을 구매하므로 부품단종 문제가 적다.

하지만 무기체계는 고가의 장비이고, 장기간에 걸쳐 운용되기 때문에 부품 단종문제가 생길 수밖에 없다. 그리고 부품 단종은 자칫 무기체계 운용에 차질을 주고, 무기체계의 정상운용이 안 되는 것은 곧 국가 안보의 취약점으로 이어지기 때문에 무기체계 부품 단종 관리는 중요하다.

부품 단종은 운영유지 단계의 기술 능력 부재로 발생

일반적으로 부품 단종이 예상되면 대체품을 적용하거나, 향후에 필요한 수량을 미리 재고로 충분히 확보해 놓는다. 만약 대체품이 없고, 재고확보마저 불가하다면 아예 설계를 변경한다.

예를 들어 내 PC와 마우스의 연결방식이 핀으로 연결되는 PS2 방식이라고 하자. 그런데 기존 마우스 제작 회사가 PS2 방식의 마우스를 더 이상 제작하지 않는다고 하면, 다른 회사의 PS2 방식 마우스를 대체 구매하면 된다(대체품 적용). 만약 모든 마우스 회사가 더 이상 PS2 방식의 마우스를 생산하지 않는다면 PC 운용기간 동안 필요한 마우스 총량을 미리 구매해 놓으면 된다(재고 확보). 그런데 이때 재고 확보마저 불가하면, 어쩔 수 없이 PC 메인보드를 PS2에서 USB방식으로 변경해야 한다(설계 변경).

이 중 대체품 적용이나 재고 확보를 통한 부품단종관리는 구매자도 쉽게 할 수 있는 방안이다. 하지만 설계 변경은 구매자가 쉽게 할 수 없고, 기술력이 구비되어야만 한다. 여기의 기술력이란 설계 변경뿐만 아니라, 설계를 변경한 후 성능이 이전과 동등 수준으로 발휘되는지마저 입증하는 것을 포함한다. 그래서 설계변경을 통한 부품단종관리는 개발업체만 가능하다.

그래서인지 부품 단종은 연구개발 및 양산과 같이 개발업체가 직접 참여하고 있는 과정에서는 문제가 없다. 어떤 부품이 단종 되면 개발

업체 스스로 동등 수준의 대체품을 적용하고, 대체품이 없으면 이종부품을 적용하기 위해 설계를 변경한다. 그리고 시험평가로 성능을 입증한 후, 관련 규격까지 변경해 놓기 때문이다.

문제는 운영유지단계에 있다. 무기체계 양산이 완료되고 나면 개발업체는 더 이상 관여하지 않는다. 그때부터는 군이 직접 부품단종관리를 수행해야 한다. 하지만 군은 대체품 적용과 재고 확보만 할 뿐, 설계변경은 하지 못한다. 운영유지단계 형상관리 역할과 책임은 가지고 있으나, 그에 걸 맞는 기술력을 갖추지 못했고, 수행할 기능도 없으며, 업체에게 위탁을 맡기는 제도도 없기 때문이다.

그래서 군은 설계변경이 필요한 단종부품이나 노후부품은 참고 기다렸다가 한꺼번에 모아서 업체주관 성능개량 사업을 통해 해소한다.

하지만 모든 무기체계가 성능개량사업을 추진하는 것이 아니고, 성능개량을 한다 해도 10년 이상 걸리기 때문에 설계변경 기능이 없으면 부품단종은 적절히 대응할 수가 없다. 원제작사가 제품을 업그레이드하면서 이전 버전 생산을 중단하는데, 최근에는 기술발전 속도가 빨라 그 주기마저 빨라졌기 때문이다.

결국 설계변경 능력 부재로 군은 수십 년 전에 제작된 구형 부품의 재고만 찾게 되고, 스펙이 조금이라도 다르면 규격과 상이하다는 이유로 납품을 받지 않는다. 부품단종이 지속적으로 발생하는 이유다.

1980년대 중반에 제작된 K-1 전차는 미국산 자이로스코프를 적용하고 있다. 최초 도입이후 미국의 원제작사는 수차례 제품 업그레이드를 진행해 왔고, 당시 스펙의 자이로스코프는 더 이상 생산하지 않는다. 이처럼 대체가능한 제품도 없고, 재고도 없다면 현재 버전의 자이로스코프가 호환 가능한지를 따져보고, 또는 설계변경으로 해결해야 한다.

그런데 군은 최신 자이로스코프가 K-1전차와 호환되는지 업체 스스로 시험해서 입증하라고 한다. 부품 업체가 군 K-1 전차를 빌리는 것은 불가능하고, 시험해서 결과를 입증하는 것 역시 배보다 배꼽이 더 크다. 부품 조달이 될 수가 없다.

부품단종의 발생 원인을 업체의 무책임으로 전가

무기체계 부품 단종으로 인해 군의 장비 가동률이 떨어지고, 이로 인해 국회와 언론의 질타를 받자, 국방부 총수명주기 관리과에서 2018년에 용역연구를 수행하였고, 2019년에 '부품단종관리 업무 훈령'[15]을 제정하였다. 그런데 이 용역 연구와 훈령이 참으로 기가 막히다.

부품단종 관리방안을 연구하려면 부품 단종이 어디에서 왜 생기는지부터 따져봐야 하는데, 연구를 발주한 국방부나 용역연구 기관 모두 무기체계 획득에 대한 일체의 지식이 없는 상태였다. 그래서 그런지

---

15. 국방부훈령 제2280호(2019.5.31.) 부품단종관리 업무 훈령(2021.2.8. 총수명주기관리 업무 훈령으로 통합되면서 폐지)

부품단종을 연구한다기보다는 미리 짜놓은 결론에 맞춰 연구를 진행하였는데, 그 결론 역시 자칭 전문가들이 떠드는 상식적 수준의 피상적 내용이었다.

그들이 생각하는 부품단종의 원인은 방산업체가 부품단종을 고려하지 않고 개발했기 때문이었다. 그러면서 내놓은 부품단종관리 방안은 연구개발 제안서평가 단계부터 업체에게 '부품단종 관리계획'을 제출받고, 개발기간 내내 부품단종 관리계획을 최신화하는 것이었다. 그러면서 효율적 자료 관리를 위해 부품단종관리 정보체계에 입력하고, 신뢰성 확보를 위해 부품단종관리팀이라는 것을 만들어 관리계획을 검토하며, 강제성을 부여하기 위해 국방부로 주기적 성과보고를 하게 하는 것이었다.

> ✧ **부품단종관리 계획(안) 포함사항(국방부훈령 총수명주기관리업무 훈령)**
>
> **제90조(연구개발사업 부품단종 관리)**
> 1. 부품단종 위험요소 및 관리 목표
> 2. 부품단종관리 인원의 구성 및 역할
> 3. 사전관리 대상 품목 선정기준 및 제공 가능한 품목의 자재명세서 범위
> 4. 부품단종 식별, 대응방안 수립·확인·이행절차
> 5. 목록화 계획 및 기타 부품단종관리를 위해 반영하여야 할 사항

이 연구의 결론은 그럴싸한 내용을 모두 포함하고 있다. 무엇이든 초기부터 검토해야 효율성이 높아진다는 시스템 엔지니어링(SE), 지식관리(KMS)측면에서의 정보시스템 활용, 투명성과 객관성을 보여주기 위한 집단 의사결정이 모두 포함되어 있고, 특히 정부에 별다른 책임 없이 모든 책임을 '을'의 입장인 개발업체에게 돌려버렸다.

연구결과만 놓고 보면 딱히 문제는 없어 보인다. 그러나 문제는 정작 부품단종이 발생한 근본 원인과 부품단종 예방을 위한 실질적 해결책은 전혀 고민된 적이 없다는 것이다. 한마디로 용역연구기관은 부품단종 예방을 위한 '정답'을 연구한 게 아니라, 용역 그 자체를 목적으로 '오답'이 아닌 대책을 만들었던 것이고, 국방부 역시 부품단종 예방을 위한 실질적 대책마련이 아니라 훈령 제정 자체를 실적으로 삼은 것이었다. 전형적인 탁상공론에 의해 제도를 만들면서 업체에게 책임만 강조해 놓은 것이다.

먼저 국방부에서 제정한 총수명주기 관리훈령을 보면 개발업체가 제안서를 작성하는 시점부터 부품단종 관리계획(안)을 작성하도록 하고 있다. 그런데 제안서 작성 시점에서 어떤 부품을 적용할 것인지는 결정될 수 없다. 어떤 부품을 적용할 지는 연구개발에 착수된 이후 요구사항검토와 기능검토를 거치고, 기본설계와 상세설계를 거쳐야 비로소 결정된다. 그래서 아무리 제안서에 부품단종 관리계획(안)을 작성하라고 해봤자 국방부의 총수명주기 관리업무훈령과 방위사업청의 부품단종관리 업무매뉴얼의 원론적인 내용만 그대로 옮겨 적을 뿐이다.

또한 훈령에서는 연구개발 기간에 부품단종 위험도를 평가하고, 부품단종관리팀을 구성하여 계획서를 검토 확정하고, 양산이 끝날 때까지 지속적으로 최신화하도록 하고 있다. 그런데 일반적으로 연구개발에 3~5년, 연구개발이 끝나고 양산으로 전환하는데 2~3년, 양산에 3~5년이 걸리는 등 개발부터 양산종료까지 대략 10년이 걸린다. 그래서 연구개발 기간에 적용했던 부품의 단종이 필연적으로 발생할 수밖에 없다. 앞서도 말했듯이 이 기간 동안 발생하는 부품단종은 별 다른 문제가 없다. 설계 능력을 갖춘 업체가 계약을 맺어 관리하는 기간이기 때문에 부품단종이 생기면 대체품을 적용하거나 설계 변경을 통해 책임지고 조치하기 때문이다. 업체 입장에서 보면, 개발 및 양산과정에서 부품단종 관리에 별다른 문제가 없는데, 모든 부품에 대한 부품정보 및 단종현황을 주기적으로 파악하라고 하니 실효성 없는 행정소요만 가중될 뿐이다.

그런데 정작 부품단종의 근본적인 문제가 발생하는 운영유지단계는 아무런 손도 못 댔다. 운용유지단계의 부품단종이 전력공백을 초래한다는 비난으로 인해 연구를 시작했고, 훈령까지 제정했으면서 정작 운영유지단계 부품 단종 해결책은 손도 못 댄 것이다.

훈령 상에 기재된 운영유지단계 부품단종관리 방안을 보면, 소요군은 양산종료 시점에 방위사업청으로부터 부품단종 관리계획을 인계

받고, 부품단종 정보를 수집해 관리하다가 부품 단종이 식별되면 미리 구매하거나 대체품을 적용하고, 그것도 안 되면 부품국산화, 기술변경 또는 성능개량 등의 적절한 방법을 추진하라고만 되어 있을 뿐이다.

기존의 관리방안과 달라진 것은 부품단종관리 정보체계를 활용하는 것뿐이다. 부품단종이 생길 때 대체품 적용, 재고확보는 지금도 수행하고 있고, 부품국산화, 기술변경, 성능개량은 원론적인 내용일 뿐 여전히 적용가능성이 없다.

만약 부품 단종 관리의 원인이 무엇인지를 알았다면 단순히 기술 변경을 추진하라는 식으로 마무리하지는 않았을 것이다. 부품단종이 어디서부터 비롯되고, 왜 조치가 안 되는지를 근본적으로 따져보지 않은 것이다.

부품단종 문제는 근본적으로 군의 형상관리 능력에 관한 문제다. 만약 군에서 단종 부품의 대체품을 찾아 호환성을 시험하고, 직접 설계를 변경할 수 있거나, 업체나 연구소 등에 형상관리 용역을 발주하는 제도를 갖춘다면 단종 부품은 시의 적절히 관리될 것이다.

그러한 군의 노력 없이 부품 단종 원인을 무작정 개발 업체에게 돌리는 것은 참으로 무책임하다.

일단 매기고 보는 지체상금

> 정부 계약상 납기일을 맞추지 못할 때 계약상대자는 지체상금을 낸다. 일반적인 물품 제조·구매의 경우 지체사유가 명확한 반면, 무기체계 연구개발은 정부와 업체 간 지체사유가 복잡하게 얽혀있다.
>
> 이 경우 방위사업청은 지체사유를 엄격히 구분하는 대신 지체상금을 일단 부과하고 본다. 그리고 업체가 불복하면 법원에 가서 구제받으라는 식이다.
>
> 업체에게 유리한 조치는 자칫 '업체 봐주기'로 불이익을 받는 반면, 업체에게 불리한 조치는 아무런 책임이 없기 때문이다.

개발 업체에게 일단 책임을 넘기는 행태는 지체상금도 마찬가지다. 지체상금은 계약이행과정에서 계약상 의무를 정해진 기한 내에 이행하지 못할 때 이행지체에 대한 손해배상 성격의 금액이다. 쉽게 말해 이달 말까지 물건을 주기로 했는데 며칠이 늦어서 다음 달 초에 주었다면 초과된 기간만큼 사전 약정한 금액을 지불하는 것이다.

방위사업에서의 지체상금은 '국가를 당사자로 하는 계약에 관한 법률 시행령' 제74조(지체상금)를 근거로 하고, 동법 시행규칙 제75조(지체상금률)에 따라 계약종류별 일당 지체상금률을 정하고 있으며, 또한 방위사업법 시행령 제61조에서는 연구개발 시제품 생산 및 방산물자 최초 양산의 지체상금 한도는 계약금의 10%라고 별도로 정하고 있다.

한편 '국가를 당사자로 하는 계약에 관한 법률 시행령'에서는 계약상대자의 책임 없는 사유로 계약이행이 지체되었을 경우에는 지체상금을 부과하지 않도록 하고 있다. 이를 위해 방위사업청 훈령 '군수품 조달관리규정'과 예규 '계약특수조건'에서는 계약상대방의 책임이 아닌 사유로 지체가 발생해 지체상금을 면제받고자 할 경우에는 계약상대방이 지체상금 면제신청서를 제출하고, 계약관이 면제를 승인하되 사유가 불명확하면 분과위원회 심의를 거쳐 결정하도록 하고 있다.

이후 계약상대방이 지체상금 부과가 부당하다고 생각되면 방위사업청 훈령 '옴부즈만 지체상금 심의위원회 운영규정'에 따라 민원을 제기하여 다시 한 번 심의를 받고, 그럼에도 조정이 되지 않으면 법원에 소송을 제기하여 해결한다.

방위사업청은 지체상금이 면제되는 경우를 군수품 조달관리규정에 비교적 자세하게 정해 놓고 있다. 크게 보면 천재지변에 의한 경우와 정부에서 해야 할 일이 지연되어 지체된 경우인데, 이 경우에는 지체상금을 부여하지 않는다.

> **✧ 지체상금이 면제되는 경우(방위사업청 훈령 군수품조달관리규정)**
>
> **제39조(계약기간 연장 및 지체상금 면제 등)**
> 1. 천재·지변 등 불가항력적인 사유에 의한 경우
> 2. 계약상대자가 대체 사용할 수 없는 중요 관급재료의 공급이 지연되어 제조 또는 공사의 공정 진행이 불가능하였을 경우
> 3. 계약상대자의 책임 없이 납품이 지연된 경우로서 다음 각 목의 어느 하나에 해당하는 경우
>   가. 정부의 시책 및 책임으로 제조 또는 공사의 착수가 지연되거나 중단되었을 경우
>   나. 도입원자재 및 부품이 수출국의 파업, 폭동, 화재, 동원, 징발, 전쟁, 항구폐쇄, 수출금지 등 해외 판매자의 책임을 물을 수 없는 사유로 도입이 지연 된 경우
>   다. 규격서 도면의 한국화 제정 지연 등 기술자료 미제공으로 인하여 생산이 지연된 경우

라. 양산의 경우에 체계개발 또는 시제생산과정(탄약의 경우 3개 로트까지)에서 국가의 사유로 발견치 못했던 기술상의 보완을 위해 재생산으로 지연된 경우
마. 규격변경으로 인하여 지연된 경우
바. 정부가 제공하기로 한 시험장 및 시험장비의 제공이 지연된 경우
사. 정부의 사정으로 검사 또는 물품 인수가 지연된 경우
아. 물품 인수 후 전산장애 등으로 인하여 납품처리가 지연된 경우
자. 국방규격이 계약목적물이 되는 계약에서 계약상대자가 시험평가 등에서 전투용적합 판정을 받은 후 국방규격 제·개정(안)을 제출한 경우로서 정부의 국방규격 제·개정을 위한 행정절차(검토·심의 등)로 인해 지연된 경우. 다만, 계약문서에 행정절차 소요기간을 특정하여 명시하고, 그 기간이 계약기간에 포함되어 있는 경우에는 그 기간을 초과하여 지연된 경우에만 적용
4. 기타 계약상대자의 책임에 속하지 아니하는 사유로 지체된 경우 등

물품 제조 및 구매에 해당하는 양산사업의 경우, 지체상금은 비교적 명확하다. 양산 계약을 체결하고 난 후, 정부는 제품의 검사 및 검수 외에는 거의 관여하지 않는다. 원자재 수급부터 구성품 제작, 체계조립 모두를 업체가 책임지기 때문에 정부가 제공한 규격서에 문제가 없는 한, 모든 지체는 업체의 책임으로 귀결된다. 그리고 정부가 관여하는 검사 및 검사에서도 인수확인서, 검사 및 납품조서에 일자가 명확히 표시되어 있기 때문에 지체일수 산정은 명확하다.

귀책사유가 모호하면 일단 지체상금 부과부터

그러나 연구개발은 사업기간 내내 정부가 관여하기 때문에 납기 지연에 대한 귀책을 따지는 것이 복잡하다. 연구개발 계약을 체결 후 요구사항 및 기능검토를 거쳐 기본설계 및 상세설계 검토, 개발 및 운용시험평가, 규격화까지의 모든 과업이 인과적으로 연결되어 있다. 그래서 업체 단독으로 수행하지 못하고, 정부와 군, 업체가 유기적으로 협업 해야만 한다. 연구개발 기간 중에 업체 단독으로 수행할 수 있는 것은 설계 검토가 완료된 후 시제품을 제작하는 과업뿐이다. 그래서 연구개발 중에 발생하는 납기 지연의 원인은 전후 관계와 관련기관의 역할을 복합적으로 따져봐야 한다.

문제는 여기에서 발생한다. 업체가 지체상금 면제를 받으려면 업체 책임이 아님을 스스로 입증해야 하고, 그에 대한 증빙자료를 제시해야 한다. 그런데 연구개발은 제조와 같이 목적물이 명확한 게 아니라서 뚜렷한 증빙자료가 존재하지 않는다. 대부분 인과 관계에 의한 추론이다. 이 경우 지체상금을 판단하는 계약관이 연구개발 절차를 정확히 알고 있어야 하는데, 대부분의 계약관은 연구개발 사업에 대한 지식과 경험이 없다. 그래서 만약 계약업체가 명확한 증빙자료를 제시하지 못하면 일단 지체상금을 부과하고 본다. 지체상금 면제여부가 상호 협의를 통해 결정하는 게 아니라 계약관 스스로가 판단하여 결정하는 것이라서 계약관과 계약업체 간에 의견이 달라도 계약관이 업체 귀책이라고 생각하면 지체상금을 부과한다.

그리고 지체상금은 업체가 추가로 납입하는 금액이 아니라, 정부가 업체에게 줄 계약보증금과 잔금에서 차감하는 방식이다. 그래서 과태료와 같이 내기 싫다고 버틸 수 있는 것도 아니다. 계약업체는 지체상금에 해당하는 금액을 정부로부터 받지 못하는 것이고, 이것이 부당하다고 생각하면 법원에 소를 제기하여 해결해야 한다.

한 가지 사례를 들어 보자. 여기에서 일정과 기간은 예시다.

방위사업청 모 사업부서는 A사업의 전력화가 시급하다는 이유로 7월에 계약을 체결하고, 6개월 이내에 설계검토 및 시제품 제작을 완료한 후, 12월부터 동계시험평가에 착수하는 것으로 일정을 계획했다. 업체는 사업부서가 수립한 계획에 맞춰 개발일정을 제안했고, 체계개발실행계획서를 확정하고, 계약을 체결했다. 그리고 이 사업은 업체 100% 투자 사업이었다.

계약체결 이후 업체는 12월까지 설계와 시제품 제작을 완료하여 시험평가 준비를 마쳤다.

그런데 이때 사업부서와 업체가 계획 수립 간에 예상하지 못한 문제가 발생했다. 업체가 12월까지 시험평가준비를 마쳤으나, 정작 시험평가를 주관하는 합참이 준비가 안 된 것이다. 시험평가를 착수하려면 합참이 시험평가기본계획을 수립하고, 그것을 근거로 개발업체는 개발시험평가 계획을, 소요군은 운용시험평가 계획을 수립해야 한다.

예를 들어 9월에 설계검토를 완료한 후, 12월에 시험평가를 착수하려면 3개월 사이에 시험평가기본계획, 개발 및 운용시험평가계획서가 모두 확정되어야만 했다. 즉 9월 설계검토 완료 후. 10월에 시험평가기본계획 수립, 12월에 개발 및 운용시험평가가 확정되어야 한다.

그런데 합참이 이 일정에 제동을 걸었다. '국방전력발전업무훈령' 제63조(시험평가기본계획서 작성)에 따라 시험평가기본계획은 설계검토 완료 후 3개월 이내에만 통보하면 되니, 9월 설계검토 완료 후, 12월까지 시험평가기본계획을 통보하겠다고 했다. 체계개발 초기단계부터 협조된 일정도 아니라서 1개월 이내 시험평가기본계획을 수립하는 것은 어렵다는 것이다.

시험평가기본계획 수립이 늦어지면 후속되는 개발 및 운용시험평가계획 역시 늦어지기 때문에 이렇게 되면 12월 시험평가는 불가능하고, 개발 및 운용시험평가계획 수립을 고려 시 다음 해 2월은 되어야 시험착수가 가능하다.

그런데 2월에 시험을 착수하면 동계시험 시기를 놓치기 때문에 3계절 시험을 고려하면, 비록 착수 시점은 2개월 지연될 뿐이지만 종료시점은 6개월 이상 지연 된다. 예를 들어 12~2월에 동계시험을 하면 3~5월에 춘계시험, 6~8월에 하계시험을 수행한 후 8월에 시험을 마칠 수 있다. 그러나 12~2월의 동계시험을 놓치면 1년을 기다려야 한다. 3~5월 춘계시험, 6~8월 하계시험 후 9~11월을 쉬었다가 12~2월 동계시험을 거쳐야하기 때문이다. 결국 착수시점은 12월에서 2월로 2개월 지연되었을 뿐이지만, 종료시점은 8월에서 그 다음해 2월로 6개월이 지연된다.

보통 관의 사정으로 시험일정이 지연되면 계약기간을 먼저 연장해 주나, 이 사업에서는 계약기간 연장 없이 차후 사업이 종료된 이후 지체상금 면제를 통해 조치하자고 했다. 계약기간이 연장되면 지체상금은 애초에 발생하지 않는 것이고, 지체상금 면제는 일단 지체상금이 발생했으나 업체의 귀책이 없는 것으로 보고 이를 제외해 주는 방식이다.

그런데 사업부서에서는 사업이 종료된 후, 지체상금을 산정할 때 전체 지연된 6개월 중 합참의 시험평가기본계획 수립 지연에 따른 2개월만 면제해 주었다. 3계절 시험평가 때문에 2개월 착수 지연이 종료에는 6개월 영향을 주었으나, 증빙이 명확한 시험평가기본계획 수립 지연 기간만 제외한 것이다.

또한 이 사업에서는 정부의 규격화 지연에 대해서도 업체에게 지체상금을 부여했다. 규격화란 체계개발 간 만든 시제품이 시험평가를 통해 요구 성능이 충족됐다면 동일한 성능과 품질을 가진 제품을 대량 생산하기 위한 자료다. 국방규격은 국방규격서, 도면, 품질보증요구서, 부품/BOM목록, 소프트웨어 기술자료 등으로 구성된다.

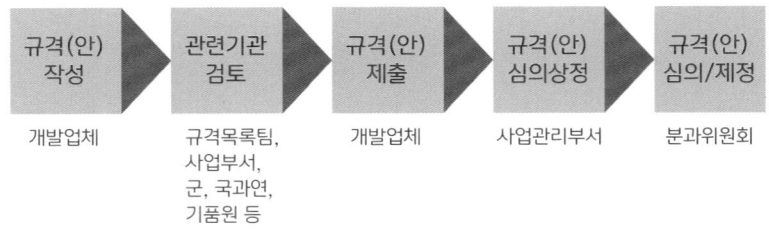

국방규격 제정 절차

규격 제정절차는 먼저 개발업체가 규격자료를 작성하고, 관련기관의 검토를 마친 후 사업부서로 제출한다. 그 이후 방위사업청 사업부서가 분과위원회에 규격제정에 관한 안건을 상정하고, 위원회의 심의를 거쳐 제정된다. 그래서 방위사업청과 개발업체 간 체계개발 용역계약 납품목록에는 규격자료가 포함되어 있다.

이 사업에서 개발업체는 납기일 직전에 방위사업청, 소요군, 국과연, 기품원 등 관련기관의 검토를 완료한 규격 자료 일체를 사업부서에 제출하였다. 관련기관의 최종 검토를 받아 제출했기 때문에 더 이상 규격자료에 대한 수정은 불필요했다.

그런데 사업부서는 자료 인수는 하되, 납품 처리는 해주지 않았다. 방위사업관리규정 제56조(무기체계 연구개발 기본절차) '체계개발단계 종료시점은 국방규격화 완료 시점이 원칙'이라는 문구에 따라 국방규격이 제정된 이후에 납품처리 하겠다는 것이었다. '연구개발' 업체이기 때문에 '연구개발' 종료 때까지 계약이 유지되어야 한다고 본 것이다.

그런데 규격제정을 심의해야 하는 분과위원회가 심의대상 안건 수가 적다는 이유로 연기되고, 하계 휴가기간과 겹쳐 위원 소집이 어렵다는 이유로 또 연기되었다. 그래서 국방규격은 업체가 규격자료를 제출한지 2개월이 지나서야 제정되었다. 사업부서는 그제서 납품 처리를 하면서 납기일로부터 규격이 제정되기까지 지연된 2개월에 대한 지체상금을 부과하였다.

하지만 방위사업청 내 다른 사업에서는 규격자료 제출만으로 납품 처리한 사례가 있고, 심지어 유사 소송에서 규격자료가 제출된 이후 지체상금부과는 부당하다는 법원의 판결도 있었다. 즉, 업체의 책임은 국방규격 자료를 제출하는 것까지이고, 이후의 국방규격 제정은 사업부서의 몫이라는 것이다. 그런데 사업부서는 그런 사실을 알면서도 지체상금을 부과했다. 일단 부과하고 보자는 식이다. 더욱이 이 사업은 100% 업체투자 사업이었다. 100% 업체투자라서 협약을 체결했지만, 정작 사업부서에서는 계약특수조건을 준용한 협약특수조건을 만들고, 지체상금을 계약과 동일하게 적용하였다. 업체 입장에서 보면 정부로부터 1원도 받은 게 없고, 내 돈 내고 개발하면서 손해배상까지 해야 하는 모양새다.

면피성 행정의 확산

사업부서가 이렇게 하는 이유는 이렇게 해도 문제가 없고, 오히려 신상에 유리하기 때문이다. 수사 및 감사기관은 업체에게 피해를 줬다고 담당공무원을 징계하지는 않는다. 그리고 업체가 지체상금 불복 소송을 제기한다고 해도 소송은 청 소속 변호사나 외부 고용 변호사가 전담하기 때문에 더 이상 사업부서에서 신경 쓸 일이 없다. 설령 패소했다고 해도 아무런 불이익이 없다.

결국 지체상금 면제는 향후 수사 및 감사의 대상이 될 수 있지만, 지체상금 부과는 면책의 길이다. 이런 식이다 보니 업체 책임이 아니라는 게 단편적이고 명확하게 드러나지 않는 이상, 지체상금을 일단 부여하고 보자는 식이다.

더 큰 문제는 이런 분위기가 어느 개인의 판단이 아니라 방위사업청의 전반적인 분위기라는 것이다. 위 예시의 사안은 특정 개인의 결정이 아니라 사업부장을 포함한 부서 전체의 판단이었고, 더욱이 계약부서, 국과연 및 기품원, 외부 민간위원이 포함된 실무위원회와 상위의 분과위원회의 심의마저 거쳐 결정된 것이다. 다양한 부서 및 기관이 모여 여러 번의 회의를 거쳤는데도 아무도 이런 조치에 의문이나 이의를 제기하지 않았다.

분명 지체상금이 올바로 산정되어서 그런 것이 아니다. 그렇다고 연구개발 사업에 대한 이해가 부족했기 때문도 아니다. 근본적으로 어차피 지체상금을 부과한들 법원에 가서 구제받을 수 있으니 방위사업청 스스로 조치하여 위험 부담을 지지 말자는 분위기가 팽배하기 때문이다. 그래서 방위사업청이 2020년 기준으로 지난 10년간 부과한 지체상금 규모가 1조원 이상[16]이고, 5년간 확정 판결된 소송 307건 중 95건에서 패소한 것이다.[17]

이러한 지체상금 부과를 바로 잡기 위해 방위사업청은 2020년에 옴부즈만 지체상금 심의위원회라는 것을 만들었다. 법원에 소를 제기하면 기간이 너무 오래 걸리기 때문에 법원에 소를 제기하기 전에 옴부즈만에 민원을 제기하여 지체상금을 다시 심의 받는 것이다. 이러한 옴부즈만의 결정은 계약관이 원칙적으로 따르도록 해 놨다. 이 제도가 정착이 되면 지체상금과 관련한 업체의 어려움은 많이 해소될 것이다. 그러나 궁극적으로 지체상금에 관한 민원을 줄이기 위해서는 방위사업청의 전문성과 자정 능력이 있어야 한다. 계약담당이 잘못된 지체상금을 부과하면 계약팀장이나 부장이라도 바로 잡아야 하는데 팀장이나 부장은 계약담당보다 전문성이 없고, 행여나 업체에게 유리한 조치를 해줬다가 불똥이 튈까만 걱정한다. 이러한 결정은 다시 분과위에서 심의되는데 분과위 역시 본인에게 미치는 피해가 없으면 남일 보듯 하면서 넘어간다. 그래서 옴부즈만 역시 마찬가지다. 아무리 저명한 교수, 변호사, 회계사 등을 위촉해도 방위사업에 대한 전문지식이 없다면 이 제도는 생색내기 제도로 전락할 뿐이다.

---

16. 김진아, 「방위사업청, 10년간 방산업체에게 지체상금 1.1조 부과」, 「뉴시스」, 2020. 10. 21., https://newsis.com/view/?id=NISX20201021_0001204808&cID=10301&pID=10300
17. 박수찬, 「방위사업청, 잇따른 소송 패소로 4560억원 혈세 낭비」, 「세계일보」, 2020. 10. 23., https://www.segye.com/newsView/20201023508327?OutUrl=naver

협력업체 원가부정에 대한 연대책임

> 방위사업청은 방산업체의 협력업체가 원가부정을 했을 때, 협력업체뿐만 아니라 방산업체에게도 과도한 패널티를 부여한다. 협력업체 관리책임이 있다는 이유지만, 실상 사기업간 협력업체 원가를 검증할 방법이 없다.
>
> 오히려 원가 산정 및 검증의 기능과 책임은 방위사업청에게 있는데, 원가부정에 방위사업청은 아무런 책임을 지지 않으면서 방산업체에게만 패널티를 부여하는 것은 불공정하다.

협력업체 원가부정에 대한 주계약업체 제재는 2021년에 폐지되었지만, 그 진행경과를 한 번 짚어보고자 한다.

방산물자의 원가는 정부에 의해 정해진다. 방산원가대상물자의 원가계산에 관한 규칙에서 정하고 있는 원가에 관한 구성요소는 제조원가와 일반관리비이다. 제조원가는 제품 생산에 소비되는 재료비, 제조를 위한 노동력의 대가인 노무비, 그 외에 소비되는 경비로 구성된다. 그리고 제조원가 외에 기업의 관리 활동에서 발생하는 비용을 일반관리비라고 한다.

이 제조원가와 일반관리비를 합치면 '총원가'가 되고, 여기에 이윤이 더해진다. 이윤[18]은 2021.12월까지 방산원가대상물자의 생산 및 조달을 위한 기본보상액, 사업의 난이도 및 계약위험도에 대한 위험보상액, 계약수행노력 및 효율적인 경영노력에 대한 노력보상액 등을 합한 금액이었다.

여기에서 경영 효율화에 대한 노력보상액은 방위사업청의 '방산원가대상물자의 원가계산에 관한 시행세칙'과 '회계처리 및 구분회계 기준에 관한 훈령'에서 계약수행노력, 원가절감노력, 설비투자노력, 경영노력 보상액으로 구분하고 있다. 그리고 이중 '경영노력 보상액'은 연구개발, 수출확대, 품질일관성, 생산성경영에 관한 경영노력을 평가하여 얻은 점수의 10%를 총 원가에 곱하여 이윤으로 반영한다. 예를 들어 총 원가가 100억이고, 경영 노력 평가 점수가 50점이라고 할 때 5억이 이윤에 추가되는 것이다.

---

18. 이윤은 수출 강조를 위해 2022년 1월부터 생산 및 조달을 위한 기본보상액과 수출확대 노력 및 연구개발 노력 등에 대한 노력 보상액을 합한 금액으로 바뀜

한편 이 '경영노력평가'에는 가·감점 사항이 있다. 방산원가관리체계 인증을 받은 경우 평가점수에 10점, 즉 이윤의 1%를 가산해 준다. 방산원가관리체계는 업체가 전사적 자원관리(ERP, Enterprise Resource Planning) 체계를 통해 원가를 관리하고, 국방통합원가시스템에 연계하여 원가자료를 자동으로 전송하는 것이다. 이런 시스템이 구축되면 원가 자료의 신뢰성과 투명성이 높아지기 때문에 그에 대한 인센티브로 이윤의 1%를 주는 것이다.

반면에 원가부정행위가 발생 시에는 방산원가관리체계 인증을 취소하고, 원가부정행위가 발생한 시점부터 그 동안 방산원가관리체계 인증으로 가산해 주었던 이윤은 모두 소급하여 환수 한다.[19]

또한 원가부정행위 발생 후 2·3년 동안 경영노력평가 점수를 최대 20점 감점한다. 즉 이윤의 최대 2%를 감액한다.[20]

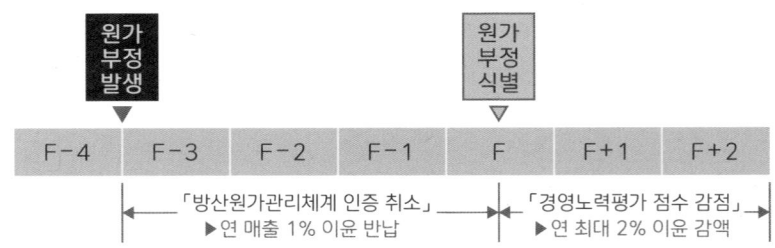

원가부정에 대한 제재

---

19. 방위사업청 예규 제573호(2019.9.18.) 방산원가 관리체계 인증제도 운영지침 제15조
20. 방위사업청 훈령 제523호(2019.9.18.) 회계처리 및 구분회계 기준에 관한 훈령 (별지3) 업체별 경영노력 평가기준

그런데 이 제도에는 다소 문제가 있었다.

첫 번째는 협력업체 원가부정마저 계약업체에게 연대 책임지게 하는 것이다. 원래 부정한 원가자료 제출과 관련하여 해당업체의 직접적인 책임이 없는 경우, 즉 협력업체 원가부정에 대해서는 계약업체에게 별도의 책임을 묻지 않았었다. 그런데 2014년 방산비리 문제가 불거지자 방위사업청에서는 원가비리를 예방한다는 목적으로 계약업체로 하여금 하도급업체의 원가부정까지 책임지도록 하였다. 그래서 2015년 1월에 규정을 개정하여 협력업체 원가부정행위시 계약업체 이윤 2%를 감액하도록 한 것이다.

그런데 원가는 업체가 정하는 게 아니라 방위사업청에서 검증하고 확정하는 것이다. 즉 업체는 방위사업청의 원가 산정에 필요한 참고자료[21]만을 제출할 뿐이고, 원가자료를 검증하고, 확정할 의무는 방위사업청에 있다. 아무리 계약업체라고 해도 협력업체 원가자료에 대한 검증 자격도 없고, 더욱이 수행할 여력도 없다. 계약업체로서는 협력 업체의 원가자료를 종합하여 건네는 수준일 뿐이다. 오히려 원가 검증에 대한 수행 자격과 수행 여력은 방위사업청이 훨씬 많이 가지고 있다.

그런데도 방위사업청은 협력업체의 부정한 원가자료에 대해 스스로의 검증부실을 탓하기 보다는 책임을 계약업체로 돌렸다. 계약업체

---

21. 이종혜, 「방사청 갑질에 중소 방산 업체 눈물」, 「쿠키뉴스」, 2017.12.19.,
    http://www.kukinews.com/newsView/kuk201712180228

로서는 협력업체 원가부정에 대해 직접적인 책임이 없음에도 계약업체라는 이유로 연대책임을 지게 된 것이다.

두 번째는 패널티의 범위가 지나치게 광범위하다는데 있다. 원가부정행위가 발생하면 해당 사업에 한해 이윤을 감액하는 것이 아니라 해당 업체가 수행하는 모든 사업에 패널티가 부여된다. 예를 들어 A라는 회사가 10개의 다른 사업을 수행하고 모두 합쳐 연간 1,000억 원 규모라고 가정하자.

이때 10억 규모의 1개 사업에서 협력업체가 부정한 원가자료를 제출했다면 A는 10억에 대한 불이익만 받는 게 아니라 1,000억 전체에 대한 불이익을 받는다. 방산원가관리체계 인증이 취소되면서 1,000억 원의 1%에 해당하는 10억을 반납해야하기 때문이다. 더욱이 원가부정 발생시점부터 소급해서 반납하므로 만약 2년이 경과되었다면 20억 원을 반납해야 하고, 5년이 경과된 것이라면 50억을 반납해야 한다.

또한 원가부정행위 발생에 따라 향후 2~3년 동안 경영노력평가 점수 감점으로 연 2%에 해당하는 이윤이 감액된다. 연 매출이 1,000억 원이라고 할 때 매년 20억 원씩 40~60억 원이 감액되는 것이다.

계약업체가 수행하는 다수의 사업에서 1차 협력업체만 합쳐도 백여 곳이 넘고, 2차 협력업체를 합치면 수백여 곳이 존재하는 상황에서 협력업체 중 한 곳에서 원가부정이 발생하면 계약업체는 경영상 큰 타격을 받을 수밖에 없다.

실제 국내 대기업의 납품 사업에서 협력 업체, 그것도 1차 협력업체가 아니라 2차 협력업체에서 원가를 허위로 부풀려 10억여 원을 편취했다는 문제가 발생했다. 이 사항은 최종적으로 사정기관에서 '혐의 없음'으로 처분되었지만, 방위사업청은 '하수급업체의 부정한 원가자료'가 제출되었다는 이유로 해당 기업의 방산원가관리체계 인증을 취소하고, 해당 기간 동안 가산 지급된 이윤을 환수하였다. 이때 협력업체의 편취금액은 10억여 원이었지만, 계약업체인 대기업이 반납해야 하는 이윤은 전체 매출의 1%다. 연 매출을 5,000억 원이라고 하고, 2년간 이윤을 가산해서 받았다면 100억 원에 달한다. 게다가 경영노력평가에서도 20점 감점을 받게 되어 향후 3년간 연 2%, 매출을 5,000억 원이라고 기대할 때 연간 100억씩 총 300억 원에 달하는 이윤이 감액된다. 이윤 손실이 총 400억 원에 달한다. 업체 입장에서는 경영상 문제가 될 만한 큰 금액이다. 금액도 금액이지만, 계약업체가 협력업체 원가자료를 검증할 수 없는 상황에서 주계약자라는 이유만으로 불이익을 받는 것이다. 이에 업체는 협력업체의 원가부정에 대해 계약업체의 책임이 없다는 소를 제기했고, 최종적으로 법원은 계약업체의 손을 들어주었다.[22, 23]

이런 실질적인 문제가 불거지자 방위사업청도 협력업체 원가부정

---

22. 김벼리, 「한화에어로, 방산물자 이윤 10% 지켰다… '원가관리 인증' 최종 승소」, 「이투데이」, 2020.9.6., https://www.etoday.co.kr/news/view/1937142
23. 백인성, 「한화에어로, "백억원대 이윤 삭감 부당" 정부에 승소」, 「머니투데이」, 2019.4.3., https://news.mt.co.kr/mtview.php?no=2019040309208251794

시에 계약업체의 이윤을 감액하는 조항을 없애버렸다. 2020년에 방산원가관리체계 인증취소 시에 이윤을 소급하여 환수한다는 조항을 삭제했고, 2022년에는 경영노력평가에서 이윤을 감액하는 조항도 없앴다.

이렇게 이미 없어진 제도지만, 제도가 만들어진 배경을 다시금 짚어볼 필요가 있다. 이 제도는 원가비리 대부분이 주계약업체가 아니라 협력업체에서 발생하는데, 원가검증을 책임지는 방위사업청이 협력업체 원가검증까지 모두 할 여력이 없으니 계약업체가 책임지고 원가를 검증하라는 취지였다. 그런데 현실적으로 업체 상호간은 동등한 관계이기 때문에 계약업체라고 해도 협력업체 원가를 검증할 근거가 없고, 그럴 여력마저 없다. 결국 주계약업체의 협력업체 원가검증이란 실현이 불가능한 것임을 알면서도 원가공정화의 실적을 만들기 위해 계약업체에게 일방적인 책임을 강요한 것이었다.

또한 원가검증 주체인 방위사업청은 주계약업체와 협력업체 서너 개의 원가만을 검증하면서, 계약업체에게는 1차 협력업체 뿐만 아니라 2차, 3차, 그 이하 모든 협력업체에 대한 원가를 모두 책임지도록 해 놓았다. 즉 원가검증은 마땅히 방위사업청이 해야 할 일인데도 불구하고, 스스로는 적당한 업무량만 수행하고, 그 나머지 모두를 계약업체 책임으로 떠넘긴 것이다.

그래 놓고 원가부정이 발생하면 실질적인 책임은 방위사업청이 아니라 모두 계약업체에게 부담시켰다. 방위사업청의 원가검증 부실은 원가자료가 부실했기 때문이고, 계약업체의 협력업체 원가검증 부실은 계약업체의 과실이자 부도덕으로 치부한다. 원가자료를 받아 검증하는 것은 매한가지이건만 스스로에게는 관대하고, 계약업체에게는 전혀 상반된 잣대를 적용한 것이다.

결국 이 제도는 실현 가능성은 고려하지 않고, 그저 원가비리 예방이라는 정부의 치적을 내세우기 위한 것이었고, 뒤따르는 의무와 책임을 스스로 지는 게 아니라 힘없는 업체에게 일방적으로 전가한 것 밖에 되지 않는다. 정부라는 이름을 빼고, 행위 자체만을 보면 불공정도 이런 불공정이 없고, 갑질 중의 갑질로 매도당했을 것이다.

🪖 업체 손실을 강요하는 국내구매

> **❝**
>
> 해외구매와 달리 국내구매는 완제품이 존재하지 않아도, 업체 자체 제작이 가능하다고 판단되면 추진된다.
>
> 그런데 이 경우 시제품 제작과 시험평가에 소요되는 비용 일체를 업체가 부담해야 한다. 또한 기종결정 절차도 거쳐야하기 때문에 어렵게 완제품을 만들었다고 해서 판매가 보장되는 것도 아니다. 만약 기종으로 선정되지 않으면 투자비용은 고스란히 업체 손실이 된다.
>
> 이런 식으로는 국내 산업 여건만 악화될 뿐이다.
>
> **❞**

국내에서 무기체계를 획득하는 방법은 크게 2가지로서 연구개발과 구매다. 연구개발은 요구사항 분석부터 설계까지 군의 의견을 반영하여 시제품을 제작하지만, 구매는 이미 만들어진 제품을 구입하는 것이다.

연구개발과 비교할 때 구매의 장점은 전력화 기간이 비교적 짧다는 것이다. 그 이유는 이미 제품이 개발 완료된 상태라 요구사항 분석, 설계, 시제품 제작이 필요 없고, 계약과 동시에 바로 생산에 착수하기 때문이다. 아니면 이미 만들어져 있는 제품을 바로 사올 수도 있다.

또한 연구개발에 비해 사업관리요소도 적다. 연구개발에서는 탐색개발, 체계개발, 양산단계를 거치면서 각종 사업관리 문건을 만들고, 설계검토부터 규격화까지 다양한 업무를 거쳐야 하나, 구매는 만들어져 있는 제품의 성능을 검증하고, 경쟁 기종을 비교하여 사오는 게 주다. 제품 자체에 대한 관리소요가 그만큼 적다.

이런 구매의 종류는 크게 해외구매와 국내구매로 구분된다. 해외구매는 다른 나라에서 개발하여 운용 중인 무기체계를 구매해 오는 것이다. 외국 무기체계 역시 국내 무기체계와 같이 해당 국가에서 시제품 제작 후, 개발시험평가와 운용시험평가를 거친 것이다. 그리고 해당 국가에서 직접 운용하기 때문에 성능은 나름 검증되었다고 할 수 있다.

그렇지만, 외국에서 전투용 적합성을 검증했다고 해도, 그것은 어디까지나 그 나라의 시험기준과 방법을 적용한 것이다. 예를 들어 더운 나라에서 만든 장비는 혹한 운용성능을 고려하지 않고, 일부 국가에서는 운전석을 우리나라와 달리 우측에 두는 것과 같다. 그래서 우리가 해외에서 개발된 무기체계를 구매할 때는 우리나라의 요구기준과 운용환경에 맞는지 별도의 구매시험평가를 통해 검증한다. 다만 이미 해당국가에서 시험을 통해 검증된 자료가 있기 때문에 동일한 시험항목과 시험기준인 경우에는 별도의 실물 시험 대신 자료를 이용해서 평가를 진행한다. 성능검증이 비교적 수월하다.

해외 구매와 달리 국내 구매는 여건이 다르다. 해외구매는 이미 해외에서 완성된 제품을 사오는 것인 반면, 국내 구매는 완성도에 따라 완성품 구매, 완성품 개조 구매, 미완성품 구매로 구분된다.

이 구분이 공식적으로 정해진 것은 아니지만, 먼저 완성품 구매는 이미 성능이 검증된 완성품을 구매하는 것이다. 완성품이란 무기체계 연구개발 사업에서 개발시험평가와 운용시험평가, 신개념기술시범사업(ACTD)에서의 군사적실용성평가, 민간업체가 개발한 국내 판매용 무기체계에 대한 성능시험지원[24]을 통해 성능이 검증된 무기체계를 의미한다. 예를 들어 소형전술차량 같은 경우 최초에는 연구개발로 획득되었지만, 전술정보통신체계(TICN)사업에서 통신장비 탑재를 위한 소형전술차량, 현궁사업에서 유도무기 탑재를 위한 소형전술차량은 국내구매로 획득된다. 또한 K14 저격용소총은 업체가 자체 개발한 후 성능시험지원을 통해 성능을 검증하였고, 이후 국내 구매로 획득되었다.

완성품 개조 구매는 이미 성능이 검증된 완성품의 일부 기능과 성능을 개조하여 구매하는 것이다. 개조범위가 연구개발이 필요할 정도로

---

24. 국방전력발전 업무훈령 제170조(민간업체가 개발한 국내 판매용 무기체계에 대한 성능시험 지원)

크지 않은 경우에 적용된다. 대부분의 기능과 성능은 이미 검증되었기 때문에 개조부분에 대해서만 추가적으로 성능검증하면 된다. 완성품 구매나 완성품 개조 구매의 경우는 해외 구매와 같이 이미 성능이 검증된 장비를 구매로 획득하는 것이다.

마지막으로 미완성품 구매는 아직 완성품이 제조된 적은 없으나, 현용 장비 및 기술을 응용하면 충분히 생산이 가능할 것으로 판단되는 제품을 구매하는 것이다. 방위사업관리규정 제124조에는 "별도의 연구개발이 필요 없이 현용 장비 및 기술을 응용 또는 개량하여 생산이 가능한 경우 국내구매로 추진할 수 있다"고 되어 있다.

국내구매 중, 미완성품 구매는 업체 손실 유발

그런데 미완성품 구매에는 문제가 있다. 업체입장에서 볼 때, 완성품 구매나 완성품 개조 구매는 기존에 연구개발로 완성된 제품을 추가적으로 판매하는 것이라서 판매를 안 한다고 해서 별다른 손실이 생기지는 않는다. 하지만 미완성품 구매는 업체의 선투자가 필요하고, 제품을 완성한다고 해도 판매가 보장되는 게 아니라서 투자위험이 매우 크다.

먼저 미완성품 구매는 업체가 완제품을 이미 만들어 놓은 게 아니라 정부가 만들 수 있다고 판단한 것뿐이다. 현용 장비나 기술을 응용하면 쉽게 만들 수 있을 것이라고 생각하지만, 제작과정에서 여러 시행착오를 거쳐야 하고, 제품을 제작하는데 상당한 비용과 시간이 소요된다. 또한 상용 장비와 달리 군용 환경기준과 전자파 요구기준이 워낙 까다롭기 때문에 제품을 완성시킨다는 보장도 없다. 행여나 군 요구기준에 미달하면 제품 완성을 위해 투자한 비용과 시간은 그대로 손실이 된다.

더구나 업체 자체적으로 상당한 비용과 시간을 투자하여 제품을 완성했다 해도 구매시험평가에 상당한 비용과 시간을 다시 한 번 투자해야 한다. 군 요구기준과 군 운용환경에 부합되는지 별도로 검증된 적이 없으니 여러 대의 시제품을 만들어야 하고, 시험항목도 많고, 연구개발 시험평가와 같이 3계절에 걸쳐 실물에 의한 시험평가를 거쳐야만 한다. 이때 소요되는 비용과 시간이 결코 적지 않다. 해외 구매의 경우라면 자료로써 평가하고, 연구개발의 경우에는 개발비에 시험평가비가 포함되지만, 구매는 업체가 모든 시험평가 비용을 지불해야 한다.

또한 시험평가를 통과한다고 해서 군에 판매가 되는 것도 아니다. 시험평가에 통과한 기종 모두를 군이 골고루 구매하는 게 아니라 가격경쟁을 시켜 최종 1개 기종만을 구매하기 때문이다. 그래서 최종 제품에 선정되면 기존에 투자한 제작비용과 시험평가 비용을 구매단가에 포함시켜 보전 받을 수 있지만, 최종 제품에 선정되지 않으면 제품을 완성해 놓고도 제작비용과 시험평가 비용 일체가 고스란히 업체 손실이 된다.

그렇다고 상용제품도 아닌 무기체계를 어디에 함부로 팔수도 없고, 해외시장에 내다 팔려고 해도 자국 군이 쓰지 않는 제품을 사갈 국가는 없다. 이처럼 손실을 만회하는 게 쉽지 않은데, 하물며 기종결정에 탈락하여 손해 보는 업체가 2개 이상 되는 경우도 있다.

업체 수행 과업 측면에서 보면, 미완성품 구매는 연구개발의 수행 과업과 대동소이하다. 군의 요구사항과 운용환경에 맞추기 위해 요구사항을 도출하고, 그에 맞춰 설계하고, 시제품을 제작한 후 3계절 시험평가를 거쳐 성능을 검증하는 것은 거의 동일하다. 단지 연구개발은 정부가 관리하고, 구매는 업체가 일체의 과업을 자체 수행하고 책임까지 진다는 것만 다를 뿐이다.

결국 과업은 동일한데 연구개발이냐 국내구매냐에 따라 업체의 위험부담만 크게 차이나는 것이다.

방위사업청은 2019년 군용 드론을 국내 구매함으로써 민수 업체의 방산 시장 참여 보장하고, 드론 산업 분야의 경쟁력을 강화하겠다고 하였다. 원래 군용 드론 사업은 국내 연구개발로 추진하려고 했다. 민수분야에서 운용되는 드론 성능과 군에서 요구하는 드론의 성능차이가 비교적 컸기 때문이다.

그런데 위원회 심의과정에서 민간의 많은 업체에서 이미 드론을 생산하고 있기 때문에 구매를 통해 문호를 개방해야 하고, 그것을 통해 드론 관련 산업을 성장 시키자는 주장이 나왔다. 그러면서 연구개발 방식으로 1개 업체를 선정할 경우 특정업체에게만 혜택을 주는 것이라고 하였다.

  이 말이 그럴 듯하게 들렸는지 아무런 반론이 없었고, 실제 일부 드론 사업이 구매로 변경되어 추진되었다.

  그런데 이것은 드론 산업을 키우는 게 아니라 오히려 드론 업체 모두에게 손해를 끼치는 결정이다. 앞서 말했듯이 군용 드론 생산 비용과 구매시험평가 상당 비용 전액을 업체가 투자해야 하는데, 군이 선택하는 1개 기종만 그 비용을 보전 받고 그 외의 기종에 투자된 비용은 전액 업체 손실이 된다. 그리고 무기체계로 만들어진 군용드론은 군이 아니면 다른 곳에 판매할 수도 없기 때문에 투자비용을 다른 곳에서 환수할 수도 없다.

  혹자는 무형자산인 드론 기술을 확보하였으니 해외 수출로 활로를 개척하면 되지 않느냐는 궤변을 늘어놓지만, 수출이 되더라도 군이 선택한 장비가 수출되면 됐지 기종결정에서 탈락한 장비가 수출될 리는 없다.

  결국 산업기반 강화는커녕 드론 생산업체 중 1개 업체만 혜택을 보고, 나머지 업체는 오히려 손실만 낳을 뿐이다.

미완성품 구매, 제작비용과 시험평가비용을 정부가 지원해야

  전력화기간 단축과 방산문호 개방을 위해 미완성품 구매를 추진해야 한다면 응당 제작비용과 시험비용 전액을 정부가 제공해야 한다.

  예를 들어 예산이 허용하는 범위 내에서 대상 업체를 먼저 선정하고, 시제품 제작비용과 시험평가 비용을 정부가 지원한 후 그 중 최적의 장비를 구매하는 것이다.

정부 입장에서 볼 때 연구개발에 비해 전력화기간을 단축할 수 있고, 업체 입장에서는 정부 지원으로 자금 걱정 없이 보유 기술로 시제품을 만들고, 기술을 축적하고, 경쟁력도 높일 수 있다. 이런 것이 진정 정부의 역할이 아닐까 생각된다.

그런데 이렇게 하면 구매제도의 취지에 맞지 않는다는 반론을 댄다. 허나 애초에 만들어 지지도 않은 제품을 만들 수 있을 것이라는 판단만으로 구매를 추진하는 것 자체가 구매 취지에 맞지 않는다. 이것은 구매라기보다 100% 업체투자 연구개발과 같다. 아니 오히려 성공해도 기종결정에 떨어지면 투자비용을 보전해 주지 않고, 투자손실을 겪는 업체가 여러 개인 것을 보면 더 나쁜 제도다. 방산 문호를 개방하고, 관련 산업을 키우기는커녕 방산에서 쓴맛을 보게 하여 방산을 외면하게 만드는 제도다.

시험평가 우선순위 적용, 순차적인 시험평가

제작비용과 시험 비용을 정부가 지급하는 게 어렵다면 최소한 제작업체를 한정시키는 것이 필요하다. 연구개발에서는 제안서평가를 통해 협상우선순위를 정하고, 선순위 업체부터 협상을 진행하여 1개 연구개발 업체를 정한다. 반면 구매사업은 최종 기종결정 때까지 여러 복수업체가 참여한다. 먼저 제안서평가를 통해 시험평가 대상장비를 선정하고, 제안서평가를 통과한 장비 모두를 동시에 시험평가한다. 그리고 시험평가에서 전투용적합판정을 받은 모든 장비를 다시 비교하여 1개 기종을 최종 결정한다.

만약 현재 판매 중인 완성품이라면 다수 업체의 완성품을 동시에 가져다 시험평가해도 될 것이다. 그러나 미완성품 구매처럼 비용과 시간을 새롭게 투자하여 시제품을 제작해야 한다면 모든 업체에게 동시에 제작을 시킬 게 아니라 우선순위를 정해 순차적으로 만들어 시험평가하는 게 필요하다. 예를 들어 제안서평가에서 합·불만 볼게 아니라 제안내용에 따라 시험평가 우선순위를 정하고, 높은 순위를 얻는 기종부터 순차적으로 시험평가하는 것이다. 이렇게 한 개 업체씩 시험평가를 하면 후순위 업체의 제작 손실을 예방할 수 있을 것이다. 마치 연구개발 제안서평가에서 협상 우선순위를 정해 협상하는 것과 유사하다.

일각에서는 이렇게 하면 첫 번째 시험기종이 시험평가에서 탈락할 경우 시험평가 기간이 연장되어 전력화가 지연되고, 또한 경쟁이 안 되면 가격경쟁도 안 되어 구매단가가 상승한다고 한다. 그런데 시험평가는 2~3개 업체를 동시에 시험평가해도 모두 실패하기도 하고, 1개 업체만 시험평가해도 합격한다. 그리고 이미 장비의 완성 가능성을 높게 보았기 때문에 구매방식으로 추진한 것이고, 시험평가에서 불합격하면 곧장 업체 손실이 되는데 업체가 성능이 부족한 장비를 애초에 만들 가능성 역시 적다. 즉 시험평가 대상 수는 시험평가 합·불에 큰 영향을 주지 않는다.

그리고 가격 경쟁은 제안서평가 단계에서부터 목표 가격을 접수받아 비용 평가를 진행하면 된다. 연구개발 사업과 같이 제안서평가 단계에서 비용평가를 하면 가격경쟁이 가능하다. 또한 애초에 예산범위를 초과한 사업은 추진이 불가하기 때문에 급격한 단가상승은 발생하지 않는다.

한편에서는 비용평가 전에 한 개 업체를 대상으로 시험평가를 진행하는 경우에는 경쟁 입찰이 성립되지 않기 때문에 국계법상 유찰 사유에 해당한다고 말하지만, 제안서평가 단계에서 비용평가를 진행하면 경쟁은 성립된다. 설령 그게 아니더라도 기종결정에 의한 구매절차는 국계법이 아니라 방위사업법 시행령을 근거로 수행되기 때문에 국내 구매의 특수성을 고려하여 반영하면 된다.

최소한 시험평가 지원비용만이라도 정부가 지불해야

제안서평가에서 우선순위를 정해 순차적으로 시험평가하는 것마저 안 된다면 최소한 구매시험평가에 소요되는 비용만이라도 정부가 지원해 줘야 한다. 완성품인 경우라면 기존 연구개발을 통해 확보한 성능자료가 있기 때문에 자료를 활용하여 비교적 간단한 구매시험평가를 진행하지만, 미완성품의 경우에는 시험해야 할 항목이 많고, 3계절 동안 시험평가를 진행해야 하므로 소요 비용도 만만치 않다. 그래서 장비

제작에 필요한 비용을 주지 못한다면, 최소한 시험에 필요한 비용만큼은 정부가 제공해서 업체 참여 부담을 최대한 줄여 주어야 한다.

정부 예산 비목에는 시험연구비가 있다. 이것은 방위력개선 사업의 시험연구에 직접 관련된 임차료, 유류비, 시설장비 유지비, 재료비 등[25]이다. 방위사업청이 하고자만 한다면 시험평가에 소요되는 많은 비용을 제공할 수 있다. 그런데 소요되는 시험연구비 추산이 어렵고, 예산을 반영했는데 행여나 예산불용이라도 되면 집행율 저조로 질책 받을 것이 두려워 시험평가에 필요한 비용을 업체가 부담하게 한다.

위성신호를 송수신하는 위성통신 단말기를 시험평가하는데, 업체가 제작하여 판매하는 것은 지상에서 운용하는 단말기뿐이었다. 그런데 단말기를 시험하려면 인공위성을 임대해야 했고, 위성 임대비용이 10억을 넘었다. 방위사업청은 이 위성 임대비용을 업체에게 부담시켰다.

업체가 판매할 게 아닌 위성의 임대는 시험연구비로 집행해야 옳건만, 방위사업청은 위성 임대비용마저 참여업체가 서로 나눠 분담하게 했다. 이렇게 되면 기종결정에 탈락한 업체는 수억 원이 추가 손실되는 것이다.

방위사업청이 시험연구비를 반영하려면 위성 임대 절차와 비용을 사전에 산출해야 하고, 예산확보를 위해 여기저기 쫓아다녀야 하고, 직접 계약당사자가 되어 관리도 해야 하고, 예산이 남으면 불용에 대한 책임도 져야 하니, 그냥 속편하게 업체에게 부담시키는 것이다.

---

25. 2021년도 예산 및 기금운용계획 집행지침(2021.1.)

한마디로 제품을 팔고 싶으면 업체가 알아서 하라는 식이다.

분명 구매는 전력화 기간을 단축하고, 정부의 관리 소요를 줄이는 장점이 있다. 하지만 연구개발을 거친 완성품이나 완성품 개조 제품을 구매하는 것은 문제가 없지만, 미완성품에 국내구매를 적용하는 것은 신중히 결정되어야 한다. 지금의 미완성품 국내구매는 판매를 하고 싶으면 업체 자체 투자로 만들어 보라는 식이고, 만들었다고 해서 판매를 보장하는 것도 아니라서 그 위험성이 매우 크다. 이런 방식으로는 국내 방위산업이 오히려 악화될 뿐이다.

말로는 신속획득, 실상은 늑장획득

> 방위사업청은 소요결정 이후 무기체계의 신속 전력화를 취지로 신개념기술시범(ACTD), 신속시범획득과 같은 제도를 도입해 운용하고 있다. 그러나 이 제도들은 소요결정과 분리되어 신속 전력화에 별 다른 효과가 없다.
>
> 오히려 방위사업청은 일반무기체계 획득에서 신속 획득이 아니라 늑장 획득을 추진 중이다. 연구개발 단계 구분, 사업타당성 조사, 최초·후속양산 구분 등으로 행정 처리에만 수년을 소비한다.
>
> 업체입장에서는 개발 착수부터 양산을 완료할 때까지 가다 서다를 반복해야만 하고, 경영여건이 점점 더 어려워졌다.

무기체계는 소요결정부터 전력화까지 장기간이 소요된다. 일반적으로 소요결정 이후 전력화까지 10년이 걸린다고 볼 때, 무기체계에 적용되는 기술은 운용시점에서 보면 이미 10년 전의 진부한 기술이다. 더구나 갈수록 기술발전 속도가 빨라지고 있기 때문에 기술진부화는 더욱 가중되고 있다. 이를 해소하기 위해 소요결정시에 진화적 작전운용성능을 적용해야 한다고 한다. 소요결정단계에서 성능을 미리 확정하지 말고, 기술발전추세를 봐 가며 성능을 점차 향상시키자는 것이다. 모니터를 예로 들어 보면, 10년 전 소요결정 단계에서 당시 기술수준인 HD화질로 정하지 말고, 기술발전 추세를 반영하여 FHD, UHD로 점차 성능을 높여가는 것이다.

또한 소요결정이후 전력화까지 장기간이 소요된다는 것은 군이 무기체계가 필요하다고 요구한 시점과 실제 무기체계를 제공받아 운용하는 시점 간의 차이가 크다는 것을 의미한다. 이렇게 되면 변화하는 안보환경에 대한 군의 적응성이 떨어지게 된다. 무기체계가 필요할 때는 제공되지 못하다가, 수년이 지나 제공되면 정작 그 필요성이 없어질 수도 있기 때문이다.

이렇게 획득에 장기간이 소요되는 이유는 소요결정이 된 이후에서야 관련 기술 연구를 시작하고, 설계 및 시제품을 제작하고, 시험평가를 거쳐야하기 때문이다. 그래서 미국에서는 개발에 걸리는 기간을 단축하고자, 무기체계를 처음부터 새롭게 개발하지 않고, 민간분야에 이미 상용화된 기술과 제품을 무기체계에 활용하고자 하였다. 기존 획득체계가 군이 먼저 소요를 결정하고, 그에 따라 처음부터 개발을 하는 방식이라면, 이것은 이미 존재하는 기술과 제품의 군사용 가능성을 먼저 보고, 그 결과에 따라 소요를 결정하는 방식이다.

그에 따라 미국에서는 신개념기술시범(ACTD, Advanced Concept Technology Demonstration)과 신속시범획득제도를 창안했고, 이 제도는 현재 방위사업청에서도 도입하여 운용하고 있다.

신개념기술시범(ACTD), 신개념이 아니라 국산화 통로일 뿐

신개념기술시범(ACTD)은 1994년 미국에서 시행된 제도로서, 이미 성숙된 기술을 활용한 새로운 개념의 작전운용능력을 갖는 무기체계를 단기간(36개월 이내)에 개발하여 군사적 실용성을 입증하고, 우수한 기술개발 성과를 신속히 전력화하기 위한 사업[26]으로 정의되어 있다. 당장 군의 소요는 없지만, 민간의 기술 중에서 군 무기체계에 바로 적용할 만한 기술이 있다면 그 기술을 이용해 시범적으로 무기체계를 만들어 보고, 효과가 좋으면 소요로 반영하여 신속하게 무기체계를 전력화하겠다는 것이다. 방위사업청은 2009년에 이 제도를 도입하였다.

민간의 우수한 기술을 이용해 군이 요구하는 장비를 신속하게 전력

---

26. 방위사업청 예규 제471호(2018.11.28.) 신개념기술시범(ACTD)사업 업무관리지침

화한다는 취지는 그럴듯해 보였지만, 국내 현실에서 신개념기술시범사업은 실제 시행 취지와는 다르게 운용되었다.

먼저 신개념기술시범이 '새로운 개념의 작전운용성능을 갖춘 무기체계의 군사적 실용성'을 보겠다는 것인데, 실제 진행된 사업을 보면 '새로운 개념'이라기보다는 기존 무기체계의 성능개량 또는 국산화가 대부분이었다.

신개념기술시범사업을 통해 실제 전력화된 무인기뢰처리기(MDV, Mine Disposal Vehicle)와 105mm 차량탑재 곡사포, K-4/6용 대구경 도트사이트, 소형 전자전장비를 예로 들어보자.

무인기뢰처리기는 소해함에 탑재되어 원격으로 기뢰를 제거하는 장비다. 이것은 2009년부터 2012년까지 신개념기술시범사업으로 개발을 완료하여 2018년부터 전력화[27]되었다. 그런데 무인기뢰처리기는 신개념기술시범사업 이전에 없던 무기체계가 아니라 해외에서 이미 운용 중이었고, 그래서 이전에는 해외구매로 획득되어 운용 중인 장비였다. 즉 해외무기체계를 신개념기술시범사업을 통해 연구개발비를 받아 국산화한 것이다.

105mm 차량탑재 곡사포는 105mm 견인포를 군용트럭에 탑재하고, 사통장치와 구동장치를 부착함으로써 자주포와 유사한 성능을 발휘하

---

27. 무인기뢰처리기(MDV) 시랜서, 「국방일보」, 2018.11.20., https://kookbang.dema.mil.kr/newsWeb/20181120/14/BBSMSTR_000000100005/view.do

게 한 것이다. 기존 105mm 견인포가 155mm 자주포로 전환됨에 따라 도태 예정된 105mm 견인포와 포탄을 재활용하겠다는 취지였다. 기존 견인포를 차량에 탑재하여 자주포처럼 운용하는 것 자체가 신개념이 아니냐고 하지만, 자주포 운용개념은 이미 정립된 상태에서 견인포를 차량에 탑재할 때 자주포와 유사한 성능을 발휘하는지가 사업의 주된 목적이었다.

K-4/6용 대구경 도트사이트는 K4 고속유탄기관총이나 K6 기관총에 장착하여 조준을 용이하게 해주는 장비이다. 2010년부터 2012년간 신개념기술시범사업으로 진행되었지만, 이 장비 역시 당시 해외에서 이미 운용 중인 장비였다. 또한 2019년 방위사업청이 신개념 기술시범 사업으로 개발된 장비를 단기간에 성공적으로 전력화하였다고 자평한 함정용 소형전자전장비 역시 기존 운용중인 해외 무기체계를 국산화한 것이다.

이와 같은 이유는 신개념기술시범은 새로운 개념의 무기체계를 도전적으로 창출하는 미국에서 마련된 제도인데, 국내 현실은 새로운 개념보다는 외국에서 이미 검증한 무기체계를 획득하는 식이기 때문이다. 즉 새로운 개념의 무기체계를 창출해 본 적이 없고, 외국에서 검증을 하면 그제서 국내 도입 필요성을 살펴보고, 국내에서 개발할 것인지 해외에서 구매할 것인지만을 따져왔다. 신개념 무기체계가 제안된들, 검증할 능력이 없다. 또한 민간 기술 역시 외국을 앞서 나가지 못하는 상황에서 신개념이 제안 될 수도 없다. 그런데 제도를 도입하고,

예산을 편성해 놓았으니 사업을 추진하기는 해야 했고, 그런 상황이다 보니 신개념이 아니더라도 군사용으로 활용될 만한 사업을 선정한 것이다.

그러다보니 업체에게 신개념기술시범사업은 그 취지와 무관하게 하나의 새로운 수익창출 기회가 되었을 뿐이다. 굳이 신개념이 아니라 해외도입 장비라 해도 국내 기술로 생산만 가능하면 사업으로 선정되고, 성공하면 향후 상당한 매출도 기대할 수 있다. 게다가 신개념기술시범의 모든 비용은 정부가 지불한다. 더욱이 무기체계 연구개발과 같이 합격, 불합격을 따지는 게 아니고, 그저 실용성을 보는 게 목적이라서 설령 평가에 기준미달 되었다고 해서 일체의 페널티가 없다. 한마디로 잘되면 대박이고, 안되면 그만인 것이다.

한편 신개념기술시범사업의 원래 취지인 신속 전력화도 기대할 수 없었다. '군사적 실용성'을 입증했다고 해서 모두 소요로 이어진 것이 아니고, 소요로 이어졌다고 해도 바로 전력화되지 못하고, 연구개발을 새롭게 착수해야 했기 때문이다.

신속시범획득, 수행주체만 달라졌을 뿐

신개념기술시범(ACTD)사업의 실적이 기대보다 미흡하자, 방위사업청은 2020년에 신속시범획득이란 또 다른 제도를 도입하였다. 신속시범획득사업이란 '신기술이 적용된 민간의 제품을 구매하여 육·해·공군, 해병대, 국방부 및 합참 직할부대의 시범운용을 통해 군사적 활용성을 확인하고 군이 필요로 하는 무기체계를 신속히 전력화하기 위한 사업'[28]으로 정의된다. 즉 방위사업청이 시범장비를 구매하여 군에 제공한 후, 군이 일정기간동안 실제로 운용해 보면서 제품의 성능 및 편의성 등 군사적 활용성을 확인하고, 그 결과에 따라 향후 소요결정 또는 폐기하는 것이다.

신개념기술시범과 신속시범획득의 비교

구분	신개념기술시범	신속시범획득
대상 사업 선정	합참	방위사업청
획득 방법	개발	구매
시험평가(주관)	군사적 실용성 평가 (시험평가부서)	군사적 활용성 확인 (운용부대)
장비 소유권	방위사업청	군

제도의 내용만 보면 신속시범획득제도는 기존의 신개념기술시범(ACTD)과 큰 차이가 없다. 민간 기술을 무기체계에 적용해서 소요기간을 단축하고자 하는 목적은 같다. 다만 합참대신 방위사업청이 장

---

28. 방위사업청 예규 제712호(2021.4.14.) 신속시범획득 사업 업무관리 지침

비를 선정하고, 개발 대신 구매를 하며, 별도의 시험평가 대신 군 시범운용으로 통해 군사적 활용성을 확인하는 것만 차이가 있을 뿐이다.

그런데 방위사업청은 신속시범획득제도를 도입하면서 이 제도는 4차 산업혁명 기술이 적용된 제품을 신속히 획득하기 위한 새로운 제도로서, 기존 무기체계 도입사업이 짧게는 5년, 길게는 10년 가까이 걸리는 데 반해 신속시범획득사업은 최초 기획에서 군에 납품되기까지 약 10개월이 소요된다고 홍보하였다.[29] 마치 신기술이 적용된 제품이 빠르게 군에 전력화되는 것으로 보인다.

그런데 이 홍보는 눈속임이다. 왜냐하면 신속시범획득사업 역시 앞선 신개념기술시범사업과 같이 군사적 활용성을 인정받았다고 해서 바로 전력화되지는 않기 때문이다. 전력화가 되려면 군사적 활용성을 인정받은 후, 합참에서 소요결정 절차를 거쳐야 하고, 국방중기계획에 반영 후 예산편성도 되어야 하며, 그 후 다른 일반 무기체계와 같이 연구개발 또는 구매절차를 거쳐야만 한다. 이렇게 되면 이 역시 실제 전력화까지 족히 5년은 걸린다. 기존 무기체계 도입사업과 별 차이가 없다.

방위사업청이 말하는 신속시범획득사업이 납품까지 10개월 걸린다는 것은 시범장비가 군에 납품될 때까지 걸리는 시간일 뿐이다. 그런데 이것을 일반 무기체계 전력화 시간 5~10년과 비교하여 획기적인 제도인 양 사실을 호도하는 것은 잘못된 것이다.

---

29. 방위사업청 보도자료(2020.7.25.) 「신속시범획득사업, 미래전장을 대비하다.」 http://www.dapa.go.kr/dapa/na/ntt/selectNttInfo.do?bbsId=326&nttSn=33926&menuId=678

신속시범획득사업은 사업종료 후 장비소유권을 군에 제공하고 있다. 장비의 효용성이 있으면 계속 군에서 운용하라는 취지다. 그런데 신속시범획득사업으로 제공된 장비는 정식 군용물자가 아니라서 수리 및 정비가 불가능하다. 군에는 해당 장비 운용을 위한 예산자체가 없기 때문이다. 그래서 그냥 고장이 날 때까지 운용하다가, 운용상 제한을 주는 부품 하나라도 고장이 나면 그냥 폐기해야 한다.

신개념기술시범이나 신속시범획득사업이 신속한 전력화를 위한 제도로 운용되지는 못하지만, 소요결정에 활용될 수는 있다. 지금도 군은 소요제기 전에 '전투실험'을 통해 무기체계의 필요성과 효율성을 확인하고 있다. 다만 모든 소요에 '전투실험'을 할 여건이 안 된다. 그렇다면 신개념기술시범이나 신속시범획득사업의 군사적 실용성 및 활용성 평가결과를 '전투실험' 결과로 활용하면 된다. 전투실험이 군의 작전개념에서 소요를 발굴 하는 것이라면, 신개념기술시범이나 신속시범획득사업은 기술에서 소요를 발굴한다는 것만 다를 뿐, 궁극적으로 소요의 적절성을 평가하는 것은 동일하기 때문이다.

일반 무기체계 늑장 획득

방위사업청은 신속시범획득제도 도입을 홍보하면서 획득기간 단축을 성과로 내세우지만, 정작 소요가 결정된 무기체계 획득은 날이 갈

수록 지연되고 있다. 앞에서는 획득기간 단축을 말하면서, 뒤에서는 획득기간을 지연시키는 모순이 벌어지고 있는 것이다.

양산사업타당성 조사, 전력화기간 2~3년 지연

획득이 지연되는 이유는 먼저 사업타당성조사에 있다. 앞에서도 언급했지만, 연구개발이 끝났다고 해서 양산에 바로 착수하는 게 아니라, 기본 1~2년을 기다려야만 한다. 연구개발이 끝나면 양산계획을 수립하고, 양산 사업타당성 조사를 거쳐야만 예산이 반영되는데, 이 사업타당성조사에 최소 1년이 걸리기 때문이다. 게다가 사업타당성조사는 원하는 시기에 다 되는 게 아니라 한국국방연구원의 가용 역량에 달려 있기 때문에 행여나 사업타당성조사가 밀리기라도 하면 양산은 또 한해가 밀려 2~3년이 지연된다. 소요결정 후 무기체계를 전력화하는데 까지 걸리는 기간이 5~10년이었다면 이제는 7~13년이 되는 것이다.

방위사업청 입장에서 사업타당성조사는 예산편성권을 쥐고 있는 기재부에서 운영하는 제도라서 어쩔 수 없다는 반응이다. 겉으로는 획득이 지연되면 기술진부화가 발생한다고 하지만, 기술진부화는 군과 업체가 감당할 문제가 되어 버렸다. 오히려 양산이 지연되면 그 기간 동안 사업부서에서는 특별히 할 일이 없기 때문에 내심 반기는 듯하다.

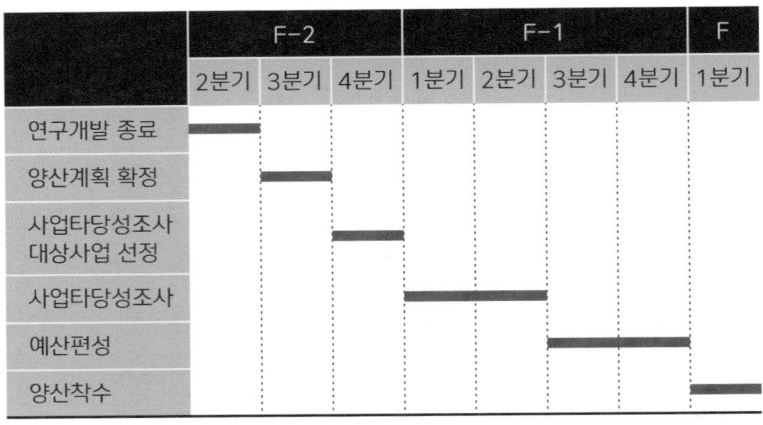

사업타당성조사 절차

또한 사업타당성조사를 수행하는 한국국방연구원 역시 별다른 문제의식을 느끼지 못한다. 그들은 획득 참여기관이 아니라, 기재부로부터 위탁을 받은 제3의 연구기관이기 때문에 획득지연은 그들과 관계가 없다. 또한 사업타당성조사 전문기관으로 법에 의해 지정되었기 때문에 과제수요는 꾸준하다. 굳이 다른 사정을 살피지 않아도 되고, 필요 이상으로 무리할 필요가 없다. 그래서 사업타당성조사의 착수시기를 앞당기거나 수행기간을 조금 단축하면 양산지연을 해소할 수 있음에도 조사의 효율성과 신뢰성을 명분으로 결코 사정을 봐주지 않는다.

원래 사업타당성조사 초기에는 양산계획 수립 전에도 사업타당성 조사를 진행하였다. 그런데 어느 순간 한국국방연구원은 양산계획이 위원회 심의를 거쳐 확정된 이후에만 사업타당성을 수행하기 시작했다. 계획변동의 유동성을 그 사유로 내세웠지만, 실상 양산계획 확정 전이건 확정 후건 사업타당성조사에 필요한 자료는 달라지지 않는다. 양산계획에 포함되는 작전운용성능이나 전력화 시기는 방위사업청이 임의로 작성하는 게 아니라 합동군사전략목표기획서(JSOP)에서 이미 나와 있는 것이고, 양산 사업비(안)는 체계개발기간에 이미 정해놓은 주 장비 및 보조 장비, 전투발전지원요소의 단가를 합해 놓은 것이다. 더구나 이것은 사업타당성 조사에서 검증 후 확정되는 것이다. 그 외에 양산계획에 포함되는 업체선정, 국산화, 전력화지원요소 생산 및 확보, 야전운용시험 및 전력화평가, 품질보증 등은 예산 운용과는 별 관계가 없고, 더욱이 구체적인 내용이 아니라 원론적인 내용만 적어놓은 것이라 자료의 실효성도 없다. 결국 양산 사업타당성조사는 양산계획 확정이 안 되었더라도 분석이 가능하다. 만약 정 양산계획이 사업타당성조사의 전제조건이 되어야 한다면 사전에 연구를 착수하되 최종결과는 양산계획 확정 이후에 내놓는 방법도 적용할 수 있다. 그런데 그렇게 하지 않는다.

이번에는 수행기간을 보자. 양산사업 사업타당성조사는 6개월 동안 진행된다. 그런데 사업타당성조사를 담당하는 연구원들은 과제가 배정되기 전까지는 해당 무기체계가 어디에 쓰이는 건지도 모른다. 과제가 배당된 이후에 해당 사업의 소요결정서, 체계개발기본계획 및 실행계획서, 시험평가 결과, 비용분석 자료, 양산계획 등을 비로소 파악하기 시작한다. 사업타당성조사 초반 최소 1~2개월은 사업현황 등 기본 자료 확인에 소비하고, 또한 조사기간 내내 사실 관계를 알아 가는데 많은 시간을 할애한다.

만약 조사대상 사업의 담당 연구원을 사전에 배정하여 사업현황을 조기에 파악하게 한다면 그만큼 조사기간을 단축할 수 있다. 연구개발 마지막에 진행되는 시험평가를 위해 사업 초기부터 시험평가관이 요구사항검토, 설계검토 등에 참여하여 모니터링 하는 것과 같다. 어차피 사업타당성조사를 다른 곳에서 할 것도 아니고, 소요가 결정되어 진행되는 사업이라면 사업타당성조사를 생략할 리가 없기 때문에 사전 배정이 불가능한 것도 아니다. 그런데 그렇게 하지 않는다.

최초양산과 후속양산, 양산 자체를 지연

사업타당성조사로 연구개발 후 양산 착수가 지연되었다면 양산이 착수된 이후에도 양산 자체를 지연시키는 제도가 있다. 바로 최초양산과 후속양산을 구분하는 제도다.

국방부에서는 2014년에 야전운용시험(FT, Field Test)이라는 제도를 도입[30]했다. 이 제도는 미국의 LRIP(Low Rate Initial Production)제도를 응용한 것이다. LRIP이란 개발단계에서 시제품을 만들 때 1~2대

---

30. 국방전력발전업무훈령 제1654호(2014.4.10.) 제5절 야전운용시험(FT : Field Test)

만 만드는 게 아니라 최소 전술 단위 운용에 필요한 수만큼의 시제품을 만들어 전술적 운용 효용성까지 확인하는 것이다. 예를 들어 전차를 개발한다면 1개 중대 분 10대의 시제품을 만들어 시험하고, 항공기를 제작한다면 1개 편대분의 시제품을 만들어 개별 장비의 성능에 더해 그 전술적 운용성능까지 보겠다는 것이다.

그런데 LRIP을 적용하려다 보니 국내는 예산 제약으로 인해 개발 후 폐기되는 시제품을 그렇게 많이 만들 여력이 없었다. 그러자 내놓은 대안은 시제품 대신 양산 물량을 이용해 전술적 운용 성능을 평가하는 것이었다. 즉 폐기할 시제품을 많이 만드는 것은 어려우니 어차피 생산할 양산품으로 시험을 하자는 것이었다.

그래서 양산간 야전운용시험이란 제도를 도입하였고, 거기에서 전술단위 임무수행능력을 평가하게 하였다. 그러면서 양산을 초도생산과 후속양산으로 구분했고, 초도생산에서는 최소전술단위 운용한 필요한 물량만큼만 생산하도록 했다. 그 이유는 야전운용시험의 보완사항을 기 생산된 초도물량에 반영해야 하는데, 초도생산 물량이 많아지면 그만큼 보완소요가 많아지기 때문이었다.

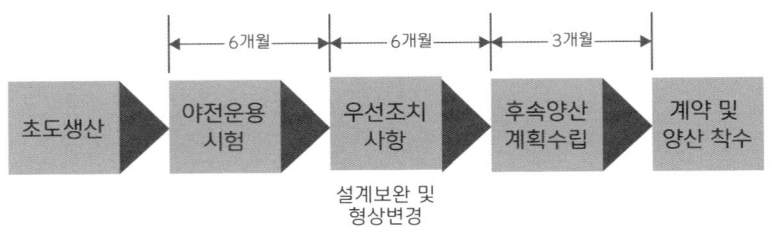

2016년 이전, 초도생산부터 후속양산 착수까지의 소요기간

그런데 이 당시 야전운용시험 조치요구사항의 보완이 끝나야만 후속양산을 가도록 만들어 놓았다. 그러다보니 야전운용시험이 끝나고 설계 및 형상변경으로 보완이 완료되려면 수개월이 걸리는데, 이 기간 동안 후속양산은 계획조차 심의할 수가 없었다. 초도생산이 끝나고 야전운용시험을 거쳐 결과를 판정받고, 보완이 완료될 때까지 전력화가 1년 이상 다시 한 번 지연된 것이다. 그러자 국방부는 2016년에 조치요구사항 보완은 후속양산 전까지가 아니라 사업기간 내에만 보완하면 되도록 개정하였다. 그리고 초도생산에서 최소전술단위 운용에 필요한 수만큼만 생산하도록 한 규정도 없앴다. 야전운용시험으로 인해 양산이 중단되지 않도록 개정[31]한 것이다. 그러면서 초도생산이란 명칭을 최초양산으로 바꾸었다.

---

31. 국방전력발전업무훈령 제1975호(2016.11.23.) 제86조의 3(야전운용시험)

그런데 이런다고 문제가 해결된 것은 아니다. 일단 양산을 분리하는 것 자체가 양산을 지연시킨다. 최초양산과 후속양산을 분리하면 기본적으로 후속 양산계획을 다시 수립하고 위원회 심의를 다시 받아야 한다. 또한 계약도 다시 해야 하는데, 이때 계약공급명세서 및 계약특수조건을 다시 작성해야 하고, 원가도 다시 산정해야 하며, 별도의 검증마저 거쳐야 하므로 기본적으로 수개월이 지나간다. 행여나 장납기 품목이라도 있으면 전력화 시기는 그만큼 더 지연된다.

장납기 품목에 따른 후속양산 전력화 시기

예를 들어 무기체계의 장납기 부품 조달기간이 18개월이고, 체계조립에 6개월이 소요된다고 하자. 이때 부품 발주는 업체 임의로 할 수가 없다. 방위사업청에서 계약 전 무기체계 원자재 및 부품 발주를 엄격히 통제하고 있기 때문이다. 그래서 그림과 같이 2021년 초에 계약을 체결하면 그제서 부품을 발주하고, 부품이 확보될 때까지 18개월을 기다렸다가 2022년 3분기에서야 체계 조립을 시작한 후, 2023년 1분기에 최초양산 제품을 전력화할 수 있다.

그리고 2023년에 최초양산품을 대상으로 야전운용시험을 거치고, 후속양산계획을 수립하여 2023년 4분기에 후속양산을 착수한다고 치자.

이러면 최초양산이 완료된 후 후속양산에 착수할 때까지 채 1년이 안 걸리는 것이지만, 문제는 장납기 부품에서 발생한다. 최초양산 할 때도 장납기 품목 때문에 18개월을 기다렸는데, 후속양산에서 다시 한 번 18개월을 허비해야 한다. 이렇게 되면 최초양산 물량의 전력화시점(2023년 1분기)과 후속양산 전력화시점(2025년 4분기)의 차이는 거의 3년이다. 군 입장에서 보면 장비가 처음에 소량 들어온 다음에 3년이 지나서야 후속 장비가 들어오는 것이다.

일반적으로 주문생산방식인 대부분의 무기체계에 장납기 품목이 포함되어 있는 것을 감안하면 최초양산과 후속양산을 구분하는 순간 전력화기간이 2~3년 지연된다는 말이다. 일반적으로 소요결정 후 무기체계 전력화까지 5~10년이 걸린다고 할 때, 사업타당성조사로 인해 7~13년이 되었는데, 양산마저 구분하면 9~16년이 되는 것이다.

탐색개발과 체계개발의 구분, 연구개발 기간 지연

사업타당성조사가 연구개발 종료이후 양산착수를 지연시키고, 최초양산과 후속양산을 구분하는 것이 양산기간을 지연시킨다면 연구개발에서는 탐색개발과 체계개발 업체를 따로 선정함으로써 연구개발 기간을 지연시킨다.

탐색개발과 체계개발을 분리하게 되면, 탐색개발 종료 후 체계개발 착수까지 빨라도 1년은 걸린다. 탐색개발이 종료된 후 체계개발기본계획을 수립하여 심의 받는데 대략 2개월, 제안요청서 작성하는데 2개월, 입찰공고 후 제안서평가를 통해 협상대상 업체를 선정하는데 3개월, 그 후 협상 및 체계개발실행계획서를 작성하고 확정하는데 4개월, 계약체결에 1개월씩만 잡아도 1년이다. 이 기간 동안 연구개발은 중단된다. 결국 탐색개발과 체계개발을 분리하면 전력화시기가 최소 1년 이상 지연된다는 말이다.

만약 업체를 다시 선정하지 않는다면 중단 기간을 반 이상 단축할 수 있다. 체계개발에 필요한 기본계획과 실행계획만 수립하면 되기 때문이다. 실제 국방과학기술혁신촉진법 시행규칙에서는 효율적인 연구개발이나 전력화시기 충족을 위해 필요하다면 방위사업추진위원회 심의를 거쳐 이미 선정된 업체가 다음단계 개발을 계속 할 수 있게 하고 있다. 또한 탐색개발과 체계개발을 아예 통합하여 수행할 수도 있다. 만약 이런 제도를 적절히 이용한다면 탐색개발과 체계개발 사이의

공백을 최소화 할 수 있다.

  하지만 방위사업청에서는 탐색개발과 체계개발을 통합하여 수행하기는 해도, 탐색개발 업체로 하여금 체계개발을 계속하게 하는 경우는 없다. 기본적으로 업체를 따로 선정하는 것이 원칙이고, 탐색개발 업체로 하여금 연구개발을 계속 추진하게 하려면 위원회의 심의를 받아야 하는데 경쟁업체의 민원과 기존 업체에 대한 특혜 소지를 우려하여 적용을 기피하기 때문이다. 한마디로 예외조항을 만들어 놓긴 했으나, 실제 적용은 요원하다.

  이것을 개선하려면 탐색개발과 체계개발 분리를 원칙으로 삼을 게 아니라 통합을 원칙으로 바꿔야 한다. 탐색개발 업체가 체계개발을 연이어 수행하는 게 연구개발에 효율적이고, 업체선정 과정이 단축되면 전력화시기마저 단축되는 것은 자명하다. 2006년부터 탐색개발과 체계개발 업체를 분리해서 선정해 왔지만, 대부분의 경우 탐색개발 업체가 체계개발을 연이어 수행해 왔고, 일부 탐색업체와 체계업체가 변경된 사업을 보면 탐색개발 결과가 체계개발에 제대로 활용되지 못하는 부작용을 낳았다. 결국 탐색개발과 체계개발 업체를 분리하는 것은 부작용만 있을 뿐 별 효과가 없고, 입찰경쟁으로 업체에게 부담만 주고 있을 뿐이다.

획득지연의 피해는 고스란히 업체로 전가

사업을 직접 수행하는 업체 입장을 보자. 기본적으로 업체는 연구개발부터 양산까지 중단 없이 진행되어야 좋다. 시설 및 장비 유지에 유리하고, 인력의 전문성 유지 등도 용이하기 때문이다.

그런데 경쟁입찰이었던 탐색개발을 수주하고 2~3년간 탐색개발을 마치고 나면, 1년을 쉬어야 한다. 그 기간 중에는 다시 체계개발 경쟁입찰에 참여하여야 하고, 체계개발을 수주하여 3~5년 연구개발을 완료하고 나면, 양산에 착수할 때까지 사업타당성조사 때문에 다시 2~3년을 쉬어야 한다. 그리고 양산에 착수하게 돼도, 최소물량을 생산한 후 야전운용시험을 마칠 때까지 다시 1년을 쉬어야 한다. 그 와중에 장납기 품목이라도 있으면 해당 품목이 들어올 때까지 1~2년을 더 쉬어야 한다. 방위사업청에서는 기술진부화 때문에 신속획득을 해야 한다고 말하는데, 정작 연구개발과 양산에서 가다 서다를 반복해야 한다. 연구개발과 양산에 걸리는 순수 기간이 10~16년이라고 할 때 5~7년을 중간 중간 쉬어야 하니 실제 전력화가 완료되려면 15년 이상이 걸릴 수밖에 없다.

연구개발 수행과 중단 기간

이렇게 사업이 중단 지연되면 피해는 고스란히 업체에게 전가된다. 먼저 기업 운영이 어렵다. 연구개발 완료 후 2~3년을 쉬면 업체로서는 양산 때까지 개발 인력의 기술 수준 유지가 어렵고, 구축된 시설과 장비를 쓰지도 못하면서 언젠가 쓸 때를 위해 자체 비용을 들여 유지해야만 한다. 관리소요로 인한 손실이 그만큼 많아진다. 또한 지연된 기간만큼 단종부품도 많아진다. 이 말은 설계변경 소요 역시 많아진다는 것이다. 심지어 기업의 존폐마저 걱정해야 한다. 연구개발이 끝나고 양산에 공백이 생길 때 중견기업 및 대기업처럼 다양한 제품을 생산하는 경우라면 특정 제품의 생산이 미뤄져도 당장 생산해야 할 제품이 있기 때문에 매출에 큰 걱정은 없을 것이다. 그러나 소량품종을 생산하는 중소기업이나 소기업은 형편이 다르다. 개발에 참여하여 어렵게 기술을 개발해 놓아도 양산으로 바로 이어지지 못하면 수익이 없어 회사 운용 자체가 어려워지게 된다. 2019년에 TMMR 양산사업이 지연되면서 200여개의 중소 업체들이 심각한 경영난을 호소한 것과 같다.[32]

방산업체가 이와 같은 경영난을 호소해도 방위사업청은 어쩔 수 없다는 식이다. 방위사업의 투명성과 방산업체의 경쟁력을 강화하기 위해 연구개발 단계마다 업체를 선정해야 하고, 예산운용의 효율성을 위해 사업타당성조사를 어찌 할 수 없으며, 무기체계 성능의 완전성을

---

32. 강두순, 「10년을 준비했는데… "1조 무전기 사업지연, 200개 업체 도산 우려」, 「매일경제」, 2019.4.4., https://mk.co.kr/news/business/view/2019/04/207154/

높이기 위해 최초양산과 후속양산을 구분해야 한다는 원론적인 입장만 낼 뿐이다. 그러면서 기업운영상의 위험은 업체 경쟁력 부족 탓이고, 업체 스스로 감내해야 할 경영적 요인이라고 둘러댄다.

하지만 이러한 현상의 근본적 원인은 정부의 이해관계만을 고려하여 일방적으로 정책과 제도를 결정하고, 그 결정에 의해 정부나 연구기관, 군은 아무런 피해를 보지 않기 때문이다. 그리고 방산업체의 피해에는 관심이 없다. 방산업체를 보호, 육성해야 하는 정부가 제 역할에 소홀하는 사이 방위사업을 지탱하는 국내 방산업체는 겨우 겨우 버틸 뿐이다.

계약전 사전생산, 방산업체 보호육성이 아니라 희생만을 강요

> 방산업체를 보호 육성한다는 취지로 법령에서는 방산물자의 계약 전 사전생산제도를 두고 있다. 하지만 이 제도는 행정기관의 훈령에서 그 취지가 변질되어 방산업체 보호 육성이 아니라 방산업체의 희생만을 강요하는 제도로 운용중이다.
>
> 정부승인을 받아 사전에 방산물자를 생산한 것임에도, 정부 사정으로 실제 계약이 취소되어도 정부는 일절 책임을 지지 않고, 사전생산에 투자한 비용 일체는 고스란히 업체손실이 된다.

방위사업법 시행령 제50조를 보면 아래와 같은 조항이 있다.

> ### ✥ 방위사업법 시행령 제50조(방산업체의 보호육성)
>
> 제50조(방산업체의 보호육성)
>
> ① 정부는 방산업체가 생산하는 방산물자를 우선적으로 구매하여야 한다.
> ② 방위사업청장은 방산물자의 생산계획물량을 매년 해당방산업체에 통보하여야 한다.
> ③ 방산업체가 제2항의 규정에 의하여 통보된 생산계획물량 중 당해연도 물량을 당해연도 조달계약 전에 생산하고자 하는 경우에는 방위사업청장의 승인을 얻어야 한다.
> ④ 방위사업청장이 제60조제1항에 따라 장기계약을 체결하려는 경우에는 연도별 방산물자의 생산계획물량을 해당 방산업체에 통보하여야 하며, 그 방산업체는 조달계약 체결 전에 방위사업청장의 승인을 받아 해당 연도 예산의 범위에서 원자재 및 부품을 확보할 수 있다.
> ⑤ 방산업체는 제3항에 따라 생산된 물자 및 제4항에 따라 확보한 원자재·부품에 관한 품질확인을 방위사업청장에게 요청할 수 있고, 방위사업청장은 특별한 사유가 없는 한 이에 응하여야 한다.
> ⑥ 방산업체는 제3항의 규정에 의하여 생산된 물자 중 방산업체에 보관하기가 어렵거나 안전사고의 우려가 있는 경우 등에는 그 방산물자를 납품하여야 할 군과 협의하여 당해 참모총장이 정하는 장소에 미리 납품하거나 보관할 수 있다.

일반적으로 제품 생산은 계약이 체결된 이후에 시작하는 게 원칙이다. 그렇지만 방산물자의 경우에는 계약이 체결되기 전이라도 정부의 승인을 받으면 연간 계획된 조달 물량의 생산을 시작할 수가 있고, 품질검사를 받을 수도 있고, 납품도 가능하다. 정부는 방산업체가 생산하는 방산물자를 우선 구매하고, 방산물자를 생산하는 방산업체가 사전에 이미 지정되어 있기 때문에 연간 생산할 방산물자의 물량이 결정되면 계약 전에 미리 착수할 수 있게 하는 것이다.

법령의 조문 제목이 '방산업체의 보호육성'이라고 되어 있어서 계약 전에 사전 생산하게 하는 것이 마치 방산업체에 대단한 혜택을 주는 것처럼 보이지만, 정작 이 제도는 정부의 이익만을 위해 방산업체에게 위험을 부담시키는 제도로 전락하였다.

시행령에서 방산업체 보호육성을 위해 계약 전 사전 생산을 가능하게 한 것은 방산물자 사전 생산 승인 시 승인한 부분만큼은 정부가 책임진다는 의미일 것이다. 그래서 계약 전 생산 물량을 예산이 배정된 당해 연도 물량으로 한정하고, 장기계약에서의 원자재 및 부품 확보도 해당 연도 예산범위로 한정한 것이다. 만약 이게 아니라면 이 조문은 '방산업체 보호육성'이 취지가 아니라, 방산물자를 업체가 임의로 생산할 수 없도록 하는 금지조항일 뿐이다.

하지만 방위사업청은 방위사업 품질관리 규정 제24조(계약 전 생산 및 원자재, 부품 확보 승인 요청 절차)에서 예산변경 및 기타사유로 인해 구매 품목이나 물량이 변동될 수 있고, 그 경우 모든 책임과 불이익은 업체에게 부담시키고 있다. 그러면서 계약 전 사전생산을 근거로 어떠한 형태의 보상을 요구하거나 예산 조정 요구도 하지 않겠다는 서약서를 제출해야 사전생산을 승인해 준다. 즉 정부는 어떠한 보상이나 책임을 지지 않는다.

> **방위사업법 품질관리 규정**
>
> **제24조(계약 전 생산 및 원자재·부품 확보 승인 요청 절차)**
>
> ① 계약 전 생산 및 원자재·부품 확보 승인을 위한 전제조건은 다음과 같다.
>
> 1. 방산물자 및 업체 지정
> 2. 해당 연도 물량 및 예산에 한함(장기계약의 해당 연도 이후의 물량인 경우 해당 연도 예산범위 내에서 원자재·부품 확보에 한함)
> 3. 승인 유효기간
>   (중략)
> 4. 예산의 변경, 기타사유로 집행계획이나 승인 또는 계약 체결시 품목이나 물량이 변동될 수 있음
> 5. 계약 전 생산에 따른 모든 책임과 불이익은 업체가 부담하며 계약 전 생산 및 원자재·부품 확보 승인을 근거로 품목이나 물량 또는 예산의 조정요구를 할 수 없음

[별지 제8호]

서 약 서

    방산물자 계약 전 생산 승인 등 요청은 당사 (주)○○○의 필요에 의해서 방위사업청에 요청하는 것이므로 이에 따르는 모든 책임은 당사에 있습니다.

    따라서 본 공문으로 요청한 품목에 대하여 향후에 만일 방위사업청에서 집행계획, 집행승인 또는 계약 체결시 물량 또는 예산을 변경하거나 사업을 취소하여 손실이 발생되더라도 그 손실에 대한 책임은 모두 당사에 있습니다. 그러므로 이러한 당사의 손실에 대하여 계약 전 생산 승인 등을 근거로 어떠한 형태의 보상요구나 예산의 조정 요구도 하지 않겠음을 서약합니다.

년 월 일

○○○ 주식회사

대표이사 ○○○

방위사업청장 귀하

그럼에도 사전 생산을 하는 이유는 군이 요구하는 전력화시기 때문이다. 일반적으로 방위사업청과 양산 계약하는 방산업체는 체계조립업체다. 체계조립업체는 구성품을 직접 만들기도 하지만, 대부분의 구성품은 협력업체를 통해 납품받는다. 그리고 협력업체 역시 하위구성품 및 부품은 외부업체에 의뢰한다.

제품 제작 기간 예시

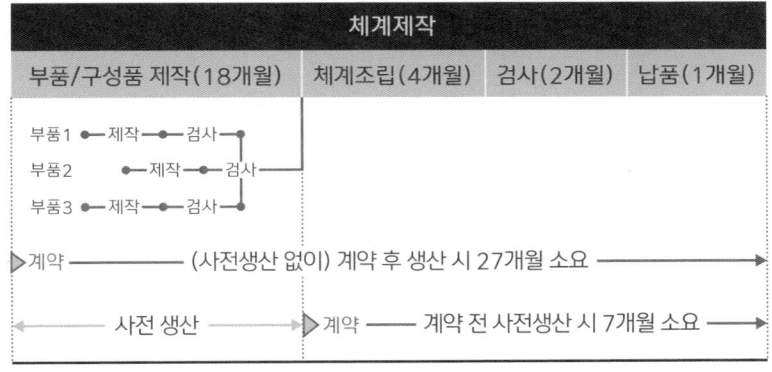

그림의 예시와 같이 부품 및 구성품 제작에 18개월이 걸리고, 체계조립에 4개월, 검사 및 납품에 3개월이 걸리면 계약 후 전력화까지 총 27개월이 걸린다. 그런데, 만약 협력업체에서 제공받는 부품 및 구성품을 계약 전에 사전 생산하고, 계약체결과 동시에 바로 조립에 착수하게 되면 전력화까지는 채 7개월밖에 걸리지 않는다.

정부 입장에서는 연구개발을 마치고 양산으로 전환하면서 사업타당성 조사로 인해 전력화시기가 지연되고, 양산마저 최초양산과 후속양산으로 구분하면서 또 한 번 지연되었는데 사전 생산을 하게 되면 전력화시기를 조금이나마 당길 수 있다. 그래서 정부는 사전 생산을 전제로 납기를 요구한다.

업체 입장에서는 계약 후에 생산을 시작하는 게 제일 안전하나, 정부 요구에 따라 위험부담을 안고 계약 전 사전 생산을 할 수밖에 없다.

결국 현 계약 전 사전생산 제도는 방산업체의 보호육성을 위하거나, 방산업체에게 이익을 주는 제도가 아니라, 업체로 하여금 위험부담을 감수하고 전력화시기 단축에 기여하라고 강요하는 제도일 뿐이다. 아무 말이 없으면 계약 후에야 생산을 시작할 것이 자명하기 때문에 사전 생산이라는 규정을 만들어 놓고, 방산보호육성 프레임을 씌워놓은 것이다.

대부분의 경우 양산은 정상적으로 진행되지만, 정부의 사정으로 인하여 양산이 중단되는 경우도 있다. K11 복합소총과 같이 품질불량으로 인해 사업이 중단되는 경우도 있고, 전술정보통신체계(TICN)의 보안관제체계사업과 같이 정부의 사정으로 인해 사업이 중단되는 경우도 있다.

전술정보통신체계(TICN)의 보안관제체계는 국방망 내부의 통신내용을 도, 감청 할 수 있는 프로그램을 개발하는 사업이었는데 개발을 정상적으로 완료하고 2020년 중반까지 4천 억 원을 투자하여 양산을 추진 중이었다. 그러던 중 2018년 기무사가 해체되고 군사안보지원사령부로 개편되면서 도, 감청 이슈가 붉어지자 해당 사업은 중단되었다. 이로 인해 사전 생산 승인을 받아 제품을 준비하던 양산 업체들은 사전 생산에 투입한 자체 비용 전액을 손해 보았다.

🛡 무능과 무책임, 1500마력 파워팩

> 10여 년 가까이 현재 진행 중인 K2전차 1,500마력 파워팩의 변속기 내구도 문제는 업체의 기술력 부족이 아니라 방위사업청의 비전문성과 무책임에서 비롯된 것이다.

K2 흑표전차에는 1,500마력 파워팩이 탑재된다. 2005년부터 2014년까지 1,000억 원이 넘는 개발비용을 들여 1,500마력 파워팩을 독일과 미국에 이어 세계에서 3번째로 개발에 성공하였다. 그런데 아직까

지 완전히 국산화를 못하고 있다. 파워팩에 적용되는 변속기가 내구도 성능을 통과하지 못했기 때문이다. 변속기 규격서상에 있는 내구도 시험기준 '9,600km를 결함 없이 주행해야 한다.'를 충족하지 못하고 있기 때문이다.

성능이 충족되지 못한다면 당연히 K2 전차에 적용되어서는 안 되지만, 여기에는 또 다른 문제가 있다. 바로 내구도 시험기준 논란이다.

먼저 내구도가 무엇인지를 알아보자. 내구도(Durability)란 일반적으로 대체되거나 재생될 때까지 사용하는 기간과 같은 의미로 사용된다. 터치 방식의 휴대폰을 예로 들어보자. 휴대폰은 액정, 케이스, 키패드, 메인보드로 구성되어 있다. 휴대폰 액정이 100,000시간 사용 후 고장이 났는데 액정의 수리가 불가하여 새로운 액정으로 교체를 해야 한다면 이때 액정의 내구도는 100,000시간이다. 만약 휴대폰 키패드가 10,000번 정도 터치 후에 고장이 났다. 그런데 서비스센터에서 세척 등을 통해 수리가 된다면 이것은 내구도가 아니다. 만약 50,000번을 터치한 후 고장이 났는데 더 이상 수리가 안 되어 새로운 키패드로 교체해야 한다면 50,000회가 키패드의 내구도가 된다. 메인보드나 케이스도 마찬가지다. 메인보드나 케이스의 수리 또는 재생이 불가하여 폐기할 때까지의 사용수명이 바로 내구도다. 이처럼 각 부품은 각각의 내구도를 가지고 있다.

그럼 여러 부품이 합쳐져서 만들어진 휴대폰의 내구도는 무엇일까? 액정, 케이스, 키패드, 메인보드 등 각 부품의 내구도 수명이 다 되었더라도 고장 난 부품을 반복적으로 교체하면 이론적으로 휴대폰은 끝없이 사용할 수가 있다. 다만 수리 부품이 단종 되어 없거나, 수리비용이 새로운 휴대폰 구입비용보다 비쌀 경우에는 휴대폰을 교체한다. 예를 들어 휴대폰 신규 구입가격이 20만원인데, 액정 교체비용이 30만원이 든다면 수리대신 휴대폰을 교체하는 것과 같다. 즉 여러 부품이 결합된 시스템의 사용수명은 이론상 무한하나, 수리 가용성 및 경제성 등을 고려하여 사용수명을 결정한다.

그렇다면 변속기의 내구도 9,600km는 무슨 의미일까? 변속기도 수많은 부품과 구성품으로 이루어져 있는 시스템이기 때문에 이론적으로라면 내구도는 없는 게 맞다. 부품과 구성품에 결함이 발생한다면 결함 부품과 구성품만 교체하면 되기 때문이다. 그래서 여기서 말하는 내구도는 창정비 주기까지의 시간을 의미한다.

먼저 육군의 정비는 크게 5계단으로 구분하여 진행된다. 운용자가 스스로 점검하는 사용자 정비(1계단), 운용부대에서 수행하는 부대정비(2계단), 운용부대를 지원하는 정비 전문 부대에서 하는 직접지원정비(3계단)와 일반지원정비(4계단), 여기까지가 야전 부대에서 수행하는 정비다. 그리고 야전부대의 정비능력을 초과한 정비, 즉 장비를 완전분해(Overhaul)해서 결함을 수리하는 창정비(5계단)가 있다. 자동차를 예로 들면 운전자가 자체 수행하는 정비, 회사의 자동차 관리부서에서 점검하는 정비, 외부 전문 카센터에서 하는 정비, 마지막으로 자동차 제작회사의 직영서비스센터에서 하는 정비와 같다. 사용자 정비는 매우 간단한 수준의 정비만 허용하고, 정비의 난이도 높아질수록 정비 계단이 높은 곳에서 수행한다.

한편 1~4계단의 야전 부대 정비는 전투준비태세 유지를 위해 고장 진단 및 부품 교환 등 신속성에 중점을 둔다. 그래서 고장부품을 수리하는 대신 교체하여 장비를 작전에 재빠르게 재투입하고, 교체된 고장 부품은 후방 정비부대로 옮겨져서 수리를 한다. 고장 부품은 일선부대로부터 시작해서 부대정비, 직접지원정비, 일반지원정비부대를 거쳐 창정비까지 난이도에 따라 순차적으로 옮겨간다.

그런데 여기에서 부대정비부터 일반지원정비까지는 작전 현장인 군단 지역 내에서 직접 수행하지만, 창정비는 후방에 위치한 정비창 한곳에서만 수행한다. 그래서 고장부품이 정비창까지 가게 되면 이동 거리도 멀고, 장비를 분해해서 수리해야 하므로 정비에 걸리는 시간도 상당할 수밖에 없다. 자동차 엔진의 내부 부품이 파손되면 엔진을 완전 분해해 수리하는 것과 같다.

군 입장에서 보면 야전에서 수리 가능한 품목이 고장 나면 신속한 복구가 가능하지만, 정비창에서만 수리 가능한 품목이 고장 나면 장비를 상당기간 운용할 수가 없기 때문에 작전에 차질을 빚는다. 그래서 군은 전투준비태세 유지를 위해 일정 시간까지는 창정비 품목이 고장 나지 않는 것을 요구한다. 그것이 변속기에 요구되는 창정비 주기 9,600km다. 즉 9,600km를 운행할 때까지 창정비 품목은 고장 나지 않아야 한다는 것을 의미한다.

1,500마력 변속기의 개발시험평가에서 내구도 평가기준 역시 '9,600km를 내구도(창정비 부품의 결함을 의미) 결함 없이 주행한다.'였다.[33] 그런데 최종 규격이 정해지는 과정에서 '창정비 부품의 결함' 또는 이와 동일한 의미의 '내구도 결함'이란 용어가 빠져버리고 '결함 없이 9,600km를 주행해야 한다.'로 바뀌었다.

한마디로 내구도 시험 간에는 사용자정비, 부대정비, 야전정비 등 일체의 정비가 허용되지 않는 것으로 바꾸어 버린 것이다. 1,500마력 파워팩을 적용하는 전차의 차체와 엔진도 내구도 시험기준은 '내구성 결함이 없어야 한다.'고 되어있고, 수입 변속기 역시 '창정비 부품의 고장 없이 9,600km 내구 주행할 수 있을 것'이라고 되어 있는데[34] 유독 국산 변속기만 '창정비', '내구성'이란 용어가 빠진 것이다.

기본적으로 내구도에 대한 적용이 잘못되었다면 이를 바꿔주면 된다. 관련분야 학계의 전문가들도 변속기 규격 수준은 달성 불가한 수준이고, 업체에서도 국방규격 내구도 기준의 오류를 바로잡아 달라고 수차례 건의하였다.

그런데 방위사업청에서는 이를 묵살하였다. 방위사업청의 논리는 간단했다. 규격이 제정되었는데, 막상 성능이 안 나오니까 기준을 낮춰달라는 것은 받아들일 수 없다는 것이다. 이른바 '업체 봐주기'가

---

33. 김태훈, 「한국형 전차, 내구도 평가 파행… '완전 국산' 위기」, 「SBS 뉴스」, 2016.6.27., https://news.sbs.co.kr/news/endPage.do?news_id=N1003646841&plink=ORI&cooper=NAVER
34. 윤정희, 「양산 문턱에서 멈춰선 한국형 전차 K2, 석연찮은 국내업체 역차별 의혹」, 「헤럴드경제」, 2017.7.3., http://news.heraldcorp.com/view.php?ud=20170713000173

된다는 것이다.

그런데 업체가 국정감사에서 말한 바에 따르면 업체가 규격초안을 제출할 때의 내구도 평가기준은 '내구도 시험 간 창정비 부품의 고장인 내구도 결함이 없어야 한다.'였는데 막상 규격이 제정되고 보니 여기에서 '내구도'란 단어가 빠지고 '결함이 없어야 한다.'로 바뀌었다고 한다. 한마디로 업체가 제출한 초안의 내용이 수정되어 제정됐다는 것이다.

만약 업체의 주장이 사실이라면 여기에는 큰 문제가 있다. 학문적으로 내구도가 창정비 부품의 결함 없이 운행되어야 할 시간이나 거리라는 것은 둘째 치고, 문제는 변속기 내구도의 규격이 검증된 규격이냐는 것이다.

국방규격은 아무렇게나 제정하는 것이 아니라 개발시험평가와 운용시험평가를 거쳐 검증된 성능을 규격으로 제정하는 것이다. 방위사업청의 표준화업무지침[35] 제53조(국방규격 제·개정안 제출)에서는 국방규격을 검토할 때 시험평가 결과 반영여부를 검토하도록 하고 있고, 변속기 규격이 제정될 당시의 표준화업무지침에서도 국방규격(안)을 검토할 때는 개발시험평가 결과의 규격반영여부를 검토하게 하고 있다.

다시 말해 시험평가를 통해 '기준충족' 또는 '전투용 적합'으로 검

---

35. 방위사업청 예규 제675호(2020.10.16.) 표준화 업무지침

증된 제품의 기능과 성능이 규격으로 옮겨지는 것이다. 결코 시험평가에서 검증이 안 된 성능을 규격으로 반영해서는 안 되고, 또한 성능을 임의로 바꿔서도 안 되는 것이다. 결국 개발시험평가에서 '9,600km를 내구도(창정비 부품의 결함을 의미) 결함 없이 주행 한다'를 기준으로 시험을 했다면 국방규격 또한 있는 그대로 '9,600km를 내구도(창정비 부품의 결함을 의미) 결함 없이 주행한다.'로 반영되어야만 한다.

그렇기 때문에 방위사업청의 변명처럼 규격이 제정되었기 때문에 규격을 못 바꾼다는 것은 말이 안 된다. 애당초 적용된 규격이 개발시험평가에 통해 검증된 기준이 아니라면 규격 자체가 잘못된 것이다.

만약에 업체가 개발시험평가 결과대로 규격을 작성해서 제출했는데, 국과연이나 방위사업청에서 규격을 검토하면서 성능을 상향하기 위해 '내구도 결함'이란 문구를 빼버렸다면 이것은 명백한 규정위반이다. '업체제출 규격은 초안이기 때문에 검토기관인 국과연이나 방위사업청에서 바꾸는 것은 문제가 되지 않는다.'라고 하거나, '국가에 이익이 되도록 성능을 상향했기 때문에 문제가 없다.'라고 변명하겠지만, 규정상 '시험평가 결과'를 국방규격에 반영하라고 한 것을 위반한 것이고, 성능을 상향했건 하향했건 관계없이 시험을 통해 검증되지 않은 허위 규격임은 변함이 없다.

그런데 이 문제에는 아무도 관심을 갖지 않는다. 개발시험평가에서 검증되지 않은 성능이 누구에 의해 무슨 이유로 어떤 과정을 거쳐 규격으로 정해졌는지를 먼저 따져 봐야 하건만, 방위사업청의 대응은 업체가 기술이 부족하여 규격을 못 맞춰놓고 이제 와서 딴 소리한다는 식이다. 그러면서 규격완화를 주장하는 업체에게 방산비리 프레임을 씌워 비판한다.

하지만 근본적으로 이것은 방위사업청의 비전문성과 무책임에서부터 비롯되었다. 내구도에 대한 지식이 없으니 내구도 용어를 제 멋대로 해석하여 적용하고, 시험평가를 통해 검증된 성능이 규격으로 어떻게 반영되어야 하는지 조차 모른 것이다. 또한 애초에 잘못 적용된 규격이라면 나중에라도 바로 잡아야 마땅하건만, 전임자의 잘못을 감추기 위해 잘못을 인정하지 않고, 혹여나 규격 개정이 '업체 봐주기'가 되어 자신에게 불이익으로 돌아올까 봐 겁내하여 시정하지 않는다. 그저 '갑'의 위치에서 업체 기술부족, 도덕적 해이만을 문제 삼으며 스스로를 정당화한다. 방위사업청의 비전문성과 무책임을 여실히 보여준다.

그런데 그러는 와중에 스스로 모순을 드러냈다. 국산 변속기 생산이 지연되면서 K2전차 1차 양산 100대에는 해외 도입품을 적용하였다. 그런데 실제 운용 간 100대 중 10대에서 고장이 발생했다. 만약 '결함이 없어야 한다.'는 내구도 규격이 옳았다면 해외 도입된 변속기 역시 9,600km 운행 전에는 어떠한 결함도 발생해서는 안 되었다. 그리고 이런 결함이 생겼다면 계약상 반품 또는 하자처리를 해야 옳았다. 하지만 해외변속기는 고장 부품의 교체 또는 수리를 허용했다.

이 말은 해외변속기는 창정비 부품의 결함이 아니면 내구도 결함이 아니라는 것이다. 그러면서 국산 변속기는 일체의 결함을 내구도 결함으로 처리하였으니 방위사업청이 어느 나라를 위한 조직인지 답답하다.

K2 전차에 장착되어 운용되는 변속기임에도 불구하고, K2 차체 및 엔진과는 다른 내구도 기준을 적용하고, 심지어 같은 변속기임에도 불구하고 외산 변속기와는 다른 내구도 기준을 적용하는 모순이 10년 이상 지속되는 것을 보면 방위사업청은 자정기능을 상실했다. 그리고 '업체 봐주기'는 처벌될지언정 '업체 죽이기'는 아무런 불이익도 받지 않고, 오히려 승승장구하는 조직이라면 차라리 없어지는 게 나을 수도 있다.

방위사업청은 시간만 허비한 채 2020년이 되어서야 규격을 개정하여 변속기 내구도시험 결함 정의에 '기본기능(변속, 조향, 제동)을 상실하거나 심각한 성능저하가 발생하여 더 이상 시험을 진행할 수 없는 경우'라는 문구를 추가하였다. 수리와 정비를 이제서 어느 정도 허용한 것이다. 그러면서도 이전 잘못을 감추기 위해 '창정비 부품의 결함'이 아니라 '더 이상 시험을 진행할 수 없는 경우'라고 에둘러 표현했다.

방위사업 의사결정에 보이지 않는 기관장

> 방위사업을 이끌어가는 방위사업청장과 소속기관장인 사업관리본부장은 정작 본연의 역할인 방위사업에 관한 의사결정을 하지 않는다. 그저 방위사업과 무관하게 책임은 없고, 생색내는 일에 역할과 권한을 강화할 뿐이다.

방위사업법 제9조에서는 방위사업의 주요정책과 재원의 운용 등을 심의·조정하기 위해 국방부장관 소속하에 방위사업추진위원회를 두고 있다. 방위사업추진위원회의 장은 국방부 장관이고, 방위사업청장이 부위원장이 되어 국방중기계획, 방위력개선분야 예산편성, 사업추진방법, 기종결정, 절충교역, 분석평가, 표준화 및 품질보증, 조달계약, 국방과학기술혁신 기본계획 및 방위산업발전 기본계획, 방산업체 지정 등 방위사업에 관련한 주요 의사결정을 심의·조정한다.

방위사업추진위원회는 강제성을 가지고 있는 의결 기구가 아니라 심의·조정기구지만, 방위사업관리규정에서는 대부분의 의사결정사항에 대해 방위사업추진위원회의 심의·조정을 거쳐 확정하도록 규정하고 있기 때문에 실제로는 의결기구와 같은 역할을 한다. 그래서 방위사업추진위원회의 심의·조정을 거치지 않고는 후속 업무 추진이 불가능하고, 심의·조정 결과에 상반되는 업무 추진 역시 불가하다. 2013년에 방위사업청이 차기전투기사업의 구매기종을 F-15로 보고하자, 심의·조정 기구인 방위사업추진위원회에서 부결하였고, 방위사업청은 2014년에 F35로 기종을 변경하여 다시 보고한 사례를 봐도 그렇다.

⟡ **방위사업추진위원회 (방위사업법 제9조 및 방위사업법 시행령 제13조)**

● 방위사업추진위원회 심의·조정 사항

1. 방위사업과 관련된 주요 정책 및 계획에 관한 사항

2. 방위력개선사업 분야의 중기계획수립에 관한 사항
3. 방위력개선사업의 예산편성에 관한 사항
4. 방위력개선사업의 추진방법결정에 관한 사항
5. 구매하는 무기체계 및 장비 등의 기종결정에 관한 사항
6. 절충교역에 관한 사항
7. 분석·평가 및 그 결과의 활용에 관한 사항
8. 군수품의 표준화 및 품질보증에 관한 사항
9. 군수품의 조달계약에 관한 사항
10. 국방과학기술혁신 기본계획의 수립에 관한 사항
11. 방위산업발전 기본계획의 수립에 관한 사항
12. 방위산업물자 및 방산업체의 지정에 관한 사항
13. 사업조정 및 조치요구에 관한 사항
14. 그 외 심의·조정이 필요하다고 인정하는 사항

● 방위사업추진위원회 구성

1. 위원장 : 국방부 장관
2. 부위원장 : 방위사업청장
3. 위원
  가. 국방부차관
  나. 국방부 전력자원관리실장
  다. 방위사업청 차장 및 각 본부장
  라. 합동참모본부 전략기획본부장
  마. 육군, 해군 및 공군 참모차장 및 해병대 부사령관
  바. 기획재정부·과학기술정보통신부·산업통상자원부의 고위공무원단에 속하는 일반직공무원 중 소속 기관의 장이 지명하는 사람
  사. 국방과학연구소장, 국방기술품질원장, 한국국방연구원장

> 아. 국회 국방위원회에서 추천한 사람 중에서 국방부장관이 위촉하는 사람자. 방위사업청장이 추천하는 사람 중에서 국방부장관이 위촉하는 사람
> 자. 국회 국방위원회에서 추천한 사람 중에서 국방부장관이 위촉하는 사람자. 방위사업청장이 추천하는 사람 중에서 국방부장관이 위촉하는 사람

한편 방위사업추진위원회는 예하에 분과위원회와 실무위원회를 두고, 안건의 중요성과 사업 규모에 따라 방위사업추진위원회의 심의·조정사항 일부를 분과위원회 및 실무위원회에 위임하고 있다. 예를 들어 총사업비 5,000억 원 이상 사업은 방위사업추진위원회에서 심의·조정하고, 5,000억 원 미만은 분과위원회에서 심의·조정하는 식이다.

> **분과위원회 (방위사업법 시행령 제15조)**
>
> ● 분과위원회 구성(방위사업법 시행령 제15조
>
> 1. 위원장 : 위원 중 방위사업청장 제청으로 국방부 장관이 임명
> 2. 위원
>   가. 국방부, 합동참모본부, 각 군 본부 및 해병대사령부 소속의 국장급 공무원 또는 장성급 장교
>   나. 방위사업청 소속의 국장급 이상의 공무원 또는 장성급 장교

> 다. 기획재정부·과학기술정보통신부·산업통상자원부의 국장급 공무원
> 라. 국방과학연구소장, 국방기술품질원장, 한국국방연구원장이 추천한 자
> 마. 국회 국방위원회에서 추천한 사람 중에서 국방부장관이 위촉하는 사람
> 바. 방위사업청장이 추천하는 사람 중에서 국방부장관이 위촉하는 사람

그런데 여기에서 방위사업을 책임지는 방위사업청장의 역할이 애매하다. 규모가 큰 방위사업에 대한 주요 사항을 방위사업추진위원장으로서 국방부 장관이 결정하였다면, 규모가 작아 예하 분과위원회로 위임된 사항은 방위사업청장이 결정할 만도 하다. 하지만 현재 분과위원장은 방위사업청 차장이다. 법령상 분과위원장은 방위사업청장이 제청하여 국방부장관이 임명하는데, 방위사업청장이 차장을 분과위원장으로 제청했기 때문이다.

그래서 정작 방위사업을 이끌어가는 것은 방위사업청장이지만, 방위사업에 관한 주요 의사결정은 국방부 장관 아니면 방위사업청 차장이 주관한다. 방위사업과 관련하여 청장은 아무런 결정을 하지 않아도 되고, 그러니 책임질 일 역시 없다.

이런 상황은 소속기관장인 사업관리본부장 역시 마찬가지다. 사업관리본부장은 사업관리를 책임지고 이끌어가는 직책임에도 사업과 관련한 의사결정을 직접 주관하지 않는다. 원래 2006년 방위사업청 개청 이후 사업관리본부장이 분과위원장으로서 분과위원회를 직접 주관하였지만, 2019년에 분과위원장을 차장으로 바꾸면서 사업관리본부장 역시 분과위원회에서 배제되었다. 그리고 분과위원회 예하의 실무위원회는 사업부장이 주관한다.

결국 방위사업과 관련한 의사결정은 사업부장(실무위원장) — 차장(분과위원장) — 국방부 장관(방위사업추진위원장)으로 이어지며, 방위사업청의 기관장인 청장과 사업관리본부장 모두 내부에서 보고만 받을 뿐, 직접 의사결정을 주관하지 않는다.

방위사업을 책임진다는 방위사업청 내 주요 기관장 모두가 정작 방위사업에 관해서 주도적 역할을 하지 않는다는 것은 아이러니다. 방위사업추진위원회를 국방부 장관이 주관한다면, 마땅히 예하 분과위원회는 방위사업청장이 주관해야 하고, 실무위원회는 안건내용에 따라 본부장이 직접 주관해야 할 것이다. 그래야 주어진 권한과 그에 따른 책임이 일치되기 때문이다.

> 2006년 개청시 방위사업청 소관 분과위원회에는 방위사업청 차장이 주관하는 정책·기획 분과위원회, 사업관리본부장이 주관하는 사업관리분과위원회, 계약관리본부장이 주관하는 군수조달분과위원회가 있었다. 그런데 2019년 사업관리본부와 계약관리본부를 통합하면서 3개 분과위원회를 방위사업기획·관리분과위원회로 통합하였

다. 그러자 이때 위원장을 누가하느냐가 문제되었다. 차장이나 각 본부장이 통합분과위원회 소관 안건 전체를 책임지지 않기 때문이다. 그렇다면 청에서 유일하게 모든 안건에 권한을 가진 청장이 위원장이 되어야 할 터인데, 직접 할 생각은 없고, 조직 서열을 고려하여 차장을 위원장으로 정했다.

방위사업청은 정작 사업관리 권한이 없는 차장이 의사결정을 주관함으로써 방위사업의 투명성이 더 높아졌다고 자평하지만, 애초에 위원회 구성자체에서 이미 투명성이 확보된 것이고, 또한 방위사업추진위원회의 장은 국방부 장관인 것을 보면 그 변명이 궁색하다.

그런데 이렇게 못하는 이유는 먼저 청장이나 본부장이나 방위사업에 대한 전문성이 부족하기 때문이다. 그들에게 방위사업 안건은 내용을 이해하기 어렵고, 그래서 의사결정이 부담스럽다. 그래서 본인들 스스로 위험과 책임이 수반되는 사업 분야에서의 직접적 역할을 최소화한다. 내부 검토과정에서 이슈가 생기면 알아서 잘 해결하라는 원론적인 말만 하고, 방위사업추진위원회나 분과위원회에서 심의·조정을 받아보라는 방관자적 입장이다. 국회의 지적에는 '검토하겠다.'라고 하면 되고, 언론의 지적은 '(전부 또는 일부가) 사실과 다르다.'라고 하면 된다. 방산업체에서 어려움을 호소하면 '충분히 이해한다.'는 원론적인 얘기만 하면 그 뿐이다.

대신 기관의 장으로서 내부 권한은 욕심낸다. 2019년부터 공무원 승진심사는 별도의 심사위원회를 폐지하고, 기관장들이 모여 직접 선발했다. 또한 예하 국장, 부장이 행사하던 현역 군인의 지휘추천권 역시 기관장이 직접 행사하기 시작했다. 그런데 기관장이 소속 기관의 과업조차 다 알지 못하고, 심지어 소속 직원이 수백 명이라서 누가 어떤 일을 하는지 일일이 알지를 못한다. 누가 무엇을 하는지도 모르면서 인사를 한다는 것은 결국 본인의 지휘권만 강화하는 조치이고, 아는 몇몇에게 혜택을 주기 위한 꼼수로 활용될 뿐이다. 즉 책임은 분산, 권한은 집중이다.

그래서 내부 직원들 역시 기관장 역할에 아무런 문제 제기를 못한다. 오히려 기관장의 심기를 먼저 헤아려 직접적인 의사결정은 건의조차 하지 않고, 어려운 일은 스스로 알아서 조치하는 것이 능력이고, 충심이라고 여긴다. 기관장들의 주변에 아부와 아첨만 넘쳐나고, 기관장들은 항상 좋은 소리만 들어가며 유유자적할 수 있는 이유다.

* * *

작금의 방위사업에서 문제는 방산비리뿐만이 아니다. 무능한 자가 권력을 제멋대로 휘두르고, 본연의 책임은 망각한 채 출세 지향적인 아첨꾼에 둘러싸여 호의호식하는 것도 보이지 않는 부정부패다.

오히려 방산비리라면 그 부분을 도려낼 수 있지만, 보이지 않는 부정부패는 자각 하지도 못하는 상태에서 전체가 썩어감으로써 망조로 이어지기 때문에 더 심각한 문제다.

방위사업에 관한 최고의 의사결정자가 되었다면 다른 무엇보다 방위사업에서 생기는 문제에 대해 책임의식을 갖고, 방산업체에 어려움이 생기면 앞장서서 해결하겠다는 목민의식을 가져야 한다. 결코 출세 그 자체만을 목표로 자리에 앉아서는 안 된다.

 자정기능의 상실, 감사역량 부족

> 방위사업청의 감사 기능은 방위사업감독관과의 업무가 중복되어 역할이 축소되고, 감사담당자의 전문성, 자질, 적성의 고려 없이 무작위로 보직함에 따라 제 역할을 기대하기 어렵다.

모든 정부 기관은 법령[36]에 따라 자체 감사기구를 두고 소속 기관의 모든 업무와 활동 등을 조사, 점검, 확인, 분석, 검증하고 결과를 처리

---

36. 공공감사에 관한 법률

하게 하고 있다. 이에 따라 방위사업청 역시 감사조직을 두고 있다. 고위공무원인 감사관을 두고 공직기강을 담당하는 공직감사담당관과 방위력개선사업을 감사하는 사업감사담당관을 두고 있다. 2021년 기준으로 공직감사담당관 실은 15명, 사업감사담당관 실은 14명으로 구성되어 있었다.

> ### ✧ 자체감사의 종류 (방위사업청 훈령 자체감사에 관한 규정)
>
> 제13조(자체감사의 종류) 「공공감사에 관한 법률 시행령」(이하 "공감법 시행령"이라 한다) 제10조에 따라 감사의 종류는 다음 각 호와 같다.
>
> 1. 종합감사: 자체감사 대상기관의 주기능·주임무 및 조직·인사·예산 등 업무 전반의 적법성·타당성 등을 점검하기 위하여 실시하는 감사
> 2. 특정감사: 특정한 업무·사업·자금 등에 대하여 문제점을 파악하여 원인과 책임 소재를 규명하고 개선대책을 마련하기 위하여 실시하는 감사
> 3. 재무감사: 예산의 운용실태 및 회계처리의 적정성 여부 등에 대한 검토와 확인을 위주로 실시하는 감사
> 4. 성과감사: 특정한 정책·사업·조직·기능 등에 대한 경제성·능률성·효과성의 분석과 평가를 위주로 실시하는 감사
> 5. 복무감사: 자체감사 대상기관에 속한 사람의 복무의무 위반, 비위 사실, 근무실태 점검 등을 목적으로 실시하는 감사

감사관의 주요 업무는 방위사업청 자체감사에 관한 규정에 따라 종합감사, 특정감사, 재무감사, 성과감사, 복무감사 등을 수행하는 것이다.

또한 공공감사에 관한 법률 제22조에 따라 주요 집행 업무의 적법성, 타당성을 사전에 점검, 심사하는 일상감사를 수행하도록 되어 있다. 여기서 주요 집행업무는 주요 정책의 집행, 계약, 예산관리 업무 등을 말한다.[37] 또한 감사의 중요성을 고려해서 감사기구의 장 및 감사 담당자는 감사업무에 대한 전문성, 직무수행에 필요한 자질과 적성을 갖춘 사람을 임용하고, 근무성적평정 및 임용 등에서 우대하도록 법령에 명시되어 있다.

그러나 실상 방위사업청의 감사관은 제 역할을 수행하지 못한다. 그 이유는 무엇보다 감사원의 국방감사단이 방위사업청에 거의 상주하다시피 상시감사를 하고 있기 때문이다. 방위사업청 감사관이 소속기관과 출연기관에 대한 감사만을 담당하는 반면 감사원은 방위사업청뿐만 아니라 국방부 소속 기관 전체에 대한 감사권한을 갖고 있기 때문에 감사 범위와 역량, 감사 전문성에서 차이가 날 수 밖에 없다. 즉 감사 최상위 부서인 감사원이 방위사업청을 상시 감사하고 있는 상황에서 방위사업청의 자체감사 영역은 줄어들 수밖에 없다.

---

37. 공공감사에 관한 법률 시행령

거기에 더해 2015년 12월에 방위사업 비리예방을 위한다는 명목으로 방위사업청에 방위사업감독관을 신설했다. 그러면서 방위사업감독관의 몸집을 늘리기 위해 그나마 기존에 감사관에서 담당하고 있던 주요 집행 업무에 대한 일상감사 기능을 가져가 버렸다. 기존 '감사'란 용어를 '검증'이라는 용어로 바꾸고, 감사 조직에 비해 검증 조직을 더 크게 증편한 후 사업추진기본전략, 연구개발기본계획서 및 실행계획서, 제안요청서, 구매계획 및 양산계획을 사전에 검증하고, 계약 승인을 수행하였다.

게다가 감사관 입장에서는 일상감사 업무만 줄어드는 게 아니라 방위사업감독관에서 사업 전반을 검증했기 때문에 자체 감사마저 더 어려워졌다. 아무리 방위사업감독관의 검증·승인이 수사 및 감사 등에 영향을 미치지 않는다고는 해도[38] 방위사업감독관에서 검토를 마친 사항을 감사관에서 뒤집을 수는 없기 때문이다. 더구나 방위사업감독관과 총괄담당관은 검찰, 연구개발 및 구매사업담당관은 감사원 직원인 상태에서 방위사업청 내부 직원으로 구성된 감사관의 업무 영역은 상대적으로 줄어들 수밖에 없다.

문제는 감사원의 상시감사나 방위사업감독관과의 업무조정이 아니라 방위사업청의 대응이 문제다. 일반적으로 업무가 줄어들면 조직의 규모 역시 줄어드는 게 정상이다. 그런데 방위사업청은 2015년 12월

---

38. 방위사업청 훈령 제691호 방위사업 감독규정 제18조(검증 및 승인의 효력)

에 방위사업감독관을 신설하면서 기능과 역할이 축소된 감사관실의 규모를 기존 2개과에서 3개과로 오히려 늘렸다.

그에 대한 명분은 내부 감사인력이 부족해 방산비리 예방을 하지 못했다는 이유였는데, 자체감사 현황을 보면 그 말은 무색하다.

방위사업청 자체감사 현황 (감사원, http://www.pasa.go.kr/)

구분	합계	복무감사	성과감사	종합감사	특정감사
2015년	18	5	2	1	10
2016년	7	6	-	1	-
2017년	7	3	1	2	1
2018년	6	4	-	1	1
2019년	2	1	-	-	1
합계	40	19	3	5	13

감사원에서 집계한 방위사업청 자체감사 현황을 보면 2015년에는 특정감사 10건을 포함하여 18건의 감사가 진행되었지만, 감사 인력이 증원된 2016년부터는 감사건수가 오히려 급감하기 시작했다. 심지어 방위력개선사업을 감사하는 특정감사의 경우 2016년에는 실적이 아예 없다. 더구나 2016년부터 감사의 대부분을 차지하고 있는 복무감사도 방산비리근절과 관계된 내용은 일절 없고, 거의 대부분 근무수당

부당 수령, 출퇴근 및 중식시간 준수 여부, 퇴근 후 책상 및 서랍 잠금 여부, 문서관리 실태 점검 등이었다.

즉 방산비리 예방을 목적으로 감사인력을 2배로 충원해 놓았는데, 정작 감사는 하지 않고, 학창시절 선도부 역할만 했다. 한마디로 방산비리 감사를 강화하겠다는 대외 눈속임을 위해 내부에 노는 인력을 양산한 꼴이다.

2018년 11월에 감사관실의 규모가 3개에서 다시 2개로 축소되었지만, 여전히 감사관의 역할은 미미하다. 그런데 제 역할을 하지 않고 있음에도 법에 의해 승진 및 보직에서 우대를 받고 있으니 조직 운영상 모순도 이런 모순이 없다. 보통 사업관리부서가 짧게는 1~2년을 주기로 보직변경을 희망하는데 반해, 감사관실은 한번 보직되면 어지간해서는 나올 생각을 하지 않는 이유다.

게다가 감사관실 보직 시에 전문성과 자질, 적성을 고려하지 않고, 무작위로 보직하니 감사 역량 역시 갖춰질 리가 없다. 그저 사업관리를 기피할 목적으로, 또는 인사상 혜택을 목적으로 지원하고, 심지어는 제 잘못을 감추려고 감사관실에 숨어드는 경우도 있다.

이쯤 되면 방위사업청의 자정 기능은 기대하기 어렵다.

🛡 수출 중심의 허상, 내수 먼저 튼튼히

> 66
>
> 방위산업에서 내수는 정부의 많은 노력이 필요한 반면 드러나는 성과는 적다. 반면 수출은 정부의 별 다른 노력이 없어도 성과를 생색낼 수 있다. 그래서 정부가 방산수출을 강조하지만, 내수없는 수출은 허상일 뿐이다. 수출을 강조하기 전에 내수부터 튼튼히 다져 놓아야 한다.
>
> 또한 정부의 수출 지원 역시 지금과 같이 형식적인 수준에 그칠게 아니라 실질적으로 바뀌어야 한다.
>
> 99

자주국방의 기반을 마련하기 위해 시작한 방위산업은 어느 순간 국가경제 발전에 이바지하는 수출 산업이 되어버렸다. 정부는 2010년 무렵 비효율적 소비위주의 국방을 개선하고, '세계 10대 방위산업 수출국'이 되어 일자리 창출 및 국가 경제 발전에 기여하겠다는 목표를 세웠다. 그러면서 그 의지를 보여주기 위해 방위사업법의 방위산업 목적에 '국가경제 발전에 이바지'를 추가 명문화했다.

방산수출을 지원하기 위해 2009년 대한무역투자진흥공사(KOTRA)에 범정부차원의 '방산물자교역지원센터'를 설치했고, 2018년에는 방위사업청에 방산수출 행정을 일괄 처리해 준다며 '방산수출진흥센터'를 만들었다. 또한 2019년에는 방위사업청 출연기관인 국방기술품질원에도 방산 수출지원을 전담하겠다며 '방산수출지원센터'도 만들었다.

그리고 방위사업청장이 업체를 직접 찾아가 수출 상담을 하고,[39] 정책적으로도 수출 무기체계 개조·개발 사업, 방산수출 강소기업 육성 사업 등을 펼치고, 수출용 장비에 대한 시험평가지원 및 국방품질인증, 기술료 면제 및 감면 제도 등을 다양하게 운영하고 있다. 심지어 해외 수출을 많이 할수록 국내 방산물자에 대한 이윤도 더 많이 주며 수출을 장려하고 있다.

---

39. 방위사업청,「방위사업청, 방산수출 원스톱지원체계 구축 착수」,「대한민국 정책브리핑」, 2018.11.24., https://www.korea.kr/news/pressReleaseView.do?newsId=156305374

국내방산업체에게 방산수출은 한정된 내수를 뛰어넘어 시장규모를 더욱 키울 수 있는 수익 창구다. 그리고 방산 수출은 일회성 판매가 아니라 장기간에 걸친 수익사업이다. 어느 나라건 무기체계를 한번 구매하고 마는 게 아니라, 수십 년에 걸쳐 수리 및 정비, 성능개량 등을 추진하기 때문이다. 또한 무기체계 상호운용성을 고려할 때 수출 무기체계를 중심으로 연관된 무기체계의 수출 기회도 그만큼 높아지게 된다.

그리고 정부로서도 방산수출은 국력의 상징이자 외교의 수단이다. 더욱이 소비 위주의 국방비가 일자리 창출 등 국가경제에 생산적으로 기여 할 수 있으니 일석이조다.

이러한 방산수출은 기업만의 노력으로 될 수가 없다. 비록 계약은 업체와 구매국 정부 간에 체결하지만, 기술이전 및 현지생산, 수출 금융지원과 산업 협력, 기타 원조 등을 고려하면 정부 대 정부 간의 계약이나 마찬가지다. 더욱이 무기체계는 국가안보에 직결되는 사안이므로 일반 생필품을 사고파는 것과 달리 정부 대 정부 간 외교 관계에 밀접한 영향을 받는다. 그래서 방산수출을 위한 정부의 역할이 매우 중요하다. 호주와 이집트에 K9 자주포, UAE에 천궁2를 수출 할 때 정부의 지원이 그랬다. 일각에서는 방산업체가 한 일에 정부가 숟가락 얹어 생색낸다고 비난했지만, 정부의 지원 없이 업체 단독으로 수출하는 것은 불가능했을 것이다.

일각에서는 한술 더 떠 방위산업의 살 길은 수출뿐이라고 한다. 매출의 반 이상을 수출로 챙긴다는 이스라엘 방산업체를 사례로 들며 국내 방위산업을 아예 내수 중심에서 수출 중심으로 전환해야 한다는 말까지 한다.

방산수출 이전에 내수가 먼저다

궁극적으로 방위산업이 발전하려면 수출중심으로 나아가야 하는 것은 맞지만, 그전에 내수가 기반이 되어야 한다.

그 어느 나라도 수출을 전제로 무기체계를 만들지는 않는다.
무기체계 소요는 100% 그 나라 군에서부터 시작하기 때문에 그 어떤 세계 일류 방산업체라고 해도 자국 군의 소요가 없는 상태에서 업체 스스로 먼저 개발하지는 않는다. 우리가 구매하는 F35 전투기도 미군에서 소요가 요구되어 미국 방산업체에서 개발한 것이다. 어렵사리 기껏 만들어 놨는데, 자국 군이 구매하지 않으면 고스란히 회사손실이 되기 때문이다. 그렇다고 해외에 판매 할 수도 없다. 자국 군에서 직접 운용하고 있어야만 외국에서도 성능을 믿고 구매하는데, 개발한 국가에서는 쓰지도 않는 것을 사갈 국가가 없기 때문이다. 즉 무기체계는 자국 군의 요구에 의해 개발 한 것이고, 수출은 그 이후의 문제다.
그렇다고 내수를 위해 만들어 놓은 무기체계 모두가 수출되는 것도 아니다. K-9 자주포, T-50, 잠수함, 천궁 등 수출장비를 보면 일부 대기업의 체계 장비 위주로 수출되고 있고, 내수에 머물러 있는 방산업체가 더욱 많다. 이처럼 수출은 내수가 기반이 되고, 내수없는 수출중심 전환은 허상이다.

그런데 방위사업청은 내수에는 별 관심이 없고, 성과를 챙길 수 있는 수출에만 치중한다. 국내 방산업체가 제도의 불합리와 과도한 규제로 내수의 어려움을 호소하는데, 내수에 의존하는 업체 경쟁력 부족을 그 원인으로 탓한다. 그러면서 수출만이 살 길이라고 강조한다.[40] 내수라는 토양은 썩어가고 있는 판에 꽃과 열매만 따가려 하는 것이다.

그 이유는, 내수를 활성화하려면 전문성이 필요한데, 방위사업청에 그럴만한 전문성이 없고, 설령 내수는 잘못 관리한다고 해도 별다른 비난을 받지 않기 때문이다. 방산업체의 내수가 개별 국민에게 아무런 영향을 주지 않기 때문에 방산업체의 어려움을 업체 경쟁력 부족 탓으로 치부해도 방산업체가 반발할리도 없고, 국민들은 아예 관심이 없다.

반면, 수출은 별다른 전문성이 필요 없고, 그 성과가 고스란히 드러난다. 아무리 방산업체가 자체 노력하여 수출을 했다고 해도 수출자체가 방위사업청의 승인을 거쳐야만 하므로 방위사업청의 성과로 홍보되고, 국력에 대한 자부심과 국가 경제에 기여한다는 이유로 국민의

---

40. 최태범, 「[국감현장] "방산에도 여야 없다" … 방사청 국감(종합)」, 「머니투데이」, 2019.10.17., https://news.mt.co.kr/mtview.php?no=2019100719197664423

긍정적 반응을 불러온다. 특히 수출은 곧 위정자의 관심이니 방위사업청 입장에서 이보다 좋은 게 없다.

    2021년 국무조정실 주관의 정부업무평가에서, 일자리·국정과제, 규제혁신, 정부혁신, 정책 소통, 적극행정 등을 평가한 결과, 방위사업청은 'C'등급을 받았다.[41] 내수에서 최하위 등급을 받은 것이다. 그런데 이것에는 별 관심이 없고, 동일시기 대통령 순방과 병행한 K-9 자주포, 천궁 수출 만이 주요 성과로 부각되었다.

    결코 내수를 소홀히 하면서 그 실책을 덮기 위해 수출만 강조해서는 안 된다. 수출만 강조하다가 어느 순간 내수가 쓰러지면 수출할 제품조차 없어지기 때문이다. 그렇다고 수출에 대한 정부의 관심과 노력 자체가 잘못되었다는 것도 아니다. 수출은 확대해 나가되, 내수를 먼저 튼튼히 다져야 한다는 것이다.

방산수출, 정부의 역할 변화 필요

    그렇다고 정부의 수출지원이 실질적인 제 역할을 다하는 것도 아니다. 대한무역투자진흥공사(KOTRA)에 '방산물자교역지원센터', 방위

---

41. 국무조정실, 「2021년도 정부업무평가 결과」, 「대한민국 정책브리핑」, 2021.1.25., https://www.korea.kr/news/pressReleaseView.do?newsId=156493036

사업청에 '방산수출진흥센터', 국방기술품질원에 '방산수출지원센터'를 만들었지만, 방산수출이라는 본질보다 소속기관 자체의 이익만 위한다는 비난이 있다. 수출을 빌미로 정작 조직과 예산만 키운다는 것이다. 방산물자교역지원센터는 산업통상자원부 고위공무원이 쉬어가는 자리이고, 파견된 공무원은 전문성 없이 해외출장만 다닐 뿐 별역할이 없으며, 방산수출진흥센터 역시 이름만 바꿔달았을 뿐이다.[42] 수출 상담은 형식적으로 진행되고, 수출 무기체계 개조·개발 사업과 방산수출 강소기업 육성 사업 등 다양한 정책 역시 방산수출의 유인책은 될지언정 실질적으로 수출을 지원한다고 보기는 어렵다.

방산 수출에서 정부의 역할을 보기 위해서는 우리가 수입하는 과정을 먼저 살펴봐야 한다.

무기체계가 소요 결정되면, 먼저 국내 연구개발로 획득할 것인지, 해외구매로 획득할 것인지를 결정한다. 무기체계를 국내 연구개발로 추진하게 되면 전체 체계는 국내에서 조립하되, 하위 구성품 및 부품 중 일부는 해외에서 수입한다. 국내 연구개발한다고 해서 모든 부품 100%를 국내에서 개발하지는 않기 때문이다. 한편 해외구매를 추진하면 해외에서 완성품을 그대로 수입해 온다. 이렇게 놓고 보면 우리가 해외 방산 제품을 수입하는 경우는 무기체계 완성품을 수입하는 것과 부품을 수입하는 것으로 구분할 수 있다.

---

42. 김수한, 「새 출발한 방산수출진흥센터 … MB때와 다르게 뭐지?」, 「헤럴드경제」, 2018.11.27., http://news.heraldcorp.com/military/view.php?ud=20181127000413

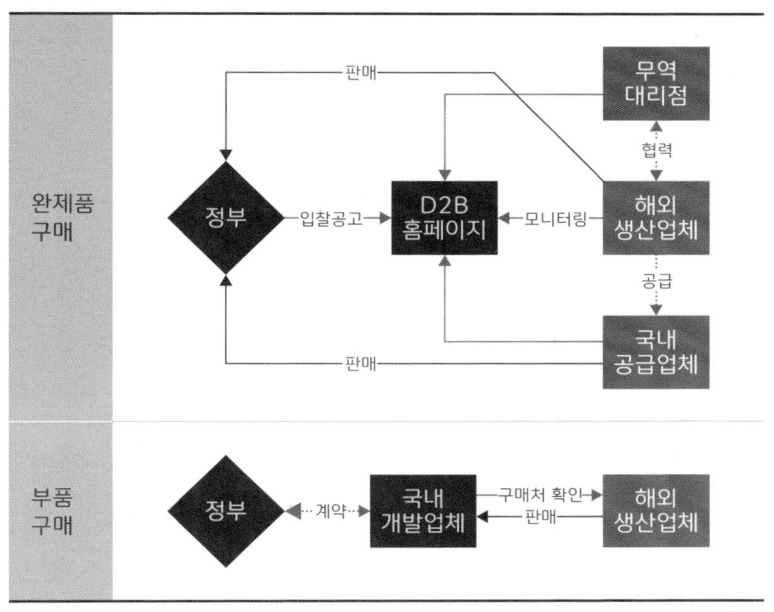

무기 완제품 및 부품 수입 구분

먼저 완성품을 수입하려는 경우, 방위사업청은 국제입찰공고를 한다. 그러면 해외 생산업체 또는 국내 공급업체가 방위사업청의 입찰공고를 보고, 입찰에 참여한다. 규모가 큰 사업의 경우 해외 생산업체가 국내 군수품 무역대리점의 조력을 받아 직접 입찰에 참여한다. 반면 입찰규모가 작아 해외 생산업체가 직접 참여하지 않는 사업은 국내·외 공급업체가 해외 생산업체의 물건을 직접 공급하는 방식으로 입찰에 참여한다. 결국 완성품은 방위사업청이 공고를 하고, 생산업체나 공급업체가 이에 응답하는 방식이다. 그리고 이때 경쟁사가 복수가 되면, 가격 경쟁을 유발해 구매 가격을 낮출 수 있는 장점이 있다.

반면 부품 수입은 완성품 수입과 달리 별도의 입찰이 없다. 국내 연구개발을 추진과정에서 어떤 부품을 국산화하고, 어떤 부품을 수입할지가 별도로 공개되지 않기 때문에 완성품과 달리 생산업체와 공급업체가 먼저 찾아올 수가 없다. 그래서 국내 개발 업체가 해외 제작업체를 먼저 찾아가 구매해 와야 한다. 이때 구매 가능한 복수의 해외 구매처가 있다면 상호 경쟁을 통해 가격을 낮출 수 있다.

정리하자면 무기체계 수입은 완성품과 부품으로 나뉘고, 이때 완성품은 해외 생산업체가 먼저 팔겠다고 찾아오는 반면, 부품은 국내 개발업체가 먼저 사겠다고 찾아가야 한다.

이러한 수입 절차를 거꾸로 수출에 거꾸로 빗대어 보자.

먼저 완성품 수출을 보면 수입과 마찬가지로 해외 입찰 공고를 보고 우리가 먼저 해외 시장을 찾아가야 한다. 이때 우리가 보유한 제품이 전 세계를 선도한다면 공급이 수요를 통제하여 외국에서 먼저 사겠다고 달려오겠지만, 그게 아니라면 우리가 먼저 구매처를 찾아가야 한다. 그리고 외국 방산업체나 국내외 공급업체가 국내 국방전자조달시스템(D2B)과 방위사업청 홈페이지를 매일 모니터링하고 있는 것처럼 우리도 해당 국가의 무기체계 입찰공고를 꾸준히 모니터링하고 있어야 한다.

게다가 입찰 준비 기간이 촉박하니 우리나라의 합동무기체계기획서나 국방중기계획과 같이 해당 국가의 중·장기 군사력 증강계획을 미리 알면 더욱 좋다. 하지만 이것은 우리와 같이 해당 국가도 비밀로 관리할 것이므로 접근이 쉽지 않다.

입찰에 참여하고 나면, 그 다음은 경쟁 기종에 비해 제품의 성능과 가격 경쟁력을 갖추는데 노력해야 한다. 또한 무기체계 판매는 무기체계 자체의 성능과 가격만으로 결정되는 것이 아니라 기술이전 및 현지 생산, 수출 금융지원과 산업 협력, 기타 원조 등 외교 관계를 망라하기 때문에 정부의 지원도 필요하다.

그리고 입찰을 위해 현지 계약에 능통한 에이전트 또는 공급업체의 도움도 받아야 한다.

반면 부품은 완성품과 달리 별도의 입찰공고를 하지 않는다. 그래서 우리가 판매를 희망한다고 먼저 찾아갈 수가 없고, 해외 개발업체가 먼저 우리를 찾아와야 한다. 그러려면 우리가 가진 기술력과 부품의 품질이 진즉에 많이 알려져 있어야 한다. 전 세계를 선도하는 부품이면 수출에 이상없겠지만, 부품 판매처가 우리 외에 다른 곳이 있다면 성능과 가격도 경쟁해야 한다.

그런데 우리와 같이 무기체계를 자체 개발하는 국가는 많지 않다. 그리고 무기체계를 자체 개발하는 국가라면 이미 우리와 비교할 때 동등 이상의 기술력과 생산기반을 보유하고 있다. 이 말은 해외 무기체계 개발에 우리 부품을 수출하는 경우가 적다는 말이다. 그래서 실제 부품수출의 대부분은 무기체계 수출 이후 후속군수지원을 위한 것과 절충교역 등을 통해 국내 업체가 해외 방산업체의 글로벌 부품 공급망에 포함되어 이루어진다.

이렇게 보면 완성품 수출과 부품 수출에서 정부의 역할이 다르다.

완성품의 경우, 먼저 해외 주재 기관을 통해 그 나라 무기체계 소요 정보를 수집하여 알리고, 입찰에 참여시 금융지원, 산업협력, 기타 원조 등의 국가적 노력을 통합하여 방산수출을 지원한다.

부품의 경우에는 절충교역, 한국산 우선구매제도 등과 같은 제도를 만들어 해외 무기 구매의 반대급부로 국내 부품업체 참여를 확대해 나가는 것이다.

그래서 정부의 방산수출 지원제도는 실질적인 방향으로 개선되어야 한다. 지금처럼 단순히 해외 방산 정보를 수집·나열한 후, 업체들이 취합 선택하게 할 게 아니라, 수집된 정보를 가공·종합·분석까지 한 후, 국내 업체의 수출 가능성까지 직접 따져봐야 한다.

또한 업체가 입찰에 참여한 이후에 정부 지원을 시작할 게 아니라, 평소부터 방산수출 예상 국가별 정부 차원의 지원계획을 미리 준비해 놓고 있어야 한다.

방산수출 이전부터 외교적으로 우호적인 관계를 다져놓아야 하고, 금융 지원과 산업 협력 방안, 현재 부처별로 추진 중인 공적개발원조(ODA)까지 연계하여 지원방안을 만들어 놓아야 한다. 즉 기종결정에 임박하여 단발성, 산발적으로 지원할 게 아니라, 수출 초기 단계부터 모든 노력을 통합하여 계획적으로 지원해야 한다는 말이다.

또한 국내부품 수출 활성화를 위해 절충교역, 한국산 구매제도 등을 더욱 확대해 나가야 한다.

방산수출을 통합 추진할 범정부차원의 컨트롤 타워가 필요한 이유이다.

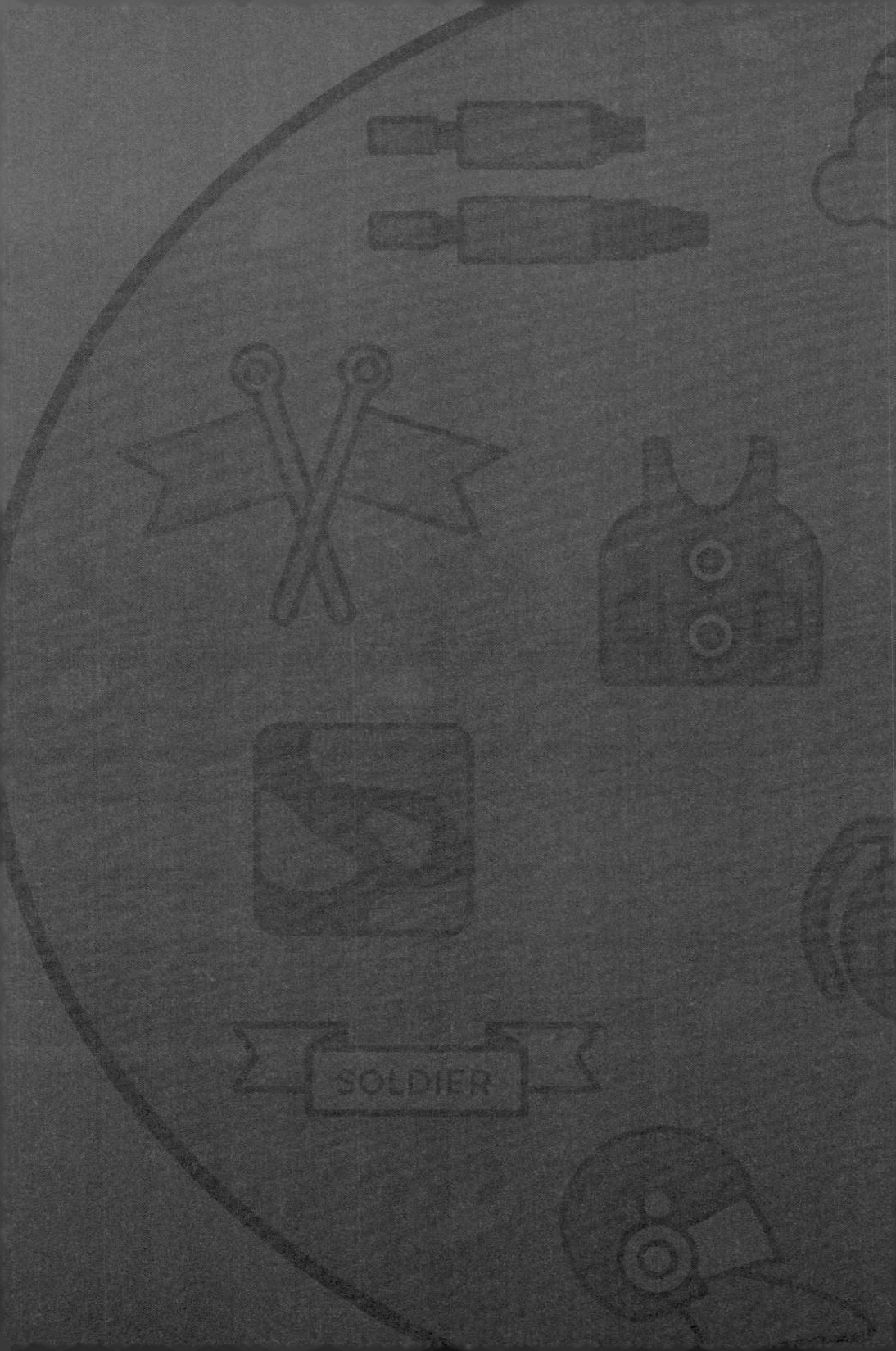

제3장

방위사업 혁신

🪖 방위산업 위기의 원인 : 정부의 역할 태만

> 66
>
> 방위산업의 흥망은 전적으로 정부에게 달려있다. 그래서 현재의 방위산업 위기 역시 방위사업청의 역할 태만이 원인이다.
>
> 그리고 역할태만은 권한과 책임의 괴리와 구성원의 비전문성에서 비롯된다. 방위산업을 이끌어가는 권한을 가지고 있으면서도 법으로 신분이 보장되는 공무원이라서 그 결과에 책임이 없다.
>
> 또한 전문성은 없어도 그만인 게 되었고, 상급자로부터 시작된 비전문성이 조직 전체에 확산된 후, 이제는 전문성을 경시하는 풍조마저 정착되었다.
>
> 99

방위산업의 흥망은 정부에게 달려있다

　방위사업의 대표적 특수성은 방위사업청이 시장 경제 질서를 유지하는 정부로서의 역할과 시장을 독점하는 원청 업체 역할을 동시에 수행한다는 것이다. 그리고 방위사업에 참여하고 있는 방산업체는 도로, 항만, 건설 등과 같은 여타의 정부 사업과 달리 방위사업 말고는 수주를 따낼 시장이 없다. 건설 회사가 정부 발주 공사가 맘에 안 들면 정부입찰은 포기하고 민간 시장에 전념하면 되나, 방위사업은 상황이 다르다. 방산업체는 업종을 전환하거나 문을 닫지 않는 한, 원청 업체인 방위사업청에 100% 종속될 수밖에 없는 구조다.

　공사에 비유해보면, 방위사업청은 아파트 공사의 계약부터 입주까지 전 과정을 책임지는 시행사이고, 방산업체는 시행사로부터 발주를 받아 공사를 담당하는 시공사다. 그런데 발주를 주는 시행사가 국내에 딱 한 곳뿐이다. 게다가 시행사인 방위사업청은 시공사의 업무를 임의로 강제할 수 있는 법적 권한마저 가지고 있다. 시공사가 시행사의 눈치를 보지 않을 수 없고, 공정거래를 요구할 수도 없으며, 시행사가 시키는 대로 할 수밖에 없는 구조다.

　그래서 방위사업의 시작은 방위사업청이 발주를 해야만 비로소 첫 걸음을 뗄 수가 있다. 방위사업청의 발주가 없는 한 업체 스스로 할 수 있는 것은 아무것도 없다. 또한 수주를 받아 개발과 생산을 진행할 때도 방위사업청이 사전에 정해놓은 과업 세부절차를 일일이 준수해야 한다. 제품의 가격 역시 방위사업청이 정하고, 생산완료 후 해외 수출을 할 때도 방위사업청의 승인을 받아야 한다. 한마디로 방위산업은 정부가 시작하고, 정부가 정해놓은 대로 업체가 따라하는 구조라서 결코 업체 임의로 성장할 수 없는 구조다.

그래서 방위산업의 흥망은 오롯이 방위사업청에 달려있다. 방위산업이 잘되면 정부 성과로 홍보하고, 잘못되면 방산업체의 경쟁력 미흡 탓으로 돌리는 것은 말이 안 된다.

위기의 원인 – 방위사업청의 역할 태만

지금의 방위산업 위기의 원인은 방산업체의 경쟁력 부족 또는 과도한 수사 및 감사가 아니라 방위사업청에서 찾아야 한다.

방위산업 위기는 무엇보다 원청사인 방위사업청이 제 역할을 하지 않기 때문이다.

앞서 말했듯이 방위사업청은 두 개의 역할을 동시에 갖고 있다. 정부기관으로서 방위사업 시장 질서를 유지하는 관리자이기도 하고, 시장을 독점하여 직접 운영하는 운영자이기도 하다. 즉 군으로부터 제품을 주문받으면 방산업체로부터 주문자상표부착방식(OEM)이나 생산자주도방식(ODM)으로 납품 받아 군에 제공하고, 이 과정에 필요한 법과 제도를 스스로 만들어 적용한다. 그래서 방위사업청에게 방산업체는 관리자입장에서 보면 관리 감독 대상이지만, 시장의 운영자 입장에서 보면 대기업과 중소기업 관계와 같이 상생협력 대상이다.

결코 어느 한쪽이 일방적으로 이익을 취하거나 홀로 성장할 수 없고, 서로 공존하면서 협력해야만 쌍방 모두 발전할 수 있다. 그래서 민간시장에서 대기업과 중소기업의 상생협력 및 동반성장에 관한 별도의 법[01]까지 제정해 놓고 있는 것이다.

"방위사업청의 갑질"

그런데 정작 정부 스스로 대기업 역할을 하는 방위산업에서의 상생협력은 남 얘기다. 정부가 말하는 상생협력은 민간기업간에만 해당되는 것이고, 정부와 기업 간에는 적용하지 않는다. 그래서 관리자로서 방위사업청이 행하는 법과 제도는 운영자인 방위사업청 스스로의 이익을 보호하는데 초점이 맞춰져 있다. 방산업체는 정부의 하청업체일 뿐이고, 상호 대등한 협력 관계로 보지 않기 때문이다.

그래서 군이 사용하는 무기체계 개발비를 업체에게 부담시킨 후, 예산을 절감했다고 호도한다. 방위사업이 잘되고 있는 척하기 위해 실효성이 없는 사업성과관리 제도를 적용하라고 한다. 경쟁력이 우수한 업체를 선정해야 공정성과 효율성을 동시에 거둘 수 있건만, 그냥 아무

---

01. 대·중소기업 상생협력 촉진에 관한 법률

나 해도 된다는 식으로 복불복 식 제안서평가 제도를 운용한다. 시험평가에서 계약 범위를 벗어난 문제가 발생해도 업체에게 포괄적으로 책임을 지게 하고, 납품이 조금이라도 늦으면 일단 지체상금을 부여하고 본다. 또한 양산에 대한 혹시 모를 책임회피를 위해 한창 연구개발로 바쁜 와중에 현실성 없는 제조성숙도 평가를 하도록 강요한다. 부품단종 문제가 국회와 언론에서 문제가 되니 현실적 해결책보다는 업체가 모두 책임지게 하는 미봉책을 만들어 놓았다. 사업의 효율성을 보겠다는 이유로 사업타당성조사를 도입하고, 양산을 최초와 후속으로 구분하여 업체의 경영난을 어렵게 한다. 정작 전력화 기간단축을 위해 계약 전 사전생산제도를 도입해 놓았음에도 계약변경으로 인한 모든 피해마저 업체가 부담하게 한다. 그리고 전력화 기간 단축을 위해 연구개발 대신 구매를 강요하면서 제품 제작이나 시험평가 비용 모두를 업체에게 부담하게 한다.

　이런 내용을 원청사와 협력업체의 관계로 다시 비춰보면 매우 심각하다. 원청사가 협력업체에게 제품 개발 비용을 대라고 하면서 회사 비용을 줄였다고 자찬한다. 납품은 원청사가 하는데, 제품 품질에 관해서는 협력업체가 일체 책임지게 한다. 원청사 말을 잘 들어야 일감을 주고, 심지어 그 일감도 띄엄띄엄 준다. 그리고 납기 준수를 위해 협력업체에게 선 생산을 강요해놓고, 정작 발주수량이 바뀌면 그 손실은 전액 협력업체가 감수하게 한다. 제품 개발비를 주지도 않으면서 여러 협력업체에게 같은 제품을 서로 만들어 보라고 한다. 그리고 그 중에서 가장 좋은 제품 하나만 납품 받는다. 한마디로 원청사의 이익만을 위해 협력업체에게 일방적 희생을 강요하는 것이다.

만약 방위사업청이 민간 기업이었다면 진즉에 고소당하고, 갑질로 여론의 질타를 받아 공중분해 되었을 것이다.

역할태만의 원인 - 권한과 책임의 괴리

이런데도 정부라는 이유로 아무런 문제가 제기되지 않는다. 정부인 방위사업청을 견제할 곳이 없기 때문이다. 방위사업을 주시하는 수사 및 감사기관은 비리만 바라 볼 뿐, 상생은 관심이 없고, 그들의 영역도 아니다. 오히려 정부가 민간업체에게 상생을 이유로 호의를 베풀면 특혜 비리가 있는 것은 아닌지에 관심 갖는다.

결국 방위산업에서의 상생은 정부 스스로에게 달려있다. 하지만 문제는 방위사업청 구성원에게 방위산업의 흥망은 직접적 이해관계가 없다는 것이다. 방위산업이 흥한다고 이득을 보는 것도 아니고, 망한다고 피해를 보는 것도 아니다. 국가공무원법에 의해 신분이 보장되기 때문에 정부조직이 망하지 않는 한, 개인적으로 사고만 치지 않으면 정년까지 직업을 보장받는다. 즉 방위산업을 이끌어갈 권한을 독점하고 있으면서 정작 그 역할을 제대로 못해도 비리만 아니라면 아무런 불이익이 없다. 그러니 방산업체의 상생에 관심이 있을 수 없고, 스스로를 보호하는 데만 관심을 갖는다. 주어진 권한과 책임이 괴리됨으로 인해 발생하는 문제다.

 만약 방위사업청이 다른 정부부처와 같이 운영자가 아닌 관리자로서의 역할만 한다면 오히려 더 나을 것이다. 최소한 정부의 성과홍보와 책임회피를 목적으로 방산업체의 피해를 강요하는 일방적 정책강요는 없을 것이기 때문이다. 하지만 운영자로서 하나부터 열까지 세부과업을 직접 이끌어가면서 스스로를 보호하는 쪽으로만 제도를 만들어 간다.

 방위사업청이 방산업체와 상생협력을 하지 못한다면, 운영자 역할은 포기해야 한다. 일각에서 거론된 바와 같이 방위사업청은 법과 정책만을 다루고, 운용은 별도 기관으로 분리하는 게 효과적일 것이다.

 방위사업청은 운영자로서 방산업체의 애로사항을 듣는다. 이것은 마치 대기업과 중소기업 상생협력을 위한 간담회와 같은 모양새다. 중소기업이 대기업에 애로사항과 건의를 하는 것과 같이 방산업체에서도 방위사업청에게 많은 애로사항과 건의사항을 말한다.

 그런데 방위사업청의 답변의 대부분은 안 된다는 내용이다. 사업타당성조사로 인해 체계개발 종료 후 양산이 2년 이상 지연되어 업체경영에 어려움이 있다고 하면, 기재부와 한국국방연구원에서 하는 것이라 방위사업청 소관이 아니라고 한다. 시험평가와 야전운용성시험에 관한 건의가 나오면 국방부와 소요군 소관이라서 향후 협의를 해보겠다는 원론적인 답변만 한다. 사업이 중단되거나 지연되면 단일 품목을 생산하는 소규모 업체는 도산위기에 처한다고 애로사항을 호소하면, 협력업체까지 방위사업청이 책임질 수 없고, 대기업에서 자금을 지원하고 다른 일거리를 제공해주라고 한다.

　　방산업체의 어려움을 해결해 주기보다는 방위사업청에서 적용하고 있는 현 제도는 문제가 없다고 강변하고, 방산업체가 규정을 잘 모르기 때문이거나 생떼를 쓰는 것으로 치부한다. 이래서 간담회의 내용은 매번 똑같다. 그저 누구누구 주관으로 방산업체 간담회를 했다는 대국민 홍보용으로 쓸 뿐이다.

　　아이러니한 것은 방산업체의 현실적 애로사항에 대해 이런 보수적인 자세를 취하는 방위사업청이 상부의 영향력 있는 인사의 말은 설령 이치에 맞지 않아도 새로운 논리를 만들어 바꾼다는 것이다. 실례로 연구개발 투자방법에서 업체투자방식은 실효성이 없음에도 불구하고, 논리를 비약시켜 일사처리로 바꾸어 놓았다.

　　공무원의 신분보장 이유가 공공의 이익을 위해 외압을 받지 말고, 소신껏 일 하라는 의미인데, 신분 보장을 넘어 신분 상승이라는 사적 이익을 위해 공공의 이익을 저버리는 것이다.

역할태만의 원인 – 방위사업청의 비전문성

　　방위사업청이 본연의 역할에 소홀한 또 다른 원인은 바로 비전문성이다. 제품 판매만을 담당하는 유통업체라 하더라도 제품에 대한 안목을 갖고, 유통과정에 관해서는 누구보다 전문성을 갖고 있다. 시장 가치가 없는 품목을 유통했다가는 유통회사 자체가 큰 손실을 겪기 때문이고, 유통과정에서 발생한 문제에 대해서는 일체의 책임을 진다. 제품을 단순히 조립 판매하는 업체도 마찬가지다. 하위 부품에 대한 전문지식을 갖고 있어야만 상호 호환성을 유지할 수가 있고, 하위 부품의 품질이 곧 조립 제품 전체의 품질이 되기 때문이다. 제품을 직접 설계하여 만드는 업체는 말할 것도 없다. 이런 측면에서 볼 때, 무기체계의 발주와 공급을 독점하고, 직접 수행하는 방위사업청은 당연히 전문성을 갖고 있어야만 한다.

전문성과 효율성은 굳이 할 필요가 없는 피곤한 일

그런데 2006년 방위사업의 전문성, 투명성, 효율성 향상을 목적으로 방위사업청이 개청된 이후, 15년이 지난 지금 시점에서 보면 투명성만 비정상적으로 강화되었을 뿐, 전문성과 효율성은 반대로 매우 열악해졌다. 이건 투명성만 지나치게 강조되어서 그런 게 아니라, 방위사업청 스스로 투명성을 핑계로 전문성과 효율성을 포기했기 때문이다.

그 이유를 먼저 난이도 측면에서 보자. 전문성과 효율성을 향상시키기 위해서는 전문지식을 쌓아야 하고, 다양한 경험도 필요하고, 폭넓게 고민해야 하고, 얽히고설킨 이해관계도 조정해야 하는 등 상당한 노력이 필요하다. 반면, 투명성은 매우 쉽다. 전문성과 효율성을 동시에 유지하면서 투명성을 향상시키는데 어렵지, 전문성과 효율성을 포기하면 실상 아무것도 하지 않을수록 높아지는 게 투명성이다.

이번에는 강제성 측면에서 보자. 전문성과 효율성은 없다고 해서 공무원이 처벌받거나 인사상 불이익을 받지는 않는다. 그렇다고 전문성과 효율성이 있다고 해서 인사상 우대를 받는 것도 아니다. 하지만 투명성은 반드시 지켜야 한다. 지키지 않으면 처벌을 받고, 자칫 직업을 잃을 수도 있다. 그래서 공무원에게 전문성과 효율성은 있어도 그만, 없어도 그만인 것이고, 투명성은 반드시 지켜야 하는 것이다.

즉 전문성과 효율성은 실제 하려면 많은 노력이 필요한데, 안 해도 상관없는 것이고, 투명성은 반드시 필요한데, 이건 오히려 노력을 안 할수록 유리하다. 결국 투명성을 핑계 삼을수록 일이 줄어들고 편해진다. 투명성만 비약적으로 강조된 이유다.

시간이 갈수록 전문성은 바닥으로 추락

2006년 개청 초기에는 기존 구성원들이 쌓아놓았던 전문성을 이용해서 어느 정도의 전문성과 효율성이 유지되었으나, 시간이 지나 구성원이 교체되고, 새롭게 충원될수록 전문성은 점점 미약해져 갔다. 굳이 안 해도 그만인 어려운 일을 하려고 하지 않기 때문이다.

그 결과 방위사업을 이끌어 가는 사업관리자가 정작 본인이 맡고 있는 무기체계가 어디에서 어떻게 쓰이는지조차 모른다. 무기체계 운영 개념과 성능, 기능을 이해 못하면서 설계검토를 주관하고, 종합군수지원 요소를 알지 못하면서 ILS-MT(종합군수지원요소 실무조정회의)를 주관한다. 그밖에 상호운용성, 국산화, 부품단종관리, 규격화 및 목록화는 용어부터 생소하고, 연구개발과 구매의 차이, 운용성확인과 개발시험평가, 운용시험평가, 야전운용시험, 전력화평가가 무엇인지 그리고 어떤 차이점이 있는지를 모른다. 사업관리자가 아니라 일반 공무원으로서 예산관리와 사업진행 상황을 확인하고, 보고하는 것을 주 임무로 여긴다.

업체 입장에서 업무를 진행해 가려면 매 건별 사업관리자에게 일일이 가르쳐가며 설명을 해야 한다. 그렇다고 바로 진행되는 것도 아니다. 사업관리자는 혹시나 업체 말대로 했다가 피해를 받지는 않을까 전전긍긍하며 여기저기 재확인하며 의사결정을 미룬다. 사업을 이끌어가는 게 아니라 모시고 가야하는 격이다.

방위사업 정책을 담당하는 정책관리자 역시 마찬가지다. 제대로 된 정책을 마련하려면 방위사업의 현실을 정확히 알고 있어야 하지만, 사업관리자마저 전문성이 없는 와중에 정책관리자의 전문성이 있을 리는 만무하다. 그러니 그저 단순한 인가, 허가, 승인을 주된 역할로 인식하고, 조금이라도 복잡한 민원에는 제대로 된 해답을 내놓지 못한다. 정책과 제도를 개선할 때는 단편적 현상에 대한 미봉책을 내놓고, 상급자의 지시를 일방적으로 반영할 뿐이다.

방위사업에 관한 정책을 관리하려면 당연히 방위사업에 대한 전반적인 이해와 지식이 기반 되어야 한다. 앞서 언급했듯이 연구개발 투자형태, 사업성과관리, 사업타당성 조사, 최초양산과 후속양산의 구분, 신속시범획득 등의 문제에서 정책관리자가 방위사업에 대한 이해와 지식을 갖추었더라면 문제는 최소화되었을 것이다. 전문성이 없으니 상급자가 문득 생각한 아이디어를 맹목적으로 구현하고, 자기성과를 목적으로 제도를 만들거나, 언론 등에 불거진 문제를 잠시 덮을 목적으로 불완전한 제도를 무분별하게 만들어 낸 것이다.

방위사업의 관리자가 오케스트라의 지휘자 같은 역할을 해야 하지만, 악기 하나 제대로 다루지 못하는 사람이 지휘를 하고 있고, 투수와 포수조차 구분 못하는 사람이 야구 감독을 하고 있는 모양새다. 만약 방위사업청이 정부 조직 아니라 어딘가와 경쟁을 하는 조직이었다면 진즉에 도태되었을 것이다.

전문성 추락의 원인, 관리자의 비전문성으로부터 시작

전문성이 떨어지는 이유는 주요 의사결정자의 비전문성으로부터 시작한다. 역대 방위사업청의 주요 의사결정자인 청장과 차장, 본부장 중 방위사업에 대한 비전과 전문성을 가졌던 사람은 드물다. 그저 정권의 입맛에 맞는 사람, 타 부처 인사숨통을 트이게 하는 승진자리가 되었다. 방만하게 운용되는 국방예산을 관리한다는 이유로 기획재정부 출신을 청장으로 임명하고, 문민화를 한다는 명분에서 일반 행정관료를 임명하고, 방산비리를 엄격히 관리하라는 명목에서는 감사원 출신을 청장에 임명했다. 그러면서 차장은 승진이 적체되어 있는 기획재정부나 산업자원부에서 1급으로 승진시켜 보내는 자리가 되었다. 기획재정부와 산업자원부에서 서로 자기 자리인 양 번갈아가면서 보냈다. 사업본부장이나 계약본부장 역시 획득분야 경험이 전혀 없는 일부 예비역 군인이 자리했고, 심지어는 방위사업 분야에 일면식이 없던 사람도 자리에 앉았다.

일반적으로 장관이나 청장 등 기관장에 외부 인사가 내정된다면 차관이나 차장은 소관 업무에 정통한 전문가를 앉힌다. 한쪽에서 외부의 새로운 시각으로 정책방향을 제시하면, 다른 한쪽에서는 내부의 전문성으로 그것을 뒷받침해야하기 때문이다.

그러나 방위사업청은 이러한 최소한의 기본마저 없이 오랜 기간 동안 청장, 차장, 각 본부장 전부가 동시에 외부인사로 채워졌다. 일반 행정에서도 나름 전문성이 요구되는 판에, 특수한 제도와 절차로 진행되는 방위사업에서 고위 의사결정그룹 전부가 문외한들로 구성된 것이다. 의사결정이 제대로 진행 될 리가 없었다.

이런 현상을 변명하는 일각에서는 1급 이상은 관리자 직급이라서 전문성이 필요하지 않다지만, 그런 논리라면 정부의 모든 실장급 이상을 순환보직 시켜도 된다는 말인데, 그 어떤 부처도 그렇게 하지 않고, 하물며 이런 식으로 한꺼번에 문외한을 앉히지는 않는다.

비전문성의 확산, 전문성의 하향평준화

관리자인 청장, 차장의 전문성이 없다면, 실무를 움직이는 국장이나 과장이라도 전문성을 가지고 보좌해야 한다. 그것이 정상적인 조직의 건전한 모습이다.

그런데 청장, 차장의 비전문성이 지속적으로 반복되면서 예하 국장, 과장 역시 전문성이 점점 낮아졌다. 청장, 차장이 방위사업에 대한 전문성이 없으니 국장, 과장에게 어려운 업무는 지시할 리가 없고, 그들의 전문성 부족을 발견할 수도 없고, 질책할 수도 없다. 행여나 국장, 과장 스스로 어렵고 복잡한 일을 할라치면 이때는 청장과 차장이 이해를 못하여 벽에 가로막혀 제대로 추진되지도 않는다. 업무의 전문성이 점차 청장과 차장의 낮은 수준에 맞춰 하향 평준화되는 것이다.

전문성이 없어지다 보니 업무성과는 상급자의 지시사항을 얼마나 충실히 이행했는가로만 구별되고, 결국 위만 바라보며 위에서 시키는 일이라면 맹목적으로 수행한다.

그렇게 되자 담당 직원마저도 전문성이 딱히 필요 없어졌다. 청장, 차장이 국장, 과장을 대했듯이 국장, 과장 역시 전문성이 없기 때문에 담당 직원에게 전문성을 요구하지 못한다. 청장, 차장으로부터 시작한 비전문성이 조직 전체로 퍼진 것이다. 모든 구성원은 매뉴얼대로 정해진 일만 수행할 뿐이다. 그래서 어떤 이슈가 발생하면 적시에 대응하지 못한다. 그제서 관련규정을 찾아보고, 이게 맞는지 저게 맞는지 따져보며 우왕좌왕하고, 대책을 내놓기까지 상당 기간을 소비한다.

방위사업청의 인사만 놓고 보면, 범정부 합동부처다. 기획재정부와 산업자원부에서 실장급 한 자리, 감사원에서 감사관, 검찰에서 감독관을 고정적으로 임명하고, 외교부, 금융위에서도 한자리 차지하기도 했다. 공직 개방과 교류를 문제시 할 것은 아니나, 방위사업은 일반 행정과 별개의 업무체계를 가지고 있다. 아무리 일반 공직에서 20년 넘게 일했다 해도 방위사업은 생소할 수밖에 없다. 그래서 최소한 일말의 전문성은 가지고 있어야 마땅하다. 지금처럼 마구잡이로 보직하는 것은 방위사업을 경시하기 때문이다.

전문 업무 배제 : 전문성 경시 풍조 정착

방위사업청의 비전문성이 조직 전체로 확산되면서 전문성이 필요한 소관업무 역시 스스로 배제하기 시작했다. 사업추진기본전략수립에 필요한 선행연구부터 국방기술품질원에 위탁한다. 획득방안은 선행연구 결과를 그대로 옮겨 적는다. 예산은 한국국방연구원의 사업타당성조사로 결정한다. 업체 선정을 위한 제안서평가는 외부 평가위원에게 전적으로 위임하고, 그 결과대로 계약한다. 계약이후 개발과정에 개입을 최소화하고, 개발에 관한 일체 책임은 업체에게 부여하며 계약이행여부만 관리한다. 시제품 제작 후 시험평가는 합참이 군과 업체를 통제해서 수행하게 하고, 방위사업청은 결과에 따른 행정처리만 할 뿐

일체 개입하지 않는다. 사업 분석, 비용 분석, 원가산정 등을 위탁용역으로 수행한다. 양산간 야전운용시험이나 전력화평가도 군과 업체가 협조해서 수행하게 한다. 그리고 대부분의 의사결정은 각종 위원회를 구성하여 결정한다. 결국 방위사업청의 주요 업무가 계획수립, 예산편성, 계약관리 등 일반 행정관리 업무로 바뀌었다.

전문성이 하향평준화 되고, 업무마저 행정관리위주로 치우치게 되니 이제는 전문성이 완전 경시되는 분위기가 완연히 정착되었다. 전문성은 더 이상 공직의 중요 요소가 아니고, 누구도 그것을 강요하지 않는다. 힘들여 전문성을 쌓을 필요가 없고, 오히려 혼자서 전문성을 내세웠다가는 모난 돌이 정 맞는 꼴이 되었다. 평소에는 매뉴얼에 나와 있는대로만 하고, 상급자가 지시한 일에는 최선을 다하면 되는 풍조가 되었다.

* * *

결론적으로 현 방위사업의 위기는 그 누구의 문제가 아니라 방위사업을 이끌어 가야 하는 방위사업청의 책임의식과 전문성이 부족하여 그 역할을 제대로 하지 않기 때문이다.

방위사업청이 방위사업이라는 운동장에서 방산업체가 맘껏 달리게 해주기는커녕 운동장 곳곳에 각종 규제라는 장애물을 설치해 놓고, 어디 한번 달려볼 테면 달려보라는 식이다. 그렇게 장애물을 헤쳐 나가야만 경쟁력이 높아진다고 착각하고, 행여나 업체가 넘어지면 그것은 전적으로 업체의 경쟁력 부족 탓으로 돌린다.

예전에 기관이 분산되었을 적이라면 비효율과 비전문성은 해당 기관 하나의 문제였을 것이다. 하지만 8개 기관을 방위사업청 하나로 통합한 이후의 비효율과 비전문성은 국가 방위사업 전체의 문제다. 통합을 하는 순간 분산되었던 위험마저 하나로 뭉쳐진 것이다. 잘되면 전체가 잘되고, 반면 못되면 모두가 망한다. 모 아니면 도다. 방위사업은 이대로 두면 시간이 지날수록 쇠퇴하고 결국은 망할 것이다.

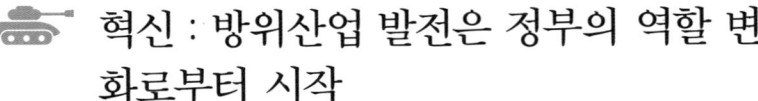 혁신 : 방위산업 발전은 정부의 역할 변화로부터 시작

> 정부 주도방식의 방위산업은 한계가 있다. 정부가 앞에 설 경우 정부가 성장 한계점이 되고, 그 누구도 정부를 앞서 나갈 수 없기 때문이다. 방위산업이 한 단계 더 도약하려면 업체가 먼저 나서야 하고, 그 뒤를 정부가 뒷받침하는 방식으로 바뀌어야 한다.
>
> 정부는 소요로써 방산업체가 나아갈 방향과 목표를 설정해 주고, 방산업체가 효율적으로 나아갈 수 있도록 진행과정상의 규제를 해소하며, 업체의 부족한 역량을 보완해 주는 쪽으로 역할이 변해야 한다.

방위산업을 발전시킬 수 있는 방법은 첫째 방위산업 규모를 키우거나, 둘째 국내 방산 제품 및 기술의 질적 수준을 높이거나, 셋째 방산시장의 운영을 효율적으로 만드는 것이다.

먼저 방위산업 규모가 커진다는 것은 방산업체의 매출이 늘어남을 의미한다. 연간 지출되는 방위력개선비가 고정된 상황에서 방산업체의 매출이 늘어나려면 해외구매 비중이 줄고, 그만큼 국내개발 및 구매가 상대적으로 확대되어야 한다. 그게 아니면 해외수출로 매출을 늘려야 한다. 정부가 국내 개발을 우선시하고, 해외 수출을 장려하는 이유다.

그리고 국내 방산 제품 및 기술의 질적 수준을 높인다는 것은 국산 무기체계의 성능과 가격 경쟁력을 높이고, 고난이도의 핵심기술을 스스로 개발함을 의미한다.

마지막으로 방산시장의 운영 효율성은 국내 방산 업무 체계를 군더더기 없이 최적화하는 것을 의미한다. 즉 인풋(Input)이 아웃풋(Output)으로 되는 과정에서 시간, 자원, 노력의 낭비를 최소화하는 것이다.

방위산업 발전은 정부에게 달려 있다

결국 방위산업 발전은 양적으로 매출향상, 질적으로 제품 및 기술 경쟁력 향상, 내부 업무 체계 개선으로 이뤄진다. 그런데 문제는 이런 방위산업 발전이 방산업체가 노력한다고 되는 게 아니라는 것이다.

왜냐하면 먼저 방산업체가 노력한다고 매출이 늘어나지 않기 때문이다. 국내 개발 할 것인지 해외 구매 할 것인지의 결정권은 정부가 가지고 있다. 정부에서 국내 개발하겠다고 결정해야만 비로소 국내 개발로 추진되고, 국내 개발이 완성되어야만 그 이후 해외 수출에라도 도전해 볼 수 있다. 한마디로 방산업체 매출규모는 정부에게 달려있다.

방산 기술 역시 마찬가지다. 무기체계 개발에 필요한 핵심기술도 정부에서 결정해야만 개발에 착수 할 수 있다. 향후 제품화되어 쓰인다는 보장이 없는 상황에서 방산업체 스스로 손실을 감수해가며 핵심기술을 미리 개발하지는 않는다. 민수시장이라면 제품을 만들어 팔수 있지만, 방산시장에서는 업체가 아무리 뛰어난 기술을 보유했다고 해도 스스로 제품을 만들 수도 없고, 팔수도 없기 때문이다.

과업수행 절차 역시 마찬가지다. 정부사업인 방위사업의 주체는 하나부터 열까지 정부다. 합참에서 무기체계 소요가 결정되고 난 후 그 추진방법 뿐만 아니라 예산, 일정, 무기체계 성능과 기능도 정부가 확정하며, 설계와 시험평가, 규격화, 품질검사 모두를 정부 이름으로 진행한다. 세부 수행 기준과 절차마저 정부가 사전에 정해 놓고, 방산업체는 그저 정부가 정해 놓은 바에 따라 과업 수행 후 산출물을 제공할 뿐이다. 심지어 제품의 원가마저 정부가 정한다. 이런 상황에서 방산업체 스스로가 업무체계의 효율성을 높일 수는 없다. 이래서 방산업체

발전이자 방위산업의 발전은 정부인 방위사업청이 어떻게 하느냐에 전적으로 달려 있다.

발전 주체와 수혜자를 일치시켜야

하지만 정부가 주도하는 방식에서는 방위산업 발전에 분명한 한계가 있다. 무엇보다 방위산업 발전을 이끌어가는 주체와 방위산업 발전으로 혜택을 보는 주체가 상이하기 때문이다.

일반적인 경우 정부는 시장의 공정성과 질서 유지에만 관여할 뿐 시장을 직접적으로 이끌어가지는 않는다. 정부가 정해놓은 테두리 안에서 기업 스스로가 매출을 늘리기 위해 노력하고, 자체적으로 기술에 투자하며, 과업 효율성을 높이기 위해 노력한다. 스스로 노력한 만큼 대가를 얻어간다.

하지만 방위사업은 정부가 직접 시장을 운영하고 하나부터 열까지 직접 수행한다. 매출, 기술, 절차 모두를 정부가 정하고, 기업은 정부의 테두리 안에서 정부가 정해놓은 대로만 해야 한다. 이런 상황에서 기업 스스로 노력한다고 발전되는 것은 없다. 그래서 기업이 발전하려면 정부가 노력해야 하는데, 문제는 정부 입장에서 기업 발전은 내 일이 아니라 남 일이다. 내 일도 벅찬 판에 남의 발전에는 관심이 없다.

그렇다고 내 일에 대한 절실함이 있는 것도 아니다. 공무원은 직업의 안정성이 법으로 보장되기 때문에 맡은 바 과업에 실패했다고 해서 인사상 불이익을 받지도 않는다. 나름 성과관리를 적용한다고 하지만, 애초에 목표 자체가 달성 가능한 수준에서 설정된다. 만약 성과 결과가 미흡하다면, 본인의 처리 과정이 부족한 게 아니라 애초에 목표설정 자체가 잘못된 것으로 변명한다. 또한 성과를 못내도 별 상관이 없다. 해가 지나면 다른 보직으로 옮겨 가면 되고, 행여나 부서가 없어져도 다른 부서로 옮기면 그만이다. 심지어 기관이나 부처가 제 역할을 못해 없어져도 다른 기관이나 부처로 소속을 옮겨 계속 근무할 수 있다.

매사가 경쟁이고, 성과를 내지 못하면 망하고, 변화하지 않으면 도태하는 기업과 입장이 전혀 다르다.

이렇듯 방위산업을 이끌어 가는 정부가 방위산업 발전에 직접적 수혜자가 아니고, 해내야만 하는 절실함도 없기 때문에 정부 주도의 방위산업 발전에는 한계가 있다. 공공의 이익을 추구해야 한다는 공직자의 본분을 내세우면서 방위산업 발전을 강조한다고 될 일도 아니다.

결국 방위산업이 발전하려면 무엇보다 방위산업을 발전시키는 주체와 그로 인해 혜택을 보는 수혜자를 일치시켜야 한다. 한마디로 내가 노력한 만큼 이익을 거둘 수 있는 구조로 바꾸어 스스로 노력하게끔 만드는 것이다.

정부주도방식의 한계

지금의 방위사업은 정부가 이끌고 방산업체는 창의성과 자율성이 배제된 채 정부가 이미 정해놓은 길을 무작정 뒤따라 걸어가는 식이다. 이런 구조 속에서는 아무리 방산업체가 뛰어난 역량을 가졌다고 해도 결코 정부 역량 이상을 넘어설 수가 없다. 한마디로 정부 역량이 곧 기업 발전의 최대 한계 기준이 된다는 말이고, 이것이 정부 주도 방식이 갖는 한계다.

초창기 방위산업이 정부주도로 지금까지 성장해왔다면, 앞으로 더 발전하기 위해서는 이제 그 틀을 바꿔야 한다. 지금까지 정부가 앞에서 방산업체를 이끌어 왔다면, 이제는 방산업체가 앞서고, 정부가 뒤에서 밀어주는 것으로 위치를 바꾸는 것이다. 지금까지 정부가 수직적인 관계에서 하청업체를 관리하는 식으로 기업을 일일이 통제하고 감독했다면, 이제는 기업에 자율성을 부여하고, 스스로 노력할 수 있는 여건을 정부가 지원해 주는 것이다.

정부 역할 전환

방산업체가 앞서고, 정부가 뒤에서 지원해 주는 구조에서 방위산업이 발전하려면 정부는 첫째 방산업체가 뻗어나가야 할 목표와 방향을 올바르게 제시하고, 둘째 방산업체가 뻗어나가는 길에 놓인 장애물을 제거하고, 셋째 방산업체가 나아가는 과정상 어려움이나 막힘이 생길 때 이를 뚫어주는 역할을 해야 한다.

▶ **목표와 방향 제시 = 소요와 사업추진방법**

　방산업체가 나아갈 목표와 방향은 정부의 무기체계 소요와 추진방법에서 결정된다. 무기체계는 소요가 결정돼야 획득을 추진하게 되고, 그 추진방법마저 국내개발로 결정되어야만 비로소 국내 방산업체의 참여 몫이 되기 때문이다. 즉 정부가 결정하는 무기체계 국내 개발 소요가 곧 방산업체의 나아갈 목표와 방향이 된다.
　그런데 국내 개발 소요는 임의로 결정할 수 있는 게 아니다. 무기체계 소요가 결정된 후 사업추진방법의 결정과정을 보면, 국내 개발 가능성, 전력화시기 충족성, 비용 적절성이 동시에 고려된다. 즉 국내 개발은 국내 기술력이 충분하고, 군이 요구한 전력화시기 충족이 가능하며, 해외제품과 비교하여 합리적인 가격일 때 추진된다.
　그런데 국내 개발을 위한 기술력이 군이 요구하는 시점에 항상 미리 준비되어 있을 수는 없다. 그렇다고 단기간에 확보될 수 있는 것도 아니고, 기술 확보를 위해서는 사전 충분한 시간이 필요하다. 또한 소요가 정해지지 않은 상태에서 업체가 먼저 투자하여 기술을 미리 개발해 놓을 수도 없다. 그래서 국내 개발의 핵심지표인 기술력은 중·장기 무기체계 개발에 필요한 핵심기술 개발로 얻어진다. 결국 핵심기술기획을 얼마나 잘 하느냐에 따라 국내 개발 여부가 결정된다.

그리고 작전운용성능 역시 단번에 최고의 성능을 요구할 게 아니라 국내 기술수준을 고려하여 점진적으로 발전시켜 나가야 한다. 기술은 결코 단기간에 발전될 수 없기 때문에 국내 기술 부족을 이유로 해외 제품을 고집하면 기술격차가 그만큼 더 벌어지고, 국산화는 갈수록 요원해진다. 그래서 국내 기술을 점차적으로 발전시켜 나갈 수 있는 기회를 만들어줘야 한다.

또한 체계개발기간 역시 보장되어야 하는데, 일반적으로 개발 기간과 생산 기간을 고려할 때 5년 이내에 무기체계 전력화를 요구하는 것은 국내 개발하지 말고, 해외 제품을 구매하라는 말과 같다. 즉 국내개발을 확대하려면 긴급 소요결정을 지양하고, 개발기간을 충분히 고려한 중·장기 소요결정이 이루어져 한다.

여기에서 비용은 국내개발에 그리 큰 요소가 되지는 않는다. 국내개발이 가능하고, 전력화시기 충족이 가능한 한 약간의 비용부담은 감수된다. 당장 개발 비용이 상승하더라도 향후 운영유지 측면에서 국내개발이 절대적으로 유리하기 때문이다.

여기에 더해 무기체계 소요 역시 일부라도 독창적으로 개발되어야 한다. 지금의 무기체계 소요는 해외에서 이미 개발하여 검증된 무기체계를 베껴 만드는 식이다. 신개념의 무기체계를 만들려면 운용개념과 작전운용성능을 스스로 수립하여 검증해야 하고, 기술개발에도 상당한 비용과 노력을 투자해야 하며, 제작 후에도 그 실효성을 입증해야 하는데 그런 경험도, 역량도 없고, 그 누구도 실패의 위험성을 감수하려 하지 않기 때문이다. 전 세계에서 극히 일부 국가만이 신개념의 무기체계를 창출하고 있는 이유다. 그래서 국내개발 무기체계는 모두 해외에서 이미 운용되고 있는 무기체계를 국산화하는 수준이다.

물론 그렇다고 해서 군사력 유지에 큰 문제가 생기는 것은 아니다. 하지만 해외 제품을 모방 개발하는 것만으로는 방위산업의 경쟁력을 갖추기가 쉽지 않다. 일단 소요 자체가 해외 소요의 후발주자 격이기 때문에 수출을 하려고 보면 언제나 해외 제품이 먼저 자리를 차지하고 있다. 소요가 후발주자이니 제품도 후발주자일 수밖에 없고, 언제나 뒤늦게 경쟁에 뛰어 들게 된다. 제품의 독창성이나 희소가치도 없으니 블루오션이 될 수가 없고, 가격 경쟁력과 품질의 우수성에 기대야 하지만, 이것만으로는 한계가 있다. 그래서 국내 방산 경쟁력을 높이려면 해외에는 존재하지 않는 독창성을 가진 신개념 소요가 창출되어야만 한다. 그렇게 될 때 경쟁의 우위가 수월하게 달성된다. 모두 다는 아니지만, 전 세계에 현존하지 않는 새로운 개념의 무기체계를 최소한 한 두 개 정도는 만들어 볼 때가 되었다.

결론적으로 방산업체가 나아갈 목표와 방향은 정부의 무기체계 소요기획과 핵심기술기획에서 비롯된다. 다시 말해 정부가 소요기획과 기술기획을 얼마나 잘 하느냐에 방위산업 발전이 달려있다는 말이다.

그렇다고 적 위협 분석과 개념연구부터 시작하여 완전히 새로운 무기체계를 염출할 필요는 없다. 대신 현재 수행중인 신개념기술시범사업이나 신속획득시범사업을 소요와 밀접하게 연계하면 된다. 지금은 방위사업청에서 사업을 주관하면서 민간 완제품을 군에 제공한 후 군사적 실용성이 있는 지만을 살펴보고, 이후 군에서 필요하다고 판단하면 알아서 소요를 결정하라는 식이다. 군이나 합참입장에서 보면 소요결정에 필요한 데이터가 한두 개가 아닌데 단지 군사적 실용성이 있다는 내용만 가지고 소요결정을 진행 할 수는 없다. 사업수행 결과가 정작 소요결정에는 별다른 도움이 되지 않고 있는 것이다. 그래서 신개념기술시범사업이나 신속획득시범사업이 소요로 연계되려면 군사적 실용성만을 보고 그칠 게 아니라, 운용개념, 작전운용성능, 전투발전지원요소 등 군과 합참이 소요를 결정하는데 필요한 각종 데이터를 제공하고, 검증하는 역할까지 포함되어야 한다. 즉 군사적 실효성이 있으니 단순히 사라고만 할 게 아니라 무엇을, 어떻게, 왜 사야 하는지에 대한 세부 데이터까지 제공해 줘야 한다. 그래야 신개념기술시범사업이나 신속획득시범사업이 실제 소요로 이어지기 용이해진다.

▶ 장애물 제거 : 규제 철폐 및 혁신

소요를 통해 방산업체가 나아갈 방향과 길을 열었다면 그 다음은 방산업체가 그 길 위에서 뻗어나갈 수 있는 여건과 기반을 만들어 줘야 한다. 그러려면 방산업체가 나아감을 가로막고 있는 장애물, 정부의 규제부터 혁신해야 한다.

　지금의 방위사업은 규제 일색이다. 방위사업이 나아가는 길에 정부는 각종 장애물을 도처에 설치해 놓고, 방산업체로 하여금 이것을 헤치고 나아가라는 식이다. 심지어 정부 스스로 장애물이 어디에 어떻게 설치되었는지를 모르면서 말이다. 앞서도 언급했듯이 연구개발에서 방산업체의 책임감 강화를 빌미로 방산업체의 자금난만 어렵게 하는 연구개발 투자방식, 연구개발 사업을 과학적으로 관리한다는 명목으로 의미 없는 데이터를 가공하게끔 하는 사업성과관리(EVM), 양산 품질을 향상시키겠다고 도입해 놓고는 정작 양산 준비성 대신 정부 의사결정을 위한 요식행위로 전락한 제조성숙도평가(MRA), 기관별 이기주의로 인해 사업의 연속성을 단절시켜 경영을 어렵게 하고 있는 사업타당성조사나 최초양산, 후속양산 제도, 시제품 제조 및 시험 비용 일체를 업체에게 부담시키는 국내 구매, 방산업체의 보호육성이 아니라 정부의 전력화시기 충족을 위해 업체에게 위험을 전가하고 있는 계약 전 사전생산 제도 등 모두가 장애물이다. 업체로서는 기술력과 생산력이 중요한 게 아니라 자체 자금 투자능력, 정부 행정사항 구현을 위한 자체 행정능력, 몇 년간 매출이 없어도 버틸 수 있는 자금 확보 능력이 중요해졌다. 방산업체 발전은 둘째 치고, 살아남는 게 급한 실정이다.

　게다가 규제는 시장의 진입장벽으로도 이어진다. 방산시장의 장밋빛 청사진만 보고 멋모르고 뛰어들었다가 예측하지 못한 장애물로 낭패를 보게 되고, 설령 어렵게 사업을 마무리해도 이익이 남지 않는다. 시장 자체의 매력이 떨어지니 새로운 기업이 참여하지 않고, 신기술 유입도 기대하기 어려워진다. 시장이 발전하는 선순환구조가 아닌 악순환구조에서 방위산업 발전은 기대할 수 없다.

법과 규정의 정비는 먼저 방산 육성을 가로막는 불필요 규제의 철폐로부터 시작해야 한다. 그리고 그 다음은 제도 자체의 취지는 좋으나, 과정상 잘못 적용 중인 제도를 개선하는 것이고, 마지막으로 정작 제도적 보완이 필요한데도 그 책임을 소홀히 해 왔던 분야에 제도를 신설하는 것이다. 즉 '철폐', '개선', '신설'의 단계를 거쳐야 한다.

앞서 살펴보았듯이 예산 절감 효과나 책임감 부여 효과는 전혀 없고, 방산업체의 자금난만 가중시키는 업체 투자방식 같은 규제는 폐지되어야 한다. 그리고 개발비용과 일정관리에 전혀 활용되지 못하고, 전시행정용으로 활용되고 있는 사업성과관리(EVM)도 폐지되어야 한다. 이처럼 제 기능을 못하고, 없어도 실효성이 전혀 없는 제도는 과감히 폐지해야 한다.

그리고 업체별 제안내용상 차이가 없는 내용을 평가하고, 비전문가가 평가하고, 무분별한 가·감점 평가로 업체의 경쟁력을 제대로 평가 못 하는 제안서평가 제도는 그 본질에 맞춰 개선해야 한다. 또한 업체 과업 영역을 벗어난 부분까지 책임을 지게하고, 평가관의 입장과 관점에 따라 결과가 달라지는 시험평가 부분 역시 개선되어야 한다. 그뿐만 아니라 제도 자체에는 나름 취지가 있으나, 시기와 내용이 따로 놀아 실효성이 부족한 제조성숙도평가, 납품이 지연 되면 사정을 따져보기 보다 일단 매기고 보는 지체상금제도, 업체에게만 책임을 부담시키는 부품단종관리, 전력화 지연과 업체 경영난을 유발하는 사업타당성조사와 최초·후속 양산 구분, 방산업체보호 육성이 아니라 희생만을 강요하는 계약 전 사전생산 제도와 국내 구매 제도 등도 개선시켜야 할 제도다. 이런 제도들은 제도 개선 자체를 성과로 내세우기 위해, 또는 어떤 사안에 대한 단편적 누더기식 미봉책으로 인해 그 취지가 변질되어 불필요한 규제가 된 것이다. 문제는 이런 규제가 정부의 내부규율 형식으로 만들어졌지만, 정작 정부에는 아무런 불편이 없고, 모든 뒤치다꺼리는 방산업체가 해야 한다는 것이다. 그래서 이런 규제는 실제 적용받는 방산업체를 중심으로 개선되어야 한다.

이렇게 불필요한 제도가 폐지하고, 비효율적인 제도가 개선되었다면 그 다음으로는 정작 제도적 보완이 필요한데도 그 책임을 소홀히 했던 곳을 찾아 보완해야 한다. 일반적인 물품 제조·구매와 달리 개발성공이 불확실한 무기체계 연구개발에 대한 지체상금 문제, 정부가 아니면 달리 판매할 곳이 없는 구매 제품의 제조 및 시험평가 비용문제, 개별 방산업체가 보유할 수 없는 시험장 활용 문제, 방산가동율 문제 등 지속적으로 문제가 제기되고 있는 부분을 제도적으로 보완해 주는 것이다.

2019년에 기존 방위사업관리규정을 획기적으로 개선한다고 해놓고, 겨우 장, 절, 편만을 분리하여 방위사업관리규정, 방위사업 품질관리규정, 군수품 조달관리규정으로 쪼개놓았다. 그러면서 몇 년 만에 방위사업관련규정을 대폭 정비하여 사업 효율성을 높였다는 식의 눈속임은 더 이상 안 된다. 수출을 활성화한다고 단순히 민원센터를 반으로 쪼개 '방산수출 지원센터' 라는 이름으로 바꿔 놓는 식도 안 된다. 겉으로 생색내기 위한 제도가 아니라, 방위사업에 진정으로 필요한 제도를 만들어 지원하는 것이 방위사업 혁신의 첫걸음이다.

▶ 방산업체의 부족한 부분을 정부가 보완

방위산업이 나아갈 목표와 방향을 정하고, 그 길에 걸림돌인 규제를 걷어치웠다면 그 다음은 방산업체의 부족한 역량을 정부가 보완해 줘야 한다.

방산업체는 본질적으로 신분과 역량에서 한계가 있을 수밖에 없다. 신분상 방산업체는 정부주도 사업에서 계약상 '을' 의 위치에 있기 때문에 대관업무 수행에 한계가 있고, 역량상 방산업체가 무기체계 시험에 필요한 시험시설 및 시험장을 자체적으로 갖추는데 한계가 있다.

먼저 대관업무 측면에서 방산업체는 방위사업을 수행하면서 계약상대자인 방위사업청만 상대하는 게 아니라 국방부, 합참, 군, 국과연,

기품원, 국방연구원 등 수 많은 정부기관을 직접 상대해야 한다. 더구나 하나의 기관 내에서도 전력부서, 시험평가부서, 운영유지부서 등 역할이 다른 부서를 다양하게 상대해야 한다.

일반적인 경우 방산업체는 방위사업청을 통해 다른 정부 기관을 상대하지만, 이해관계가 대립되는 문제가 생기면 방위사업청은 한 발 뒤로 빠지면서 방산업체 스스로 문제를 직접 해결하라고 한다. 하지만 '갑'인 정부를 대상으로 '을'인 방산업체가 동등한 협력관계에서 협의 하는 것은 애초에 불가능하다. 정부 기관은 절차와 명문을 중시할 뿐, 사업성패로 인해 직접적 영향을 받지 않는다. 그래서 정부기관에게 협의는 안 해줘도 그만이다. 하지만 방산업체는 사업이 실패하거나 지연되면 그로 인한 불이익이 상당하므로 협의는 필수다. 서로 간의 절실함이 다르기 때문에 방산업체는 정부에게 제대로 된 요구를 말하기가 어렵고, 매번 손해를 감수하며 한 수 양보해야만 한다. 업체가 대관업무에 한계를 가지고 있을 수밖에 없다.

그래서 방위산업이 발전하려면 방산업체의 대관업무는 사업주관부서인 방위사업청이 전적으로 도맡아 해야 한다. 지금처럼 방위사업청이 사업 예산과 계약만을 관리하고, 업체주관 연구개발이란 이유로 방산업체에게 대관업무 일체를 맡기는 식은 곤란하다.

대부분의 경우 대관업무에서 발생하는 문제는 계약내용과 맞지 않기 때문에 발생한다. 예를 들어 계약에 없는 내용이 군으로부터 추가 요구되거나, 계약 범위를 초과한 문제가 업체 책임으로 전가되는 경우다. 그런데 여기에서 방산업체의 계약상대자는 군이 아니라 분명 방위사업청이다. 그렇다면 계약내용에 관해 군과 이견이 생기면 계약의 대표자로서 방위사업청이 전면에 나서야 옳다. 하지만, 방위사업청은 업체 스스로 정부기관과 직접 협의하게 하고, 그 결과만 받아 처리하는 방관자적 입장을 보인다. 그 어떤 원청사라도 계약상대자인 협력업체에게 이런 식으로 대외 업무를 모두 맡기지는 않는다.

그래서 대관업무는 사업의 수행주체이자 계약 관리자인 방위사업청이 직접 나서야 한다. 대관업무에서 발생한 문제를 직접 따져보고 정부기관 요구가 타당하나, 계약범위를 벗어나 있다면 금액 증액, 기간 연장, 과업 변경 등의 수정계약을 통해 조치하고, 정부기관의 요구가 부당한 것이라면 대등한 정부 기관 입장에서 그 요구를 직접 거절해야 한다. 만약 정부의 요구가 타당하고, 업체의 대응이 부당한 것이라면 그에 상응하는 조치 역시 방위사업청이 직접 수행해야 한다.

즉 방위사업청이 대관업무 일체를 주관하고, 방산업체는 계약상대자인 방위사업청만 바라보며 협업하면 되는 구조로 바꿔야 한다.

방산업체가 신분상으로 대관업무에 한계가 있다면 역량상 방산업체에게 부족한 것은 시험평가 역량이다. 그 이유는 먼저 비용 대 효과 측면에서 시험시설 및 장비 설치비용이 사용빈도를 고려할 때 수지가 맞지 않으면 개발업체 자체적으로 시험능력을 구비할 수 없기 때문이다. 소액이거나 설령 고액이라도 사용빈도가 꾸준하다면 업체 자체적으로 확보하는 게 유리하겠지만, 고가이면서 사용빈도가 일회성인 장비를 구입하는 것은 금전적 손해다. 그래서 이런 경우에는 국과연이나 민간 시험소 등 다른 기관의 시설 및 장비를 대여해 사용한다. 대규모 시설이 필요한 유도탄 발사 시험이나 대형 체계 전자파 시험 등이 그렇다.

또한 무기체계 특성상 실제 군 작전운용환경에서 시험을 해야 하는데, 민간 업체가 자체적으로 군 작전 환경을 구현할 수는 없다. 결국 무기체계 시험을 위해서는 필연적으로 군의 장비 및 시설을 협조 받아야 한다는 말이다. 군 보유 사격장 및 훈련장뿐만 아니라 탑재시험을 위해서는 전차, 항공기, 함정마저 대여 받아야 하고, 상호운용성 시험이라도 하게 되면 연동되는 수많은 무기체계를 모두 대여 받아야만 한다. 즉 개발업체가 무기체계 시험을 수행하기 위해서는 국과연이나 군의 협조가 필수적이다.

그런데 여기에서 방산업체가 국과연이나 군의 협조를 받는데 한계가 있다는 것이 문제다. 국과연 시험장은 국과연 자체 개발 제품에 대한 시험만으로도 일정이 빡빡하고, 군 훈련장 역시 각급 부대 훈련을 소화하기에 빠듯하다. 한마디로 국과연 시험장이나 군 훈련장도 여유가 없는 상태라서 방산업체에게 대여할 여력이 충분치 않다. 게다가 군 장비는 시험지원용을 별도로 가지고 있는 게 아니고, 실제 작전 중인 장비를 대여하는 것이라서 개발업체가 원하는 시기마다 제공될 수 있는 것도 아니다.

그래서 방산업체로서는 시험기회를 갖는 게 쉽지 않다. 제품의 품질과 신뢰성을 높이려면 설계 후 제작, 시험을 반복적으로 수행하면서 피드백을 거쳐야 하지만, 시험 기회가 제한되다보니 한두 번 시험을 거친 후 합격과 불합격을 결정하는 정식 시험평가로 바로 진입할 수밖에 없는 실정이다. 게다가 시험에 한번 실패하면 시험여건 부족으로 인해 재시험까지 한참을 기다려야 하는데, 이때 일정지연에 관한 모든 책임마저 업체가 부담한다. 개발업체로서는 시험으로 인한 개발 위험이 높아 질 수밖에 없다.

이런 어려움을 해결하려면 시험 여건을 확충하거나, 군의 적극적인 협조가 필요한데, 이것은 개별 방산업체가 어찌 할 수 있는 사안이 아니라 정부만이 할 수 있다. 방산업체의 요구 규모를 수용할 수 있는 시험 시설이 부족하면 예산을 투자하여 이를 확충하거나, 아니면 새로운 시험 시설을 추가로 만들어 주어야 한다. 그리고 필요하다면 여러 종류의 시험시설을 종합적으로 관리하고 전문적으로 운용할 수 있는 조직도 만들어 개발업체의 시험을 직접 지원해야 한다. 즉 개발업체가 시험여건 마련에 어려워하지 않고, 기술의 안정과 제품의 신뢰성 향상에만 집중 할 수 있는 여건을 만들어 주는 것이다.

그리고 군에서도 방산업체가 요청할 때마다 이 부대 저 부대를 옮겨다니게 하지 말고, 또한 매번 연동 대상장비를 새롭게 세팅하게 할 게 아니라 상시 시험이 가능한 환경을 구축해 놓아야 한다. 나아가 시험평가를 상시 지원하는 전담부대를 지정하는 것도 필요하다.

이렇게 충분한 시험환경을 구축하는 것은 단지 개발업체만 유리한

게 아니라, 장비의 품질과 신뢰성이 높아져 장비를 운용하는 군에게도 이득이고, 결국 국가 전체에 이득이 되는 일이다.

시험여건 확충 및 군 지원 강화와 더불어 방위사업청의 입장도 바뀌어야 한다. 지금은 시험여건이 아예 없는 게 아니고, 단지 제한되는 것뿐이기 때문에 개발업체가 잘 만들어서 한 번에 성공하면 되고, 부족한 시험여건을 극복하는 것도 개발업체의 능력이라는 입장이다. 그리고 시험이 어려웠으면 처음부터 계약을 하지 말았어야 했고, 계약을 한 이상 응당 그에 대한 책임을 져야 한다는 논리다. 계약 관리자로서 계약만 놓고 보면 틀린 말은 아닐 것이다.

하지만 애초 시험여건 부족 자체가 정부 예산 부족과 군 지원 능력의 제한에서 비롯된 것이다. 또한 시험여건 개선은 정부만이 할 수 있는 것이고, 개별 업체가 밤을 새워 노력하고, 거액을 투자한다고 해서 해결될 수 있는 문제도 아니다. 그렇다면 최소한 시험여건 부족으로 인해 비롯되는 문제는 그 책임을 과감히 경감시켜 주는 게 필요하다.

물론 지금도 시험여건 부족으로 인한 지연을 일부 경감해 주고는 있다. 하지만 국과연이나 군의 사정으로 인해 지연되는 경우에만 경감할 뿐이다. 그 외의 민간 시험장 사정으로 발생하는 지연은 이유여하를 불문하고 전적으로 개발업체 몫이다. 만약 시제품 제작에 단 1주일이 늦어져 기 예약된 시험일정을 놓쳤고, 시험장 일정이 빽빽하여 3개월 뒤에나 다시 예약이 가능하다고 하면, 제작 지체 1주일이 아니라 3개월이 개발업체 지연 책임이 된다. 이러한 문제는 시험여건이 충분했다면 결코 발생하지 않았을 일들이다.

정리해보면 방위산업이 발전하기 위해서는 첫째 정부가 무기체계 및 기술소요를 제대로 창출하여 방산업체가 뻗어 나아갈 길을 올바로 제시하고, 둘째 규제라는 장애물을 제거함으로써 방산업체가 능력껏 뻗어나갈 수 있는 길을 만들어 주는 것이다. 그리고 대관업무 및 시험평가 등 태생적으로 방산업체에게 부족한 역량을 정부가 최대한 지원해 주는 것이다. 즉 방위산업 발전은 방산업체 스스로가 노력하는 구조가 돼야 하고, 정부는 그것을 지원해 주는 쪽으로 역할이 바뀌어야 한다.

혁신 : 방위사업청의 전문성 강화

> 방위산업이 발전하려면 방위사업을 주도하는 방위사업청 구성원의 전문성은 옵션이 아니라 필수가 되어야 한다.
>
> 전문성을 갖추려면 무엇보다 전문성이 인사에 반영돼야하고, 전문가를 우대하는 조직문화가 만들어져야 한다. 전문성을 인사에 반영해야만 개인 스스로 전문성 함양에 노력할 것이고, 전문가를 우대하는 조직문화가 만들어지면 비전문가가 창피함을 느끼고 발 디딜 곳이 없어지기 때문이다.
>
> 그리고 현역 군인의 전문성과 활용 분야도 바뀌어야 한다.

혁신은 전문성을 전제로

매번 새로운 정부가 들어설 때마다 각종 규제를 철폐한다고 하지만, 결국 바뀌는 것은 별로 없다. 정권이 바뀌어서 새로운 시각으로 규제를 바꿔보려고 하지만 한쪽에서는 그것은 규제가 아니라 타당한 제도이고, 없앤다면 오히려 문제가 생긴다고 반박한다. 기존 기득권 입장에서는 실제 문제가 뭔지를 모르는 것일 수도 있고, 비록 알지만 바꾸려면 평소 이상의 노력이 필요하니 굳이 바꾸길 원치 않는 것일 수도 있다. 어찌됐건 반박논리의 허실을 판단하지 못하기 때문에 규제는 매번 제자리에 머물게 된다.

방위사업에서의 예로 제조성숙도 평가를 예로 들어보다. 제조성숙도 평가를 개발 중이 아니라 양산 직전에 하는 것으로 바꾸자고 하면, 양산계획 심의 간 업체 제조성숙도를 확인하지 않으면 향후 제조 품질 책임소재 문제가 따른다고 반박한다. 이에 대해 논리적으로 재반박을 하려면 2~3년 후의 제조 성숙도를 미리 평가한들 실효성이 없으며, 제조성숙도 평가 없이도 양산준비 검토회의에서 양산준비상태를 점검하고 있으며, 무엇보다 양산품질에 문제가 생긴다 한들 업체가 전적으로 책임을 질 뿐 양산계획을 검토한 위원들에게는 일말의 책임도 없다는 것을 알고 있어야 한다. 그런데 이것을 모르니 반대편에서 책임소재를 운운하면 한발 뒤로 물러선다. 또한 연구개발 투자방식에 있어서 업체투자 연구개발을 폐지해야 한다고 하면 제대로 알지 못하면서 업체 경각심을 떨어뜨릴 것이라며 반대한다. 그렇다면 업체 100% 투자 연구개발을 한들 업체 경각심과는 애초에 아무런 관계가 없고, 업체의 금전적 손실만 유발할 뿐이라는 것을 이해하고 있어야 한다. 그런데 누구도 이것을 알지 못하고, 남 일이라 관심조차 갖지 않는다.

결국 엉뚱한 규제가 만들어지고, 유지되는 이유는 바로 전문성 부재로부터 기인한다. 규제의 문제점이 무엇인지를 알아야 개선을 할 터인데, 문제가 무엇인지를 알만한 전문성이 없고, 또한 알려고도 하지 않기 때문이다. 작금의 방위사업청 역시 낙하산 수뇌부로부터 시작된 비전문성이 전 직원으로 확산된 후, 내부 이해관계가 들어맞아 이제는 아예 전문성이 필요 없는 조직으로 변모했다. 그렇지만 방위산업을 주도하는 방위사업청에 전문성이 없다면 결코 방위산업은 발전할 수가 없다. 원청사가 무능하면 협력업체가 아무리 뛰어난들 그 이상 성장할 수가 없듯이 진정으로 방위산업이 발전하려면 방위사업청의 전문성이 반드시 담보되어야 한다.

의사는 의과 대학이나 의학전문대학원에서 수년을 배우고, 전공의 시험에 합격해야 비로소 환자를 진료할 수가 있고, 그 다음에도 전문의 자격시험도 통과해야 한다. 그렇게 해야만 환자를 제대로 치료할 수 있고, 전문성없는 돌팔이가 환자를 대하면 치료는커녕 오히려 악화시키기 때문이다. 유명한 식당에서도 주방에서 설거지만 몇 년을 해야 겨우 요리도구를 잡을 수 있다고 한다. 그렇게 해야만 음식의 기본부터 배워 제대로 맛을 낼 수가 있고, 섣불리 요리를 만들다가 맛에 결함이라도 생기면 고객이 발걸음을 돌리기 때문이다. 이렇듯 세상 어떤 분야건 전문성이 뛰어나야 발전할 수가 있고, 전문성 없다면 경쟁에서 뒤쳐져 도태되는 것이 순리다.

그런데 유독 공직에서만은 전문성은 남 얘기다. 병명을 정확히 진단도 못하면서 무작정 배부터 갈라 치료하려는 의사와 같고, 인터넷에 도는 요리법에 따라 흉내 내는 음식점과 같다. 의사나 요리사라면 진즉에 망했을 테지만, 정부는 달리 경쟁자가 없기 때문인지 도태될 일이 없다. 오히려 모르는 것이 서로 용납되고, 누구나 배워가면서 일하는 것이라며 서로를 감싼다. 정부 외부의 실수에 대해서는 일체의 사정을 고려하지 않으면서 내부 관계자에는 매우 관대하다.

대통령선거에 출마한 모 후보가 '공직은 결코 경험하는 자리가 아니다.'라고 했다. 전문성이 없고, 본인의 경험만을 쌓으려는 사람이 공직에 앉으면 그 피해가 국민에게 간다는 말이다.

전문성을 반영한 인사체계 혁신

공직 구성원이 전문성을 갖게 하려면 무엇보다 전문성이 공직생활의 필수 요소가 되게 만들어야 한다. 지금처럼 전문성이란 게 없어도 그만인 게 아니라, 없으면 불편하고 불이익이 되는 요소가 되어야 한다. 그래야만 구성원 스스로가 본인 자신의 이익을 위해 전문성 함양에 노력할 것이기 때문이다.

방위사업의 전문성은 기본적으로 사업관리로부터 시작된다. 방위사업청의 주요 업무가 소요결정 이후 연구개발과 양산, 구매 사업을 직접 수행하는 것이기 때문에 이 과정상에 요구되는 사업관리, 예산관리, 계약관리, 전력화지원요소 관리, 국산화관리, 형상관리 등 다양한 분야의 전문성을 기본적으로 갖추고 있어야 한다. 그래야만 전체를 유기적으로 조율할 수가 있기 때문이다. 또한 방위사업청이 관리하는 대부분의 정책과 제도 역시 사업관리에 관한 것이다. 방산업체 육성정책이나 방산기술보호 역시 사업관리와 맞물려 있다. 심지어 감사나 감독 역시 사업관리를 대상으로 하기 때문에 아무리 정책관리자라고 해도 사업관리에 대한 전문성은 기본이자 필수다.

방산수출 역시 마찬가지다. 해외 무기체계와 경쟁력을 따지기 위해서는 무기체계 성능을 이해해야 하고, 비용에 대한 개념도 알아야 한다. 개발 중인 무기체계를 홍보하려면 현재 단계에서 향후 개발 일정을 유추할 수 있어야 하고, 수출물량을 추정하려면 업체의 연간 생산 가능 물량도 이해해야 한다. 또한 해외에서 주 장비뿐만 아니라 부수장비를 요구한다면 부수장비에는 어떤 게 있는지도 이해하고 있어야 한다. 이런 전문성이 없다면 단순히 수출 현황만 집계하고, 업체로부터 자료를 받아 주고받는 중계역할만 할 뿐이다.

결국 방위사업의 전문성이란 곧 사업관리의 전문성이다.

사업 전문성 = 사업관리 경력

그런데 사업관리의 전문성은 주입식 교육으로는 한계가 있고, 탁상공론이 안 되려면 실질적인 사업관리 경험을 통해 전문성을 쌓아야만 한다. 그래서 방위사업청 구성원이라면 응당 사업관리는 필수적으로 경험해야 옳다. 이게 상식이다. 방위사업을 관리한다는 방위사업청 직원으로 있으면서 방위사업이 무엇인지를 모른다는 것은 말이 안 된다.

그런데 실제 사업관리는 전문성 요구되고, 책임이 뒤따르기 때문에 기피되고 있고, 정작 사업관리를 해본 적이 없는 사람들이 방위사업에서 주요 의사결정을 하고 있는 게 현실이다.

> 사업부서는 사업 타당성을 국회, 기재부, 심지어 과기부에 가서 설명하고, 사업추진의 주요 의사결정사항을 위원회에 상정해야 한다. 실제 개발과정에 들어서면 수십 명의 군 조직으로부터 요구사항을 듣고, 군과 업체 사이에서 대립되는 의견을 정리해야 하며, 시험평가 때는 시험평가부서와 평가결과에 대해 의견을 다툰다. 즉 책상에서 나와 의견이 같은 사람하고만 일하는 게 아니라 서로 다른 생각을 하고, 이해관계가 상반된 여러 기관을 모아 사업을 추진해야하기 때문에 피로감이 높다. 또한 감사와 수사가 주로 사업관리와 같이 집행과정만을 들여다보기 때문에 신변에 대한 걱정도 많다.
> 반면에 정책부서는 이해관계가 복잡하지 않다. 인허가를 담당하는 부서도 그렇고, 제도를 관리하는 부서 모두 심각한 의견대립이 없으며 특히 집행이 아닌 정책에 대해서는 수사와 감사로부터도 자유롭다. 아무것도 하지 않아도 별 지장이 없다. 사업부서를 기피하고, 정책부서 근무를 선호하는 이유다.

이렇게 된 가장 큰 이유는 사업관리 경력과 인사가 별개로 취급되기 때문이다. 현 방위사업청의 고위 공무원 중에서 실제 사업관리를 경험해 온 사람은 몇 안 된다. 대부분 실적은 챙기되 책임이 없는 정책부서에서 주로 근무하였다. 심지어 그들 중 일부는 교류인사를 통해 타 부처에서 공직의 대부분을 보낸 후 전입한 사람들이다. 한마디로 주요 의사결정자들부터 사업관리 경험이 적다. 그런 상황에서 사업관리 경력을 인사에 반영하는 것은 자신들의 치부를 스스로 드러내는 것이고 자신의 과거를 부정하는 것이 된다.

게다가 고위 공무원을 목표로 하는 과장급 공무원들 역시 대부분 사업관리를 제대로 경험하지 않는다. 정책부서에 근무하며 인사에 영향을 주는 고위 공무원과 좋은 관계를 구축해 놓았고, 적당히만 해도 기수별 승진이 당연히 안배되어 있는데, 굳이 이제 와서 사업관리 경력을 인사에 반영하는 것은 스스로에게 불리한 처사다. 상급자인 고위 공무원들 역시 사업관리 경력 없이 승진했고, 그런 현상을 당연시 하는데, 굳이 먼저 나서 스스로를 채찍질 할 필요가 없다.

과장급 공무원으로 승진을 앞두고 있는 사람들도 마찬가지다. 인사권자가 사업관리에 관심이 없기 때문에 사업관리를 잘 한다고 인정을 받는 것도 아니고, 승진을 하려면 승진에 영향력이 있는 고위 공무원 주변에서 그들을 보좌하며 눈도장만 찍으면 되는데, 굳이 힘든 사업관리로 고생하고픈 생각이 없다.

이런 식으로 사업관리 경력과 인사가 전혀 별개로 진행되다보니 사업 관리는 굳이 안 해도 그만인 게 되었다.

사업 전문성을 인사의 필수조건으로

그래서 사업관리 전문성을 향상시키려면 이러한 인사체계부터 바꿔야 한다. 즉 직급별 승진과 보직에 일정 수준 이상의 사업관리경력을 필수요소로 반영함으로써 방위사업의 전문성을 강화해야 한다.

또한 이때 사업관리 경력을 포장하는 행태도 차단해야 한다. 예를 들어 지금도 승진을 앞두고 사업관리 경험 부족이 약점 되면 사업부서로 잠시 옮겨간다. 그렇다고 그곳에서 실제 사업관리를 하는 게 아니라 소속만 사업부서에 둘 뿐, 실제로는 과업이 없는 장기 소요 과제나 외부 선행연구만 잠시 관리할 뿐이다. 그것도 아니면 예산관리나 단순 행정 업무만 수행한다. 그러다가 승진을 하고 나면, 다시 비 사업부서로 옮겨간다. 정작 사업관리는 손도 안대면서 사업관리 경력만 포장하는 것이다.

그래서 실제 사업관리자와 무늬만 사업관리자를 엄격히 구분해야 한다. 즉 사업관리 경력을 평가할 때 사업부서 근무 이력만을 볼 게 아니라 실제 담당한 사업과 실제 수행업무를 평가해야 한다. 그러려면 각 사업별로 실제 업무 수행자를 기록 유지해 놓아야 한다. 예를 들어 선행연구, 사업추진기본전략, 탐색 및 체계개발 기본계획, 계약특수조건 작성, 제안서평가, 협상, 연구개발 실행계획서, 연구개발 관리계획서, 요구사항 검토, 기본 및 상세설계검토, 종합군수지원관리, 개발 및 운용시험평가, 규격화 및 목록화, 양산계획 수립, 방산물자 지정, 형상통제 심의, 야전운용시험, 전력화평가, 창정비 계획 등 사업관리과정의 진행업무를 실제 누가 수행했는지를 기록 유지하는 것이다. 이렇게 되면 인사평가 시에 실제로 어떤 업무를 수행했는지를 확인 할 수 있고, 가짜 전문가를 구별할 수 있을 것이다.

이렇게 해야만 구성원 스스로가 보직과 승진을 위해 사업관리에 노력할 것이고, 편한 보직만 찾아다니며 인사혜택을 누리는 기득권의 차별도 없앨 수 있을 것이다. 무엇보다 중요한 것은 방위사업을 이해하지 못하는 사람들이 무분별하게 보직되어 방산 생태계가 훼손되는 것을 막을 수 있다.

> 이러한 인사 혁신이 내부 기득권의 이해관계 충돌로 쉽지는 않을 것이다. 하지만 정부는 사익을 위한 존재가 아니고, 공익을 위한 존재로서 진정으로 방위사업을 발전시키려면 전문성 강화를 위한 인사 혁신이 반드시 필요하다.

전문성을 우대하는 조직 문화 혁신

인사제도 혁신이 개인의 전문성을 외적으로 강제했다면, 내적으로는 조직문화가 전문성을 강제해야 한다. 전문성을 홀대하는 분위기를 전문성이 중시되는 분위기로 바꾸고, 전문성 없이는 공직생활이 힘들다는 것을 절실히 느끼게 해야 한다.

무식을 창피해 하는 조직 분위기

이러려면 기본적으로 무식을 창피해하는 분위기가 만들어져야 한다. 부서장이 부하 직원에게 하나부터 열까지를 묻고, 그러고 나서도 어떻게 결정해야 하는지조차 부하 직원에게 물어본다. 직급만 높을 뿐, 업무를 모르니 부하 직원으로부터 용어 하나하나와 배경에 대해 일일이 물어보고 설명을 듣는다. 업무에 대한 지침을 줄 기본지식도 없으니 일단 보고서를 만들어오게 하고, 그제서 얼핏 내용을 이해한 후 자신만의 논리로 뜯어고친다. 보고서 내용의 적절성은 파악하지 못하고, 문장을 다듬는 게 주된 역할이며, 보고서 잘 쓰는 것을 공무원의 자질로 인식한다.

이러니 부서장으로서 업무로 부하 직원을 리드하거나, 성장시키는 것은 기대할 수가 없다. 보통 이 정도면 창피함을 느끼고, 스스로 전문성 함양에 노력할 법 한데, 아무도 창피함도 느끼지 않고, 업무 수행에 어려움을 느끼지도 않는다. 왜냐하면 한두 명만이 그런 게 아니라 대부분이 그런 식이고, 직급이 모든 것을 대변하기 때문이다.

직원들도 마찬가지다. 부서간의 협업회의에서 본인이 맡고 있는 업무조차 몰라 다른 부서 직원이 대신 가르쳐 주고, 아예 참석자 중 아는 사람이 아무도 없어 우왕좌왕하다 끝나는 경우도 있다. 그래도 창피해하지 않는다. 혼자만 모르는 게 아니고, 업무는 하나하나 배워가면서 하면 되는 거라고 생각하기 때문이다.

업체와의 회의에서는 규정조차 제대로 몰라 업체가 오히려 가르쳐

준다. 방위사업청 직원이 방위사업청에서 정한 규정조차 업체보다 모르면 창피함을 느낄 법한데, 이마저 그렇지 않다. 모른다고 업체가 '갑'인 방위사업청 직원을 지적하지 않기 때문이다.

무식을 창피해 하려면 대부분의 사람들이 유식해야 한다. 즉 대부분 직원이 전문성을 갖춘다면 그때는 전문성 없는 소수의 직원은 무시당하고, 조직에서 소외되는 기분, 창피함을 느낄 것이다. 방위사업청에서 방위사업에 관한 전문성 없이는 제대로 생활할 수 없다고 느끼는 것이다. 이렇게 되면 전문성은 개인의 이익을 위한 옵션이 아니라 생존을 위한 필수가 된다. 비전문가는 조직 내에서 홀대받고, 설 자리가 없어지기 때문이다.

조직 문화가 이렇게 만들어져야 개방형과 공모 직위에도 지금처럼 직급만 맞는다고 아무나 자리를 탐하고, 아무나 자리하지 못할 것이다. 스스로 모자람을 알면 아예 지원을 포기하거나 최소한 스스로 부족함을 채우기 위해 노력할 것이다.

전문가가 진출하는 조직 분위기

또한 전문성과 경험이 더 출중한 사람이 상위 직책으로 가는 게 당연시 되는 문화를 만들어야 한다. 발전하는 조직은 상위 직책으로 갈수록 전문성과 경험이 뛰어나 부하 직원들이 나아 갈 방향을 제시하고, 부족한 점을 보완해 줌으로써 조직전체의 역량을 성장시킨다. 그런 구조가 만들어져야 부하 직원 역시 상급자를 롤 모델로 삼아 성장하며, 믿고 따름으로써 단합할 수 있고, 상하 간에 소속감이 강해지는 이상적인 조직이 된다.

지금처럼 전문성과 무관하게 연차가 쌓이면 진출하고, 출신에 따라 진출하며, 직급만 맞으면 아무 자리나 탐하고, 아무나 자리에 앉는다면 조직은 활력을 잃어가고, 현실에 안주할 것이다.

상급자가 더 열심히 일하는 분위기

그리고 직급이 오를수록 더 열심히 일하는 조직문화로 바꿔야 한다. 부서장이 되면 부하 직원들 뒤로 물러서지 않고, 앞장서서 이끄는 분위기로 바꾸어야 한다. 사무실에 가면 그 부서의 분위기를 알 수 있다. 부서장이 부서를 제대로 이끌어가는 부서라면 부서장과 부서원간에 칸막이가 없다. 칸막이가 없어야 수시로 의사소통이 가능하기 때문이다. 반면 대부분의 부서는 부서장과 부서원간에 책장을 겹겹이 쌓아올려 물리적인 벽을 만들어 놓고 있다. 모든 일은 부서원이 알아서 수행하고, 부서장은 정제된 보고만 받겠다는 의미다. 대부분의 부서가 이런 식이니 부서장이 되면 일이 줄어들고, 편해지는 게 당연한 분위기가 되었다. 민간 기업이 업무효율을 위해 임원들도 같은 공간 내에 칸막이만 세워놓고, 문턱을 낮춘 것과는 참으로 대조적이다.

그렇다고 직급이 높을수록 일 자체를 많이 하라는 의미가 아니다. 업무의 가이드라인과 지침을 먼저 제시하여 부하직원의 업무를 한 방향으로 이끌고, 부하직원의 업무를 통찰하여 도와주고, 성과에 대한 책임을 져야 한다는 것이다. 이것 역시 전문성이 전제될 수밖에 없다.

일부에서 부서장이 일은 많이 안 해도 결정에 대한 책임을 진다고 항변하지만, 이 말은 그저 일을 하지 않겠다는 말을 둘러댄 것이다. 애초에 책임질 결정은 하지 않고, 책임질 일도 없기 때문이다.

조직문화는 단기간에 형성되기도 어렵지만, 일단 한번 형성되고 나면 쉽게 바뀌지도 않는 게 조직문화다. 이 말은 전문성 우대 문화를 만들면 오래 간다는 말이기도 하지만, 이미 형성된 전문성 경시풍조 역시 쉽게 바꾸기 어렵다는 말이기도 하다.

그렇다고 전문성을 이대로 두어서는 안 된다. 방산업체, 군, 방위사업청, 나아가 나라가 발전하려면 전문성을 위한 혁신이 필요하고, 그게 안 되면 개혁이라도 해야 한다.

현역 군인의 전문성

마지막으로 방위사업청에 근무하는 현역 군인에 대한 전문성 역시 강화해야 한다.

방위사업 분야에 군인이 있어야 하는 이유는 군 작전운용환경에 부합된 무기체계를 효율적으로 획득하기 위함이다. 즉 무기체계가 작전운용환경에서 적합하게 사용될 수 있도록 무기체계 운용개념과 운용환경을 잘 아는 군인들이 사업관리에 참여하는 것이다.

예를 들어 대전차 미사일을 만들 때 군에서는 운용방법으로 휴대운용과 차량거치가 가능해야 한다는 정도만 요구한다. 그러면 개발과정에서 휴대운용을 위해 개인의 전투하중과 기타 휴대 장비를 고려하여 최적화 설계를 하고, 운용 전술을 고려하여 차량 거치 형태도 설계해야 한다. 또한 통신장비를 개발할 때도 부대에서 보유한 여러 통신장비와 망 구성이 어떻게 되고, 각각의 운용형태도 알고 있어야 기존 시스템과 융합되는 통신장비를 개발할 수 있다. 한마디로 새로 만들 무기체계가 기존 무기체계와 연계하여 어디에서 어떻게 쓰이는지를 알고 있어야만 제대로 된 장비를 획득할 수 있다. 세계 여러 국가에서 군인이 무기개발에 참여하는 이유다.

물론 무기체계 운영개념과 운용환경에 관한 사항은 군의 협조를 받아 할 수도 있다. 문제는 직접 할 때와 협조를 받아 할 때의 효율성이다. 여러 단계를 거치면 의사결정이 지연될 수밖에 없고, 단계를 거치며 내용이 손실되거나 왜곡될 수밖에 없다. 더욱이 군에서 방위력 개선 분야는 비주류라서 전문 인력이 부족하고, 방위사업청이 원하는 대로 100% 지원을 해 줄 수도 없다. 그래서 군인을 방위사업청에 파견 보내 이 역할을 대신 하라는 것이다.

이것 말고는 군인이 굳이 방위사업청에 있을 이유가 없다. 개별 무기체계의 운영개념과 군 운용환경에 대한 전문성을 제외한 나머지 획득 및 방산정책, 수출, 사업 및 계약관리 등의 모든 업무는 공무원도 전문성을 가진다면 충분히 할 수 있는 일이다.

방위사업청 개청 당시 군인의 전문성을 강화하기 위해 획득 특기를 만들고, 야전과 보직을 순환하는 개방형이 아니라 방위사업청에서만 근무하게 하는 폐쇄형으로 만들었다. 획득 분야의 전문성을 강화한다는 명분도 있었지만, 군내 비주류였던 획득 특기 군인들이 야전 군인에 차별받지 않는 그들만의 인사 영역을 만들려는 욕심도 분명 있었을 것이다.

그런데 시간이 지난 현재, 군인의 전문성은 사라졌다. 그냥 신분만 군인일 뿐, 공무원과 같이 전문성은 있으나 마나 한 것이 되었다. 그 이유는 군인으로서 전문성이 필요한 곳에 군인을 보직한 게 아니라 정책부서, 사업부서, 계약부서를 가리지 않고 공무원과 동일하게 순환보직을 시켰기 때문이다. 심지어 규격과 목록, 운영 지원, 행정관리, 보안, 전산관리 등의 일반 행정 업무마저 공무원과 똑같이 나눠 수행한다.

또한 사업관리 분야에서도 투명성을 명분으로 육군 장교에게 해군

사업을, 해군 장교에게 공군사업을, 공군 장교에게 육군 사업을 맡겼다. 즉 육군 장교가 잠수함을 개발하고, 해군 장교가 전투기를 개발하며, 공군 장교가 자주포를 개발했다. 군인이 자군 사업을 하면 유착관계가 만들어진다는 말도 안 되는 논리였다. 그리고 아무리 군이 달라도 공무원보다는 낫다는 생각이었겠지만, 병과만 달라져도 그 전문성이 떨어지는데, 하물며 타군의 운용개념이나 운용환경에 대한 전문성이 공무원보다 나을 게 없다. 이런 식으로 군인은 공무원과 신분만 다를 뿐 하는 일은 똑같아졌다.

이런 식이 되다보니 방위사업청에서 군인의 전문성은 딱히 필요가 없다. 군인이라는 이유로 전문성을 가질 이유가 없고, 그저 군복 입은 공무원과 다름없다.

한편 문민화를 명분으로 군인의 비율이 줄고, 국·부장 이상이 대부분 공무원으로 채워지면서 군인은 주요 의사결정에서 배제되었고, 오직 실무 역할만 담당하게 되었다. 결국 방위사업청에서 군인은 방위사업에 필요한 전문 인력이 아니라, 방위사업청의 궂은일을 도맡아 처리하는 용역 업체 직원이 된 셈이다.

방위사업에서 군인의 전문성이 필요 없다면 그 자리는 치우는 게 마땅하다. 방위사업청 현역 군인들이 들으면 기겁하겠지만, 지금처럼 단순 파견 직원 역할을 하면서, 공무원이 기피하는 일을 도맡아 처리하는 도우미 역할을 해서는 안 된다. 자리를 치우든가 그게 아니면 정말 군인으로서 방위사업에 필요한 제대로 된 역할을 해야 한다.

그러려면 먼저 군인의 전문성을 고려한 보직관리가 되어야 한다. 이미 주요 행정은 공무원 중심으로 진행되고 있고, 군인의 수가 줄었기 때문에 군인을 모든 부서에 균등히 순환 보직하는 것은 이제 명분이 없다. 야전에서 10년을 근무하고 방위사업청으로 오는 군인이 기존 경험을 활용할 수 있는 무기체계 개발 및 구매 사업 관리, 종합군수지원, 시험평가 등에 중점 활용해야 한다. 그리고 이제는 군, 병과와 특기를 고려하여 배치해야 한다. 이미 주요 의사결정을 공무원이 주도하고 있기 때문에 투명성은 충분히 확보되었다. 군과 병과, 특기를 달리하면 오히려 전문성만 희석될 뿐이다.

그렇게 각자 분야에서 전문성을 발휘하고, 연계된 업무를 꾸준히 수행함으로써 군인의 전문성을 높여야 한다. 변호사를 선발하여 법과 관련한 업무를 전담시키는 것과 같이 군인을 선발하였으면 군인의 전문성이 필요한 업무를 맡도록 해야지 결코 지금처럼 무늬만 군인이 되어서는 안 된다.

공직자에게 '실패'라는 단어는 존재하지 않는다. 기업의 잘못된 판단은 기업 자체의 존립에 영향을 끼치는 반면, 공직자의 잘못된 판단은 공직자에게 아무런 불이익이 없다. 기업은 실패를 직접 책임지는 실전이지만, 공직은 책임질 게 없는 연습이기 때문이다. 어느 누가 해도 실패라는 게 없으니 능력과 성과가 드러나지 않고, 결국 출신과 인맥이 우선된다. 행정이 3류 소리를 듣는 이유다. 만약 공직에도 실패에 대한 책임을 묻는다면 현실에 안주하면서 무엇이 되기만을 원하는 사람을 솎아낼 것이다. 공직이 변해야 나라가 발전한다. 공직 혁신이 필요한 이유다.

혁신 : 방위사업에 대한 국민의 관심과 견제

> 각종 사정기관이 방위사업을 감시한다고 하지만, 그들의 관심은 비리에만 치우쳐 있고, 비리가 아닌 한 정부 정책과 제도에는 아무런 견제가 없다. 그리고 국회는 전문성이 없어서, 언론은 국민의 관심이 적어서, 직접적 이해 당사자인 방산업체는 발주의 100%를 정부가 독점하고 있어서 제대로 견제하지 못한다.
>
> 그래서 방위사업은 방위사업청에 의해, 방위사업청을 위해 독선적이고 독단적으로 진행된다.
>
> 이런 일방적인 독주는 국민의 관심과 견제만이 예방할 수 있다.

방위사업청이 지금처럼 제 역할을 하지 않고, 전문성을 경시하는 것이 내부 구성원 스스로의 문제에서 비롯되지만, 외부로부터 아무런 견제를 받지 않는다는 것도 큰 문제다.

각종 사정기관이 방위사업을 상시 감시하고 견제한다고 하지만, 이들은 오직 방산 비리에만 관심이 있을 뿐, 방위사업청이 무엇을 하는지에는 별 관심이 없다.

감사원은 정해진 절차를 준수하고, 예산 손실이 있는지에만 관심을 가질 뿐, 정부가 정한 제도 그 자체가 올바른지에 대해서는 관심이 없다. 정부 예산을 절감했다면 설령 방산업체에 부당한 집행을 했더라도 전혀 문제시 하지 않는다. 방위사업청을 만들면서 국민의 대표기관인 국회의 감시를 받도록 했지만, 국회는 전문성이 없어서 그런지 문제의 본질을 제대로 알지 못한다. 그래서 국민이 관심가질 만한 대형 이슈에만 관심을 가질 뿐, 정부 행정에 대한 견제는 하지 못한다. 방산업체 상호간 이익을 도모하기 위한 설립했다는 방위산업진흥회 역시 수요를 독점하고 있는 방위사업청에는 별 다른 쓴 소리를 내지 못하고, 단체 역량 확대에 열중할 뿐이다

그나마 언론이 방산정책과 제도에 대해 이의를 제기하고 비판의 목소리를 내보지만, 내면의 문제를 제대로 알기 어렵고, 대중의 관심도 적어 문제를 해결하는 데에는 한계가 있다.

정책과 제도에 문제가 있으면 이를 실제로 적용해야 하는 방산업체에서 이의를 제기할 법도 한데 정작 방산업체는 한마디 이의제기가 없

다. 문제를 몰라서가 아니라 문제를 지적해도 바뀌는 것이 없고, 괜히 문제를 제기했다가 불이익을 받을까 걱정하기 때문이다. 그래서 개선을 요구하기 보다는 스스로 자구책을 찾는 데 익숙해져 있다. 부당한 지체상금이나 사전 생산 물량 변경, 양산 지연 등으로 분명히 경영상 문제가 발생하고 있지만, 각 건별로 방위사업청의 선처만을 바랄뿐이지 방위사업청이 잘못했다고 누구도 비난하지 않는다. 공무원의 비전문성을 뒤에서 욕하기는 해도, 철저한 '을'의 위치라서 방위사업청의 무식을 대놓고 비난하지 않는다.

이렇다 보니 방위사업청으로서는 정해진 규정만 잘 지키고, 예산을 낭비하지만 않는 한 그 누구로부터 지적을 받지 않고, 욕을 먹지도 않는다. 게다가 그 규정이란 것은 스스로 만드는 것이고, 누구도 그 내용은 탓하지 않는다. 한마디로 무엇을 어떻게 해도 아무런 비난과 책임이 따르지 않으니 방위사업청 스스로 부족함을 몰라 자만하고, 독선적이고 독단적으로 정책과 제도를 이끌어간다.

하지만 이렇게 무능이 용납되고, 일방적으로 정책과 제도가 추진되어서는 방위산업은 결코 발전할 수 없다. 진정 방위산업이 발전하려면 방위사업청의 일방적 독주가 분명히 견제되어야만 한다.

그러려면 우선 실제 방위산업을 이끌어가는 방산업체에서 솔직하고 현실적인 목소리를 내야 한다. 결코 좋은 게 좋다는 식으로 부당함을 감내하는 것이 미덕으로 여겨져서는 안 된다. '불의가 법으로 변할 때 저항은 의무가 된다.'는 토마스 제퍼슨의 말처럼 정부의 정책이 불의가 될 때 스스로 목소리를 내야만 한다.

무엇보다 국민의 관심과 견제가 제일 중요하다. 방산업체에서 아무리 목소리를 낸다고 해도 방산업체는 방위사업청에 종속되고 이해관계가 얽혀있기 때문에 견제에는 한계가 있다. 그래서 근본적으로 정부의 견제는 국민에게 달려있다. 국민이 관심을 가져야만 언론이 관심을 갖고, 국회가 관심을 갖고, 정부가 제멋대로 하지 못한다. 또한 이슈가 생길 때만 관심을 줬다 마는 게 아니라 상시 관심을 갖고, 지켜봐야 한다. 일회성 관심으로 그친다면 '소나기를 피하고 보자'는 식의 변명을 대고, 관심이 멀어지면 슬그머니 제자리로 돌아오기 때문이다.

지금의 방산업체가 대단한 이익을 얻기 위해 방위산업을 유지하는 것으로 착각하면 안 된다. 갑작스레 업종전환을 할 수 없기 때문에 유지하고 있을 뿐이다. 만약 업종을 변경할 기회가 되면 모 기업처럼 방산을 냉큼 포기할 것이다.

* * *

방위사업의 혁신은 단순하다. 방위사업청이 방위산업의 관리자이자 운영자로서의 역할을 자각하고, 전문 조직으로 거듭나 방위산업을 효율적으로 이끌어 가는 것이다. 그리고 방위사업청이 그런 역할을 꾸준히 지속할 수 있도록 국민이 관심 깊게 지켜보며 견제해야 한다. 그렇게 할 때 방산업체가 일에 자부심과 보람을 느끼고, 신명나게 일함으로써 방위사업은 발전할 것이다.

EPILOGUE

EPILOGUE1.

방위사업청 존폐, 기득권 싸움이 아닌 군사력 건설이 목적돼야

EPILOGUE2.

국방상호조달협정(RDP MOU)의 허상과 위험성

EPILOGUE 1.

방위사업청 존폐, 기득권 싸움이 아닌 군사력 건설이 목적돼야

> 방위사업청 존폐논란은 여전히 진행 중이다. 존립을 주장하는 쪽과, 폐지를 주장하는 쪽 모두 절대적 명분 없이 서로간의 기득권만을 확대하고자 하기 때문이다.
>
> 방위사업청 존폐는 조직의 통폐합 그 자체가 목적이 되어서는 안 되고, 효율적인 군사력건설 측면에서 검토되어야 한다.

2006년 방위사업청 개청 이후, 꾸준히 되풀이 되고 있는 주장 중의 하나가 방위사업청을 폐지하고, 국방부로 흡수하여야 한다는 것이다. 2008년 정권이 바뀌자 국방부는 개청 3년 만에 방위사업청을 폐지하려고 했다. 하지만, 투명성 논란과 육군위주의 사업추진 회귀 등이 우려되어 무산되었다. 이후 2013년 새로운 정부가 들어섰을 때에도 국방부는 다시 방위사업청을 흡수하려고 하였지만, 국방중기계획과 시험평가 기능 등 방위사업청의 일부 기능만 이관하는 것으로 정리되었다. 2014년에도 방산비리 문제가 대두되었을 때 방산비리 예방에 제 역할을 못한다며 방위사업청을 폐지되어야 한다는 주장이 제기되었으나, 방산비리의 근원으로 '군피아'를 지적하며 방위사업청 내 현역 군인을 감축하는 것으로 일단락되었다.

그리고 2022년 정권교체를 앞두자 다시 방위사업청은 폐지되어야 한다는 주장이 대두되었다.[02] 소요와 집행, 방위력개선사업과 전력운영사업을 이원화한 상태로는 제대로 된 군사력 건설을 이룰 수 없다는 이유다. 그러면서 방위사업청 중심의 현 획득시스템은 돈이 많이 들고, 시간도 오래 걸리며, 성능이 뒤떨어진다고 하였다.

이와 같이 개청과 동시에 방위사업청 존폐 논란은 꾸준히 되풀이 된다. 그럼에도 불구하고 여전히 방위사업청은 존립하고 있다. 그 이유는 방위사업청을 국방부로 통합해야 하는 명분이 절대적이지 못하고,

---

02. 김한경, 「[방산 이슈 진단(62)] 획득업무 전반 관장하는 국방부 제2차관 직책 신설 검토해야」, 2022. 1. 28., https://www.news2day.co.kr/article/20220120500225

그에 따른 실익 역시 모호하기 때문일 것이다. 즉 한쪽에서는 통합해야 옳다고 주장하는 반면, 다른 한쪽에서는 분리된 채로 있는 게 옳다고 주장하며 맞서니, 논쟁만 계속될 뿐 어느 한쪽으로 결론을 내지 못하는 것이다.

그래서 여기서는 방위사업청 존폐에 관한 주장을 짚어보고자 한다.

통합의 명분 – 획득과 운영유지 예산의 분리, 전력증강의 불균형

방위사업청을 국방부로 통합해야 하는 첫 번째 명분은 무기체계 획득과 운영유지의 예산이 분리되어 비효율적이라는 것이다.

국방예산 중 무기체계 연구개발, 양산, 구매 등 무기체계를 획득하는 획득비는 방위사업청이 집행하고, 무기체계 운영에 필요한 수리 및 정비비, 연료비, 탄약 등의 운영유지비는 국방부가 각각 집행한다.

운영유지비는 획득과정에서 대부분 결정된다. 획득 과정에서 설계, 군수지원 등을 어떻게 계획하느냐에 따라 획득 이후의 운영유지비가 달라지기 때문이다. 그래서 획득단계에서 운영유지, 폐기까지를 고려하여 무기체계 총수명주기비용을 예측하지만,[03] 이 예측이 항상 정확한 것은 아니라서 예상보다 유지비가 많이 들기도 하고, 유지비가 폭

---

03. 국방부 훈령 제2520호(2021. 2. 8.) 총수명주기 관리업무 훈령

등하기도 한다.[04]

이때 운영유지비가 부족하면 같은 국방예산인 획득비를 일부 전환하여 사용하면 좋겠으나, 문제는 예산의 소관부처가 다르다 보니 전환 사용이 불가능하다는 것이다. 왜냐하면 현 국가재정법에서 국회의 의결과 기획재정부장관의 승인 없이는 중앙행정기관 간 예산의 상호이용을 금지하고 있기 때문이다.[05] 즉 국방부는 방위사업청 예산이 남는다 해도 이것을 가져다 쓸 수가 없다.

그렇다면 국방부 소관의 운영유지비를 늘려야 하는데, 정부 총 예산에서 국방부 소관 예산이 일정 비율로 거의 고정되어 있기 때문에 이것 역시 어렵다. 결국 국방부 입장에서 운영유지비가 부족하면 부족한 대로, 그것에 맞춰 장비 가동률을 낮출 수밖에 없다.

한편 방위사업청 소관 예산 역시 매년 고정 비율로 편성된다. 이 말은 국방부 예산이 부족하여 군 운영유지가 제한되는 상황이 벌어진다고 해도 이와 관계없이 방위사업청은 새로운 무기체계를 꾸준히 획득하여 제공한다는 말이다. 국방 전체 측면에서 보면, 정작 기존 장비의 운영이 어려운데, 새로운 장비만 계속 새롭게 들여온다는 것이다. 획득과 운영유지가 조화롭지 않다. 이 때문에 방위사업청을 국방부로 통합해야 한다는 것이다.

---

04. 박수찬, 「280억원 들여 도입한 공군 훈련기, 유지비 폭증해 공군 부담 가중」, 2021. 10. 14., https://www.segye.com/newsView/20211014506905
05. 국가재정법 제47조(예산의 이용·이체)

그런데 이 문제는 방위사업청을 단순히 국방부로 통합한다고 해결되지는 않는다. 예산을 융통성 있게 활용하려면 기관의 물리적 통합뿐만 아니라 예산 항목의 구조마저 바꿔야만 한다.

정부 예산은 '소관-회계-분야-부문-프로그램'으로 세분화된다. 그래서 무기체계 운영유지와 관련한 국방부의 예산은 '국방부(소관)-일반(회계)-국방(분야)-전력유지(부문)-군수지원 및 협력, 군사시설건설 및 운영 등(프로그램)'으로 세분화된다.

그리고 방위사업청의 예산은 '방위사업청(소관)-일반(회계)-국방(분야)-방위력개선(부문)-항공기사업/ 함정사업/ 유도무기사업/ 기동화력사업/ 지휘정찰사업(프로그램)'으로 세분화된다.

그런데 현 국가재정법에서는 국회의 의결과 기획재정부장관의 승인이 없이는 중앙행정기관 간(소관) 상호 이용뿐만 아니라 예산의 장(분야), 관(부문), 항(프로그램)간에도 상호이용을 금지하고 있다.[06] 즉 이 말은 국방부와 방위사업청간에 서로 예산을 주고받지 못하는 것뿐만 아니라, 예산 프로그램 간에도 서로 주고받지 못한다는 말이다.

예를 들어 전차를 획득하는 예산은 '방위사업청 소관- 기동화력사업프로그램'에 속해 있고, 전차를 운영 유지하는 예산은 '국방부 소관- 군수지원 및 협력 프로그램'에 속해 있다. 그래서 국방부와 방위사업청이 합쳐져서 중앙행정기관 소관이 같아지더라도 예산 프로그램이 달라 획득예산은 운용유지에 활용될 수 없다.

---

06. 국가재정법 제47조(예산의 이용·이체)

그래서 예산을 융통성 있게 사용하려면 예산 구조를 바꿔 전차의 획득과 운영유지를 동일한 프로그램으로 만들어야 한다. 그래야만 무기체계 총 수명주기 차원에서 획득과 전력운영이 유기적으로 관리될 수 있다.

통합의 명분 – 획득과 운영유지 조직의 분리, 협업 부족

통합의 두 번째 명분은 획득 조직과 운영유지 조직이 분리되어 협업이 되지 않는다는 것이다.

무기체계 총 수명주기 간에 무기체계를 효율적으로 관리하려면 획득을 담당하는 방위사업청과 운영유지를 담당하는 군 간의 밀접한 협업이 매우 중요하다. 운영유지 계획의 대부분이 획득단계에서 만들어지기 때문에 방위사업청이 주관하는 획득 과정에 군이 적극적으로 참여해야 한다.

하지만, 방위사업청과 군이 서로 이원화 되고, 책임이 서로 다르다 보니 방위사업청은 획득위주로만 진행하고, 전력화 이후의 운영유지에는 상대적으로 소홀하다. 그래서 사업예산이 부족할 경우에는 전력지원요소를 먼저 줄인다. 또한 군에서도 획득은 방위사업청의 역할로만 인식하고 적극적으로 참여하지 않는다. 획득단계에서 군의 요구사항을 적극 반영하고, 과정을 검토해야 하는데, 전문성 부족과 현행업무를 이유로 참여가 저조하다.

이래 놓고 문제가 생기면 군은 획득과정에서의 잘못을, 방위사업청은 운영유지의 잘못을 말하며 서로 책임을 미루며 대립한다. 그래서 책임을 책임을 통합해야 한다는 것이다.

하지만 이 문제도 예산 통합과 같이 방위사업청을 국방부로 물리적 통합한다고 나아질 것은 별로 없어 보인다. 그저 소속만 방위사업청에서 국방부로 바뀔 뿐, 여전히 획득은 국방부, 운영유지는 군으로 이원화되기 때문이다. 운영유지를 하는 군이 바뀐 게 없는데, 통합을 한다고 군이 지금보다 적극적으로 참여할 것으로 보이지는 않는다. 다만 어떠한 문제가 생겼을 때 단일 지휘권 아래에서의 조율과 해결만이 용이할 것이다.

그런데 만약에 방위사업청을 국방부로 통합하면서 사업부서의 기능을 획득뿐 아니라 운영유지까지 확대한다면 얘기는 달라진다. 즉 지금처럼 획득부서와 운영유지 부서를 각기 따로 두는 게 아니라, 한 개 부서에서 무기체계 획득뿐만 아니라 수리 및 정비, 성능개량 등의 운영유지, 폐기까지의 전 순기를 모두 관리하는 것이다. 이렇게 하면 획득과 운영유지의 책임기관이 동일해지게 되고, 획득과 운영유지 분리로 인한 문제를 해소할 수 있다. 즉 무기체계 전 순기를 책임지는 총수명주기 관리부서가 되는 것이다.

통합의 명분 – 무기체계와 전력지원체계의 분리, 전력증강의 불균형

세 번째 명분은 방위력개선사업과 전력운영사업이 분리되어 비효율적이라는 것이다.

군이 사용하는 군수품은 무기체계와 전력지원체계로 구분하는데, 전력지원체계란 차량 및 정비 장비 등의 전투지원 장비, 피복과 장구류, 식량 등의 전투지원 물자, 의무지원 물품, 교육훈련 물품, 국방정보시스템, 군사시설 등을 말한다. 이러한 전력지원체계는 장병 개개인의 전투력 향상 뿐 아니라 무기체계의 제 기능을 발휘하는데도 매우 중요한 요소이기 때문에 무기체계와 병행해서 발전해야 한다.

그런데 무기체계는 방위사업청, 전력지원체계는 국방부 및 각 군 전력지원체계사업단으로 이원화되어 있고, 무기체계 위주의 전력증강 정책으로 인해 전력지원체계는 상대적으로 낙후되어 있다. 전력지원체계의 소요기획체계, 종합군수지원, 시험평가, 사업관리 등 모든 면이 무기체계 획득절차에 비해 상대적으로 열악하다는 것이다.

그래서 진정한 전력증강을 위해서 무기체계와 전력지원체계를 따로 구분하지 않고, 통합하여 관리해야 한다는 것이다.

이 문제 역시 방위사업청만 국방부로 물리적 통합된다고 해결되지 않는다. 전력지원체계 획득 체계까지 포괄적으로 개선되어야 하는 문제다.

통합의 명분 – 신속 획득의 제한

네 번째는 현행 획득절차가 매우 느리다는 것이다. 소요결정 후 무기체계 전력화까지 장기간이 소요되기 때문에 지금과 같이 기술발전 속도가 빠른 시기에는 무기체계를 전력화하자마자 기술진부화가 생길 수 있다. 소요결정 이후 사업 착수까지 3~7년, 연구 개발 기간에 3~5년을 가정하면, 실제 전력화까지는 대부분 10년 이상이 걸리기 때문이다.

그런데 이 문제 역시 방위사업청과 국방부를 통합한다고 해결되는 문제는 아니다. 왜냐하면 획득이 지연되는 이유는 군의 소요결정과 방위사업청 사업관리 모두에서 발생하고 있기 때문이다.

먼저 군의 소요결정을 보자. 현재의 군사력 건설은 국방기획관리기본훈령[07]에 따라 진행된다. 먼저 기획단계에서 중·장기 군사력 건설 방향, 전력소요 및 전력화 우선순위를 포함한 '합동군사전략목표기획서'를 작성한다. 그리고 이를 근거로 계획단계에서 5개년간의 군사력 건설 및 유지에 필요한 재원을 구체적으로 배분하는 '국방중기계획'을 작성한다. 그 후 '국방중기계획'을 근거로 연도별 국방예산요구(안)을 작성하고, 연도별 국방예산요구(안)이 국회 심의를 거쳐 확정되면 이를 집행한다. 그리고 계획단계부터 예산편성 및 집행에 걸쳐

---

07. 국방부 훈령 제2513호(2021. 1. 15.) 국방기획관리기본훈령

효율적인 예산관리를 위해 분석평가를 실시한다.

그래서 현재의 획득체계 속에서 무기체계를 획득하려면 사업 착수 3~7년 전에 소요가 결정되고, 2~6년 전에 국방중기계획을 통해 구체적 예산이 배분되어 있어야 한다. 이 말은 소요결정 이후, 사업에 착수할 때 이미 3~7년이 지나가 있다는 말이다.

한편 소요결정에 요구되는 기술수준 역시 사업기간에 영향을 미친다. 소요 결정된 무기체계에 필요한 기술을 확보하려면 무기체계 개발 착수 전에 핵심기술을 먼저 개발해야 한다. 이렇게 되면 핵심기술이 확보될 때까지 체계개발은 늦어진다. 별도의 핵심기술을 개발하지 않고, 체계개발 사업에서 부족한 기술을 개발한다 해도 체계개발 기간 자체가 그 만큼 길어질 수밖에 없다.

그래서 기술 확보 기간을 단축하려면 요구 수준을 단계적으로 높여가는 진화적 작전운용성능을 적용하거나 이미 확보된 기술을 무기체계에 활용해야 한다. 이를 위해 국방부도 소요제기 및 소요결정 시에 진화적 작전운용성능 적용을 원칙으로 정하고 있고,[08] 방위사업청에서도 2009년부터 신개념기술시범(ACTD, Advanced Concept Technology Demonstration), 2020년부터는 신속시범획득사업을 추진하고 있다.

그러나 이러한 정책과 제도는 효과적으로 운영되지 못하고 있다. 진

---

08. 국방전력발전업무 훈령 제15조(작전운용성능 결정)

화적 작전운용성능이나 신속획득은 합참의 소요결정 능력이 전제되어야 하는데, 합참의 소요결정 능력이 부족하기 때문이다.

현재 국내 무기체계 소요를 보면, 모두 해외 국가에서 이미 전력화 운용 중인 무기체계를 참고하여 결정하는 식이다. 이론적으로 새로운 무기체계 운영개념과 작전운용성능을 창출하려면 합동실험이나 전투실험 등으로 소요의 타당성부터 검증해야 하는데, 국내는 이런 역량이 부족하다. 또한 새로운 무기체계는 시제품 제작과 시험비용이 만만치 않고, 아무도 만들어 본 적이 없는 제품이라서 성공에 대한 확신도 부족하며, 자칫 실패 시에는 책임만 남는다. 반면 해외에서 이미 검증된 무기체계는 타당성 검증이 필요 없고 성능에 관한 논란도 없다. 그래서 해외에서 운영개념, 작전운용성능, 전력화지원요소의 검증이 완료되면, 그 자료를 가져다 국내 현실에 맞게 수정하는 식으로 소요를 결정한다.

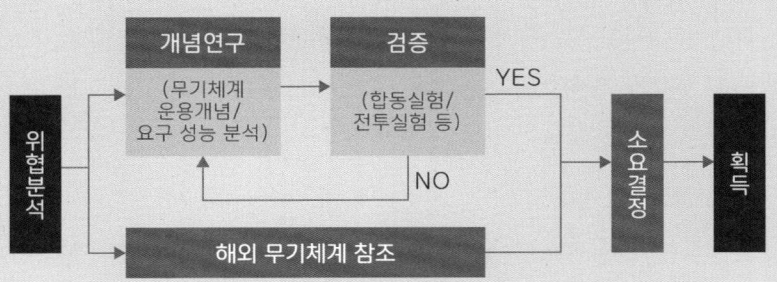

무기체계 소요결정 과정

게다가 합참 전력부서 구성원은 모두 2~3년 단위로 야전에서 순환보직되는 현역 군인이라서 기술에 관한 전문성 역시 부족하다.

이러한 합참의 소요결정 능력 부족은 진화적 작전운용성능 적용을 어렵게 한다. 진화적 작전운용성능을 적용하려면 개발 목표를 여러 단계로 나눠 정해야 하는데, 참고할 만한 선례가 없는 상태에서 스스로 성능을 정하지 못하기 때문이다. 즉 해외에서 이미 운용중인 장비의 기술수준을 100이라 할 때, 최초 성능을 80의 수준으로 낮추려면 그 수준의 타당성과 적절성을 입증해야만 하는데, 그것마저 해 본적이 없어 적용이 어렵다.

또한 소요결정 능력 부족은 신속획득도 어렵게 한다. 신개념 기술시범이나 신속시범획득은 무기체계와 같이 운용개념과 작전운용성능이 확정된 것이 아니고, 그저 민간 제품이 군사적으로 쓰일 때 효과적인지만을 보는 것이다. 만약 군사적으로 실용성과 활용성이 있다면, 운용개념과 작전운용성능, 전력화지원요소, 상호운용성 등 무기체계 소요결정에 필요한 모든 사항은 합참이 새롭게 작성해야 한다. 그런데 합참은 신개념기술시범이나 신속시범획득사업에서 무기체계 수준의 완벽한 자료가 넘어오지 않는 이상, 소요로 연계하지 못한다. 스스로 소요를 창출할 능력도, 선례도 없기 때문이다. 신개념기술시범이나 신속시범획득사업에서 소요로 이어진 대부분의 사업들이 해외에서 이미 운용되고 검증된 제품을 국산화하는 수준인 이유다.

이처럼 신속획득이 지연되는 이유 중의 하나는 경직된 예산체계와 더불어 합참의 소요창출 능력 부족이 원인이다. 그리고 이 문제 역시 방위사업청을 국방부로 통합한다고 해결될 문제가 아니다.

한편 획득의 지연은 사업관리 측면에서도 발생하는데 이것은 방위사업청에서 생기는 문제다. 그것은 사업추진 행정의 지연과 이해관계 대립 시 컨트롤 타워 부재에 따른 의사결정 지연이다.

먼저 소요가 결정 되고나면 방위사업청에서는 선행연구를 거쳐 사업추진방법을 결정하고, 연구개발 또는 구매로 사업을 추진한다.

이론적으로 연구개발에 5년이 걸리고, 양산에 3년이 걸린다고 하면 사업 착수 후 9년 안에 전력화가 완료되어야 한다. 그런데 현재의 사업추진절차에서 전력화까지 걸리는 시간은 이것보다 훨씬 길다.

우선 연구개발을 탐색개발과 체계개발로 분리할 경우, 탐색개발계획서와 체계개발 계획서를 따로 작성하여 위원회 심의를 받고, 개발업체도 각각 선정해야 한다. 위원회 심의, 입찰공고 및 제안서평가, 실행계획서 작성 등으로 연구개발 사이에 1년의 공백이 생긴다.

그리고 연구개발이 끝나도 양산으로 바로 이어지는 게 아니라, 양산사업에 대한 사업타당성조사를 받고, 그 이후에서야 예산이 편성되기 때문에 연구개발과 양산사이에 2년 이상의 공백이 생긴다.

게다가 양산에 착수한 이후에도 최초양산과 후속양산을 구분하게 되면 후속 양산계획서를 다시 한 번 작성해 심의를 받아야 하고, 계약도 새롭게 해야 하므로 또 1년이 지연된다. 여기에 장납기 품목이라도 있으면 시간은 그 이상이 걸린다.

결국 연구개발과 양산 자체에만 9년이 걸리는데 여기에 행정 처리 시간 4년마저 더해야 하니 전력화 완료까지는 총 13년 이상이 걸린다.

또 하나의 문제는 방위사업을 책임지고 이끌어가는 부서가 없다는 것이다. 겉으로 보기에 방위사업은 방위사업청이 주관하는 것처럼 보인다. 하지만 방위사업청은 예산과 계약, 행정만 직접 관리하되, 사업 추진에 필요한 세부 업무는 다른 기관에게 일임하고 있다. 작전운용성능은 합참 전력부, 세부 요구 성능은 소요군 전력부, 시험평가는 합참 시험평가부와 소요군 시험평가부대, 상호운용성은 합참 지휘통신부와 합동상호운용성센터, 전력화지원요소는 소요군 군참부와 일선 정비부대, 선행연구는 국방기술품질원, 사업타당성조사는 한국국방연구원에게 각각 맡기고 있다.

그리고 이때 역할만 일임하는 게 아니라 그 책임마저 전적으로 일임한다. 즉 각자의 역할에서 생기는 문제는 전적으로 해당 기관의 책임으로 돌아간다. 작전운용성능에 관해 문제가 생기면 전적으로 합참이 책임지고, 시험평가 문제는 시험평가부대에서 책임지며 예산과 계약에서 생기는 문제에 한해 방위사업청이 책임진다.

그런데 역할과 책임이 독립적인 반면 그 결과는 상호간에 유기적으로 얽혀있다. 합참이 작전운용성능을 어떻게 해석하느냐에 따라 업체의 개발범위가 달라지고, 개발범위가 달라지면 방위사업청의 예산과 계약이 달라지며, 군의 전력화 시기도 달라질 수 있다. 또한 시험평가 판정결과도 달라지고 이것은 또 사업타당성조사에도 영향을 준다. 즉 한 기관의 독립적인 의사결정 결과가 타 기관에게 모두 영향을 준다.

그래서 사업 추진이 원활하려면 기관 간에 상호 절충이 필요한데, 간혹 기관별 이해관계가 대립되어 절충이 안 되는 경우가 생긴다. 합참의 작전운용성능, 업체의 개발능력과 범위, 방위사업청의 예산과 계약, 소요군의 시험평가결과가 각 기관이 부담해야 하는 책임과 맞물려 전혀 절충이 되지 않는 것이다.

이런 경우 각 기관이 단일 소속이면 최상위 기관 또는 상급 부서에서 책임을 지고 조정·통제 할 것이다. 하지만 방위사업청은 국방부 외청으로서 합참 및 소요군과 상호 협조관계일 뿐이라서 책임이 일원화될 수 없다. 방위사업청에서 사업관리실무위원회, 합참에서 전력업무현안협의회, 시험평가현안협의회를 각각 개최해도 서로 간의 이견만 확인할 뿐이고, 어느 한쪽이 양보를 하지 않는 한 의사결정은 무기한 연기된다. 그러면서 사업 일정 역시 지연된다.

방위사업에 관한 최상위 의사결정기구인 방위사업추진위원회라면 이해관계 조정이 가능하겠지만, 위원회는 실행과정에서 발생한 일에는 관심이 없다. 2019년부터 국방부차관, 방위사업청장이 주관하는 방위사업협의회를 시작하였으나, 이 역시 상호간의 협의체일 뿐, 책임 있는 의사결정은 여전히 불가능한 상태다.

결론적으로 사업추진과정에서 발생하는 획득지연은 과다한 행정소요와 의사결정지연이 원인이다. 그런데 행정소요 과다로 인한 문제는 획득 제도와 절차를 정비해야 할 문제이지, 방위사업청을 국방부로 통합한다고 해결될 문제가 아니다. 다만 방위사업에서 기관 간 이견을 책임지고 조율하는 책임부서가 없다는 것은 통합의 기대효과가 될 수 있다. 방위사업청이 국방부로 통합되어 한 소속으로 묶이면 최상위 부서로서 전체를 책임지고 조율할 수 있기 때문이다.

통합은 획득제도 개선의 한 수단일 뿐, 목적이 되어서는 안 된다

정리해보면, 방위사업청이 국방부로 통합되어야 하는 명분은 다음과 같다.

1. 획득과 운영유지의 분리로 인한 비효율
   - 예산의 분리로 예산운용의 비효율
   - 이원화된 조직으로 상호 협업부족
2. 무기체계와 전력지원체계의 불균형
3. 신속획득의 제한
   - 시대에 뒤쳐지는 경직된 예산체계와 소요창출 능력
   - 행정소요 과다와 책임 분산

그러나 이러한 명분은 방위사업청 통합의 명분으로는 부족하다. 방위사업청 자체를 국방부로 소속만 바꾼다고 해결될 문제가 아니기 때문이다.

첫째 획득과 운영유지가 분리되어 예산운용이 비효율적인 문제는 방위사업청을 없애 통합한다고 해도 예산과목 구조가 바뀌지 않는 한 융통성 있는 활용이 어렵다. 그리고 획득과 운영유지 조직 간에 협업이 되지 않는 문제 역시 통합이 되더라도 현재 방위사업청과 군으로 나뉜 이원화가 국방부와 군으로 이름만 바뀔 뿐 여전히 이원화되는 것은 마찬가지다.

둘째 무기체계와 전력지원체계 불균형 문제는 통합의 문제가 아니라 열악한 소요군의 전력지원체계 획득체계를 발전시켜야 할 문제다.

셋째 신속획득이 제한되는 문제 역시 통합의 문제가 아니라 경직된 예산구조를 바꾸고 합참의 소요체계와 소요창출능력을 개선해야 하는 문제이고, 사업추진 행정소요 과다는 법과 규정을 간소화해야 하는 문제다.

방위사업청을 통합하여 얻을 수 있는 것은 분산된 책임을 일원화하여 방위사업을 책임지고 이끌어가는 컨트롤 타워를 만드는 것 정도다.

그렇다고 방위사업청을 국방부 외청으로 계속 분리해 두어야 한다는 것은 아니다. 분명 효율적인 군사력 건설을 위해 방위사업청은 국방부로 통합되어야 하는 게 맞다. 국방예산을 효율적으로 활용하기 위한 예산과목 변경은 조직이 이원화된 상태로는 시도조차 불가능하고, 획득과 전력운영, 무기체계와 전력지원체계를 균등 발전시키기 위한 조직과 기능의 재구성, 신속시범획득 제도와 소요의 연계 모두 방위사업청이 외청으로 분리된 상태에서는 시도조차 할 수 없기 때문이다.

그래서 방위사업청과 국방부의 통합은 획득제도 개선의 전제조건이고, 시발점이다. 다만 방위사업청 폐지 그 자체가 획득제도 개선의 전부이자 목표가 되어서는 안 된다는 것이다.

효율적인 군사력 건설에 부합하는 현행 획득 제도 개선이 목표가 되어야 하고, 방위사업청 폐지는 예산과목 변경, 획득 조직과 기능의 재구성, 소요기획체계 개편 등과 더불어 하나의 수단이 되어야 한다. 즉 방위사업청 존립 자체만 바라보지 말고, 국방획득제도 제2의 혁신을 먼저 고민해야 한다.

기득권이 아닌 전력증강이 목적되어야 한다

이처럼 방위사업청을 없애는 것만으로는 획득제도가 절대 개선될 수 없다. 그런데도 한쪽에서는 폐지를 주장하고, 다른 한쪽은 유지를 주장하면서 소모적인 논쟁을 계속 이어간다. 서로가 진정한 군사력 건설을 바라보기보다는 기관별 이해관계에 따라 눈앞의 실익만 고민하기 때문이다.

방위사업청 폐지를 주장하는 쪽은 겉으로 효율적인 전력증강을 내세우지만, 저변에 숨은 의도는 방위력개선 분야에서 방위사업청이 절대 '갑'이고, 군이 '을'인 구조를 바꿔보고자 함이다.

방위사업청은 책임이 수반되는 사업추진 과정에서의 의사결정은 외부에 위임하지만, 책임이 따르지 않는 예산편성, 전력화시기 및 연도별 전력화 물량 등은 모두 직접 결정한다. 주요 의사결정에서 군의 의견을 충분히 반영한다고는 하지만, 방위사업청에게 군의 요구사항은 반영할 수 있으면 하는 것이고, 안되면 마는 그저 참고사항일 뿐이다. 군 요구사항이 아무리 타당하고, 시의 적절할지라도 방위사업청 스스로 정해 놓은 내부 절차와 규정에 맞지 않으면 반영하지 않는다. 그러면서 책임이 우려되는 일에 직면하면 군 요구는 뒷전으로 미루고, 최대한 보수적으로 의사결정 한다.

> 2017년 육군에서 미래 군사력 건설에 필요한 5대 게임 체인저(미사일, 기동군단, 특임여단, 드론 봇, 워리어 플랫폼)를 추진한다고 했지만, 방위사업청의 역할이 필요한 미사일, 드론, 워리어 플랫폼에서는 아무런 변화가 없었다. 육군의 목표와 방위사업청의 집행이 서로 제각각이기 때문이다.

군에서는 방위사업청의 결정을 대부분 수용하지만, 그래도 받아들이지 못하는 경우에는 군의 최상위 기관인 국방부로 어려움을 토로한다. 그리고 때로는 장관 및 각 군 총장 등이 참석하는 고위정책간담회에서 중지를 모으지만, 정작 방위사업청은 스스로 정한 규정의 테두리 안에서 별 다른 행보를 보일 생각이 없다.

한마디로 방위사업에 관한 한 전권을 가지고 있는 방위사업청은 다른 기관의 입장을 신경 쓰지 않고, 간섭받을 생각도 없다. 그래서 '방위사업청은 장관 말도 안 듣는 조직'이라는 볼멘소리가 새어 나온다.

국방부나 군 입장에서 보면 군사력 건설에 필요한 방위사업을 방위사업청에 '외주'로 맡기고 있는데, 그 외주업체가 발주자는 신경도 안 쓰는 절대 '갑'의 위치에 있다. 그래서 군사력 건설에 맞춰 방위사업을 진행하는 게 아니라, 방위사업 그 자체에 맞춰 군사력을 건설하고 있으니 주객이 전도되고, 꼬리가 몸통을 흔드는 격이다.

애초 방위사업청 개청 취지가 군의 간섭을 받지 않게 하는 것이었다고는 하나, 이제는 그 정도가 지나쳐 지금의 방위사업은 군사력 건설은 뒷전인 채, 방위사업 그 자체만을 추구하는 모양새다.

국방부와 군 입장에서 보면, 정작 무기체계를 발주하고, 실제 가져다 쓰는 것은 자신들인데 방위사업에 일체 개입할 수 없고, 그저 주는 대로 가져다 쓸 수밖에 없는 현 구조가 불만일 수밖에 없다. 그래서 군사력 건설의 주체로서 방위사업의 의사결정에 직접적으로 개입하여 영향력을 갖고 싶은 것이다.

한편 방위사업청을 유지해야 한다는 쪽은 겉으로 개청 당시의 취지인 투명성, 전문성, 효율성을 내세우지만, 실상 지금의 기득권을 놓치고 싶지 않기 때문이다.

방위사업청이 국방부와 군으로부터 분리함으로써 권력형 로비가 차단되었고, 전문 관료가 중심이 되어 전문성이 높아졌고, 분산된 조직을 통합함으로써 효율성이 높아졌다고 주장한다.

그런데 이런 명분은 작금에 이르러 그 의미가 퇴색되었다.

먼저 전문 관료를 통해 전문성을 높이고자 하였으나, 수뇌부로부터 시작한 비전문성과 전문성과 무관한 인사시스템, 그리고 전문가 육성 시스템의 부재 등으로 이미 방위사업청은 비전문 관료집단으로 변했다.

그리고 분산된 기관을 한 곳으로 통합하여 효율성을 높이고자 하였으나, 무기체계 획득 외 전력지원체계, 운영유지 등은 오히려 열악해졌다. 진정한 군사력은 무기체계만 갖고는 제대로 구현될 수가 없음에도 된 생색내기 좋은 무기체계 획득에만 관심이 집중되고, 전력지원체계와 운영유지는 상대적으로 후진하였다. 게다가 무기체계 획득마저 면피성 행정으로 인해 효율성이 높아졌다고 보기 어렵다.

그나마 투명성이 확보했다고 하지만, 실상 아무것도 안하면 높아지는 게 투명성이다. 투명성과 효율성이 서로 간에 균형을 이뤄야 하건만, 투명성 뒤에 숨어 효율성은 안 해도 그만인 게 되었다. 즉 방위사업청 개청 취지는 이미 의미가 퇴색되었다.

설령 방위사업청 개청으로 투명성, 전문성, 효율성이 높아졌다고 쳐도, 이것은 더 이상 방위사업청 유지의 명분이 되지 않는다. 왜냐하면 방위사업청은 이미 문민화가 되었고, 획득기능을 다시 각 군으로 돌려보내는 것도 아니며, 국방부로 소속만 바꾸는 것뿐이라서 투명성, 전문성, 효율성이 지금보다 저하될 리가 없다.

실상 그들이 통합을 반대하는 이유는 통합이 될 때 지금 가진 기득권을 잃기 때문이다.

일부 공무원 입장에서 국방부와 인사가 통합되면, 인사 기득권을 잃는다. 지금은 능력, 경력과 무관하게 출신과 기수에 따라 회전문식 인사를 당연하게 하고 있지만, 국방부로 통합되면 지금과 같이 제 맘대로 인사를 할 수 없다.

무엇보다 책임이 가중된다. 현재 국방과 안보의 모든 책임은 국방부에게 있고, 방위사업청은 오직 무기체계 획득에만 신경 쓰면 된다. 설령 무기체계 획득이 지연되어 안보에 공백이 생기거나 운영유지에 문제가 생긴다 해도 방위사업청은 별다른 책임이 없고, 관심도 없다. 하지만 국방부로 통합이 되는 순간 무기체계 획득뿐만 아니라 그로 인해 파생되는 국방, 안보문제를 포괄적으로 책임져야 한다. 그러니 통합이 좋을 리 없다.

또한 방위사업청 소속 군인은 방위사업청이 통합되면 현 폐쇄형 인사가 개방형으로 바뀌어 인사상 불이익을 받을까 우려한다. 그리고 기재부, 산자부, 외교부, 감사원, 검찰청 등도 방위사업청의 실, 국장 자리를 애초에 자기 것이었던 양 여기며 해당 부처 인사 적체의 숨통으로 삼고 있는데, 방위사업청이 국방부로 통합되면 자기네 자리를 빼앗길까 걱정한다. 심지어 일부 군에서도 방위사업청이 국방부로 통합되면, 예전처럼 방위사업이 예전처럼 육군 위주로 흐를까 우려하며 반대한다.

이처럼 현 방위사업청 존폐 논란은 겉으로 보면 효율적인 군사력 건설과 투명성, 전문성, 효율성의 대립으로 보이지만, 실상 이해 관계자 간의 기득권 싸움일 뿐이다. 한 쪽은 권한을 가져 오려 하고, 다른 한

쪽은 가진 것을 놓치지 않으려는 것이다. 그러니 어느 한쪽으로 결론이 나지 않고, 매번 되풀이 된다.

  국가방위를 목적으로 하는 방위사업을 이런 식으로 접근해서는 안 된다. 사적 이해관계와 기득권을 버리고, 진정한 전력증강 그 자체만을 바라봐야만 한다.

EPILOGUE 2.

국방상호조달협정(RDP MOU)의 허상과 위험성

> 66

최근의 방산수출 성과에 힘입어 일각에서는 더 많은 방산수출을 위해 한·미 국방상호조달협정(RDP MOU)을 체결해야 한다고 한다. 국방분야의 자유무역협정(FTA)이라고 불리는 국방상호조달협정을 체결함으로써 연간 500조 원의 미국 방산시장에 진출해야 한다는 것이다.

그런데 미국 방산시장이 연간 500조 원인 것은 맞지만, 실상 외국 업체에 개방된 시장규모는 연간 2조원 남짓 수준에 불과하다. 미국은 대부분의 방산물자를 자국 기업으로부터 조달하기 때문이다. 협정의 당위성을 강조하기 위해 시장규모를 지나치게 과장하고 있다.

오히려 국방상호조달협정을 체결하면 한·미 기술수준 격차로 인해 국내 방산시장만 역으로 잠식당할 수 있다. 국내 방산기술 대부분이 미국 기술을 이전 받아 국산화하는 수준인데, 원천 기술 업체와 직접 경쟁을 하면 결코 이길 수가 없기 때문이다.

그런 식으로 경쟁에 뒤져 기술과 제품을 하나 둘씩 내어주다 보면 어느 순간 국산무기는 자취를 감추게 되고, 국내 방산 기반은 점점 무너져 가게 된다. 그래서 국방상호조달협정은 아직은 시기상조다.

"

국방상호조달협정

세계 최대의 방산시장을 갖고 있는 미국은 1930년대에 제정된 자국산구매우선법(BAA, Buy Americal Act)을 근거로 하위 법령인 행정명령(E.O, Executive Order) 제10582호, 연방조달규정(FAR, Federal Acquisition Regulation), 국방조달규정(DFARS, Defense Federal Acquisition Regulation Supplement) 등을 통해 미국산 제품을 우대한다.

여기서 미국산이란 첫째 미국 내에서 생산되어야 하고, 둘째 완제품의 하위 구성품 55% 이상이 미국산으로 구성되어 있음을 의미한다. 정부조달에서 미국산이 아닌 외국산 제품은 입찰가격에서 불리하게 평가되는데, 국방조달의 경우 외국산 제품은 입찰가의 50%를 가산하여 평가한다. 즉 제품 단가가 1억 원이라고 할 때, 미국산은 그대로 1억 원으로 평가받는 반면, 외국에서 생산되었거나 미국에서 생산되었더라도 구성품의 55%를 초과한 외국산 제품은 1.5억 원으로 평가받으니 상대적으로 미국산에 비해 불리할 수밖에 없다.

한편 미국은 자국산구매우선법 적용상 몇 가지 면제 및 예외사항을 두고 있는데 그 중의 하나가 국방상호조달협정이다. 국방상호조달협정(RDP MOU, Reciprocal Defense Procurement, Memorandum of Understanding)이란 미국이 동맹국 및 우방국과 체결하는 양해각서로서 체결국 상호간의 국방조달에 있어서 자국산 제품과 차별을 두지 않는 것이다. 즉 제품단가가 1억 원일 때 미국산도 1억 원, 외국산도 1억 원으로 동등하게 평가된다. 그래서 국방 분야의 FTA라고도 불린다.

이 때문에 일각에서는 한미 FTA를 통해 무역 규모 및 수출이 증가된 것처럼, 국방 분야에서도 국방상호조달협정을 체결하면 연간 500조 원에 달하는 미국 방산시장에 진출할 수 있다고 한다. 현재 국내 방산업체가 참여 중인 미 공군 고등전술훈련기 사업, 미 육군 차세대 장갑차 사업, 미 해군 군함 수리정비(MRO, Maintenance Repair Overhaul) 사업 등에도 도움 될 것이라고 한다.

그래서 정부도 2022년 5월 한미정상회담에서 국방상호조달협정에 대한 논의 개시를 포함해 국방 부문 공급망, 공동 개발, 제조와 같은

분야에서의 파트너십을 강화해 나가기로 합의하였다.[09]

그런데 국방상호조달협정을 체결하면 국내 방산시장 역시 미국 기업에게 똑같이 열어야만 한다. 이에 대해 일각에서는 국내 기술력이 미국에 뒤떨어져 있기 때문에 국내 방산업체가 미국 기업에게 잠식당할 수 있다는 우려를 표한다.

언론 상에 보도된 내용을 보면, 정부와 방산관련 학계에서는 방산수출을 위해 국방상호조달협정을 추진해야 한다고 주장하고,[10] 방산업체는 실질적으로 받게 될 피해를 우려하여 국방상호조달협정의 속도조절을 주장한다.[11] 이해관계에 따라 서로간의 입장을 달리하고 있다.

미국 방산시장 진출 500조가 아닌 단 2조

그런데 국방상호조달협정을 체결하면 과연 500조에 달하는 미국시장을 개척할 수 있을까?

---

09. 대통령실, 「[전문] 한·미 정상 공동성명」, 「대한민국 정책브리핑」, 2022.5.21., https://www.korea.kr/news/policyNewsView.do?newsId=148901846
10. 김한경, 「한국방위산업학회, 한미 방산동맹 관련 정책세미나 개최」, 뉴스투데이, 2022.3.25., https://www.news2day.co.kr/article/20220325500007
11. 정빛나, 「한미 '방산 FTA' 추진에 기대·우려 교차 … 정부, 연구용역 착수」, 연합뉴스, 2022.5.23., https://www.yna.co.kr/view/AKR20220523068200504

미 국방부가 의회에 제출한 자료[12]를 보면, FY 2021에 미 국방부의 총 계약 규모는 3,858억 달러다. 이 중 97.4%에 달하는 대부분의 물품이 미국산이고, 불과 2.6% 수준의 약 100억 달러만이 해외 수입품이다. 게다가 이 100억 달러 중에서도 15억 달러만이 군사장비(Defense Equipment)이고, 나머지 85억 달러는 유류 및 서비스, 건설 등 일반 제품의 구입비용이다.

즉 일각에서 미국 방산시장 규모가 500조에 달하기 때문에 국내 방산기업이 서둘러 진출해야 한다고 주장하지만, 실제 미국 방산시장에서 외국 기업에게 열려있는 규모는 연간 2조 남짓에 불과하다.

미 국방부의 연간 계약 금액과 해외 구매 금액

단위 : $, Billion

Fiscal Year	2017	2018	2019	2020	2021
미 국방부 총 계약금액	320	359	381	421.6	385.8
해외 구매 금액 (비중, %)	10.6 (3.3%)	11.9 (3.3%)	11.9 (3.1%)	11.4 (2.7%)	10 (2.6%)
군사장비	2.3	1.7	2.0	1.7	1.5

* https://www.acq.osd.mil/asda/dpc/cp/ic/reporting.html

---

12. REPORT TO CONGRESS ON DEPARTMENT OF DEFENSE FISCAL YEAR 2021 PURCHASES FROM FOREIGN ENTITIES, Office of the Under Secretary of Defense for Acquisition and Sustainment, June 2022https://www.acq.osd.mil/asda/dpc/cp/ic/docs/purchases-from-foreign-entities/USA000146-21_RTC_(Enclosed).pdf

이에 대해 국방상호조달협정 체결을 주장하는 쪽에서는 국방상호조달협정을 체결하면 이 규모가 늘어날 것이라고 주장한다. 하지만, 미국은 이미 영국, 프랑스, 독일 등 28개국[13]과 국방상호조달협정을 체결 중인 상황이다. 그런 상황에서도 미국의 해외 수입 규모가 연간 2조 원에 불과하다는 것은 국방상호조달협정이 미국의 군사장비 수입에 별다른 영향을 주지 않고 있음을 보여준다. 무기체계 전 분야에서 독보적인 1위를 유지하는 미국이 굳이 외국으로부터 군사 장비를 수입할 이유가 없는 것이다. 실제 미국과 국방상호조달협정을 체결하고 있는 프랑스, 독일, 영국 등 방산 수출 상위국가의 수출현황을 보면 수출의 대부분은 미국이 아니라 중동, 아시아, 오세아니아에 치중되어 있다.[14]

결국 한·미 국방상호조달협정을 체결한다고 해서 국내 방산업체가 500조 미국 시장에 진출한다는 말은 사실을 호도한 장밋빛 환상에 불과하다.

이것은 국방상호조달협정의 혜택규모를 봐도 알 수 있다. FY 2021년에 미국의 해외 수입 금액 100억 달러 중 자국산구매우선법 적용 면제 금액은 58.1억 달러다. 나머지 41.9억 달러치의 물품은 자국산구매우선법을 적용받은 상태에서 수입되었다.

---

13. https://www.acq.osd.mil/asda/dpc/cp/ic/reciprocal-procurement-mou.html
14. 국방기술진흥연구소,「2021 세계 방산시장 연감」, 2021.12.

그렇다고 적용 면제된 금액 58.1억 달러 전체가 국방상호조달협정에 의한 것도 아니다. 그 중 32억 달러만이 국방상호조달협정에 의한 것이고, 나머지 25억 달러는 다른 사유에 의해 면제되었다. 또한 국방상호조달협정으로 면제된 32억 달러에는 유류 및 일반 제품이 모두 포함되어 있기 때문에 여기에서 군사장비만 분리하게 되면 그 규모는 더욱 작아지게 된다.

즉 국방상호조달협정을 체결해야만 미국 시장 진출이 가능한 것이 아니고, 체결했다고 해서 수출에 큰 혜택을 기대할 수는 없다.

미 국방부의 해외 수입 제품 중 자국산구매우선법(BAA) 예외 비중

단위 : $, Billion

Fiscal Year			2017	2018	2019	2020	2021
미 국방부 총 수입금액			10,600	11,900	11,900	11,400	10,000
BAA 미적용	BAA Not Apply (Outside of US)		3,279.3	2,928.4	2,916.5	2,319.2	2,025.0
	BAA Waiver	RDP-MOU (비중, %)	2,878.8 (27.2%)	2,683.3 (22.5%)	3,592.8 (30.2%)	2,754.8 (24.2%)	3,207.5 (32.1%)
		WTO-GPA	41.1	84.7	79.0	84.9	265.9
	BAA Exception (Non Availability, Commercial etc)		226.0	220.6	157.7	536.1	312.5
합계			6,425.3	5,917.0	6,745.9	5,694.9	5,810.9
비중			60.6%	49.7%	56.7%	50.0%	58.1%

* https://www.acq.osd.mil/asda/dpc/cp/ic/reporting.html

현재 사업 참여를 기대하는 미 공군 고등전술훈련기 사업이나 미 육군 차세대 장갑차 교체 사업만 봐도 그렇다. 고등전술훈련기 사업의 입찰 주체는 미국의 록히드마틴이고, 미국 내에서 생산하며 국내업체의 참여비율이 55%를 넘지 않기 때문에 자국산구매우선법 적용대상이 아니다. 차세대 장갑차 교체사업 역시 마찬가지로 오시코시에 의해 미국 내에서 생산되고, 국내업체의 참여비율이 전체의 55%를 넘지 않는 한, 자국산구매우선법 적용을 받지 않는다. 국방상호조달협정과 무관하다는 것이다.

만약 국내에서 생산한 완제품을 직접 수출하거나, 미국 방산기업과 협업할 때 참여비율을 55% 이상으로 가져올 경우라면 국방상호조달협정의 혜택을 받을 수 있겠으나, 안타깝게도 아직까지 그런 사례는 없다. 그리고 기술격차가 극복되지 않는 한 앞으로도 그런 사례는 희박할 것이다.

국방상호조달협정은 자칫 국내 방산기업 몰락을 초래

이처럼 국방상호조달협정 체결이 미국 시장에는 별다른 영향을 주지 않지만, 국내 방산시장은 상황이 다르다.

국방기술진흥연구소는 '2021 국가별 국방과학기술 수준조사서'에서 한국의 국방과학기술 수준을 전 세계 9위로 보았다. 가장 순위가 높은 분야가 화포분야이고, 상대적으로 레이더 및 우주분야의 순위가 미흡하다고 했다. 그리고 미국에 비해 전반적인 국내 기술수준을 79%로 보았다. 업계에서는 이러한 기술 수준 차이 때문에 국방상호조달협정으로 국내 방산시장을 미국에 개방되면 국내 방산시장이 잠식당할 것이라는 우려를 보인다. 기술수준이 높은 미국 업체와 경쟁할 경우 입찰에 불리한 것이 명백하기 때문이다.

그런데 더 큰 문제는 지금 당장의 기술 수준 격차가 아니라 미래에 있다. 지금까지 국내 무기체계는 미국이 10~20년 전에 개발 완료한 것을 기술이전 받아 국산화하는 식으로 진행되고 있다. 대표적인 국산 수출 무기체계인 K9 자주포도 1960년대에 미국이 개발한 M109 자주포를 1980년대에 K55라는 이름으로 국내 면허 생산한 후, 그 경험을 바탕으로 1990년대에 개발되었다. 또 하나의 수출 품목인 천궁은 1960년대에 도입한 미국의 호크 대공미사일을 국산 대체하기 위한 것으로 러시아로부터 기술 도입하여 2000년대에 개발되었다. 그 밖에 2015년에 개발된 대전차유도무기 현궁은 1990년대에 개발된 미국의 재블린을 따라했고, 휴대용대공무기인 신궁은 프랑스의 미스트랄을 국산 대체한 것이다. 게다가 국산화를 하는 경우에도 완제품 조립과 생산을 국내에서 할뿐, 기술력이 부족한 일부 구성품은 여전히 해외에서 수입해 오거나 기술이전을 받아 생산하고 있다. 국산 K9 자주포와 K2 전차에 적용된 엔진은 독일 MTU 제품이고, FA-50과 KFX에 적용되는 엔진은 미국 GE 제품이며 국산 이지스함에 적용되는 이지스 전투체계는 미국의 록히드마틴 제품이다.

지금이야 국내 무기체계가 미국에 10~20년 뒤쳐져 개발되어도 괜찮다. 사업추진방법을 국내연구개발로 특정하면, 국내업체만 참여할 수 있게 되고, 해외업체는 10~20년 전 개발해 놓은 기술을 수출하거나, 핵심 구성품만을 수출하여 추가적인 이득을 거두기 때문이다.

그런데 만약 국방상호조달협정을 통해 미국업체의 국내연구개발 참여제한이 없어진다면? 미국 업체는 더 이상 기술 수출이나, 핵심구성품 수출에만 만족하지 않을 것이다. 미군이 필요로 하는 무기체계 양산을 끝내고 난 직후, 그 기술과 생산 라인을 고스란히 활용해서 국내 무기체계 개발 및 양산사업에 직접 뛰어들려 할 것이다. 기술이나 구성품을 파는 것보다 제품 자체를 파는 게 더 큰 이익이 되기 때문이다.

이렇게 되면 국내 업체와의 경쟁이 불가피해진다. 그런데 미국 업체는 이미 수십 년 전에 기술개발을 완료한 후 제품 생산 및 검증까지 완료한 상태인 반면, 국내 방산업체는 이제서 그 기술을 모방해 국산화에 첫걸음을 떼어야 하는 상황이다. 이쯤 되면 단순히 기술부족이 문제가 아니라, 기술이 있고 없고의 문제가 되어 버린다. 경쟁자체가 성립하지 않게 된다.

설령 미국업체가 직접 참여하지 않고, 기술협력만을 할 경우에도 국방상호조달협정으로 국산화율의 개념이 없어지게 되면, 미국 업체는 국내 업체와 협력할 때 보다 많은 지분을 가져가려 할 것이다. 어쩌면 기술없이 자본만 가진 국내업체가 미국업체와 협력하여 국내 방산에 뛰어들 수도 있을 것이다. 국내 방산 환경이 변할 수밖에 없다.

그렇다고 국내업체로 하여금 국산화를 추진케 할 수도 없다. 이미 국방상호조달협정을 체결하여 국산품과 차별 없이 적용 가능한 기술과 제품이 존재하는데 국내 기업으로 하여금 그것을 처음부터 다시 개발하게 하는 것은 불필요한 투자고, 예산낭비가 되기 때문이다. 게다가 국산화를 하려면 해외업체로부터 기술이전을 받아와야 하는데, 경쟁상대인 미국업체에서 기술이전을 할지조차 불확실하다.

현재의 국산 수출품목인 K2 전차나 K9 자주포, FA 50, 심지어 KFX 도 사업 추진 당시에 국방상호조달협정이 체결되어 있었다면 지금과 같이 국내 업체에 의한 국산화는 불가능했을 것이다.

이런 식으로 무기체계를 하나 둘씩 내어주다 보면 국산무기체계는 점점 사라질 것이다. 기존에 국산화를 완료한 무기체계라면 그동안 쌓아놓은 기술과 제품으로 어느 정도 경쟁을 이어가겠지만, 이 역시 성능개량이 반복되고, 신기술로 업그레이드되어 갈수록 도태될 것이다. 국내 방산업체의 기반이 점점 무너져 가게 되고, 어느 순간 미국 방산업체의 글로벌 부품 공급망의 일원으로 전락할 수도 있다.

국방상호조달협정은 아직 시기상조

일각에서 국내 내수 위주의 방위산업을 수출 산업으로 체결개선하기 위해 국방상호조달협정을 체결해야 한다고 말한다. 하지만 이것은 선후가 잘못되었다. 국방상호조달협정을 체결함으로써 방산 체질이 개선되는 게 아니라 방산 체질이 먼저 바뀐 다음에 국방상호조달협정을 체결해야 옳다. 다시 말해 당장 경쟁을 시작한다고 해서 체질이 바뀌는 게 아니라, 경쟁 할 수 있는 체질이 먼저 만들어진 다음에 경쟁에 임해야 한다.

또한 방산경쟁력 부족을 국내 방산업체의 기술력 부족 탓으로 돌리지만, 기술격차 문제는 결코 업체의 몫이 아니다. 민간시장이라면 기업 스스로 자체 투자하여 기술력을 높이고, 스스로 신제품을 만들어 시장을 넓혀갈 수 있지만, 방산분야는 정부의 소요결정 없이는 무기체계를 스스로 만들 수도 없고, 만들었다고 해서 어디에 내다 팔수도 없으며, 그에 관한 기술을 자체 개발할 수도 없다. 방산업체는 정부의 요구사항을 받아 구현하는 역할만 할 뿐이다.

즉 방산 기술은 업체가 노력한다고 향상 시킬 수 있는 게 아니라, 정부가 무기체계 및 기술 소요를 어떻게 기획하고, 얼마만큼 투자하느냐에 전적으로 달려있다. 이것은 세계적인 방산업체 모두 마찬가지다. 미국의 방산업체가 세계시장을 장악하고 있는 이유는 그 방산업체의 기술력이 높아서가 아니라, 미국 정부에서 그만큼 신기술, 신무기에 대한 소요를 꾸준히 만들어내고, 많은 투자를 하고 있기 때문이다.

그렇지만 정부의 역량에는 분명한 한계가 있다. 2020년 기준으로 미국의 국방 연구개발 투자금액이 1,171억 달러인 반면, 한국은 그 금액의 2.3% 수준인 28억 달러에 불과하다.[15] 국방 연구개발 예산규모부터 상당한 차이가 나기 때문에, 고비용, 고위험의 신기술 개발은 엄두를 못 내고, 미국 제품을 모방하여 국산화하는 식으로 진행된다.

결국 연구개발 투자도 한정적이고, 소요도 후발식인 상황에서 미국과 국방 기술 격차를 좁힌다는 건 불가능에 가깝다.

한편 이러한 기술격차에 따른 경쟁력 부족은 국방상호조달협정의 세부 각론을 통해 보완하면 된다고도 한다.

하지만 미국이 이미 28개국과 체결한 국방상호조달협정을 보면 국가별 각론은 크게 다르지 않다. 대부분 자국 기업의 보호는 자국 기업과 수의계약을 체결하는 정도에 그친다. 그런데 이것은 그 나라에서 분야별 방산전문 기업을 사전에 지정해 놓고 있기 때문에 가능한 것이다. 하지만 우리는 방산 경쟁력 강화를 명분으로 이미 전문화·계열화 제도를 폐지한 상태라서 수의계약 적용이 쉽지 않다.

국과연 주관 연구개발로 추진하면 나름 수의계약 형태를 가질 수는 있겠으나, 시제업체 선정 시에 수의계약이 제한되는 것은 마찬가지고,

---

15. 국방기술진흥연구소,「국가별 국방과학기술 수준조사서(요약본)」, 2022.1.

무엇보다 이렇게 되면 전략무기・핵심기술은 국과연이 주관하고, 일반 무기체계는 업체가 주관한다는 그간의 정부 정책에 반하게 된다.

무엇보다 당장 활용 가능한 현존 제품과 완성된 기술이 있는 상황에서 국산화를 명분으로 초기단계부터 비용을 다시 투자하여 개발하게 하는 것에 대한 경제성 논란에서 자유롭지 않다.

그럼 국방상호조달협정에서 연구개발을 제외하면 되지 않느냐고 한다. 하지만, 협정 범위에서 연구개발을 제외하면 미국으로서는 지금과 달라지는 게 전혀 없다. 미국과 달리 한국은 지금도 해외 구매사업에서 해외업체에게 아무런 불이익을 주지 않고 있기 때문이다. 그래서 양산이 포함된 연구개발을 협정 범위에서 뺀다면 미국으로서는 굳이 협정을 체결할 필요성이 없어진다.

결론적으로 국방상호조달협정의 각론을 조정하여 국내 방위산업을 보호한다는 것은 말처럼 되지 않는다.

그래서 국방상호조달협정은 아직 시기상조다. 기술격차를 좁혀 경쟁력을 갖추는 게 쉽지 않고, 협정의 각론에서 부족한 경쟁력을 보완하는 것도 어렵기 때문이다. 이런 상황에서 수출확대를 명분으로 선불리 국방상호조달협정을 체결하게 되면, 수출 확대는커녕 자주국방에 필요한 국내 방산기반만 무너져 갈 것이다.

3無의 K방산

무능 · 무책임 · 무관심 속에 허덕이는
K방산의 실태와 적폐, 그리고 혁신을 고하다

ⓒ 송방원, 2003

2023년 3월 13일 초판 1쇄 발행

글쓴이 | 송방원
펴낸이 | 황인자
디자인 | 황인자, 한아름
제작처 | 현대원색문화사

펴낸곳 | 디자인이곳
출판등록 | 제 2018-000001호
주　　소 | (우)15892 경기도 군포시 둔대로 8-7
전　　화 | 031-399-8031
팩　　스 | 031-399-8032

Printed in Korea 2023
ISBN | 979-11-962957-8-3　03180

이 책은 저작권법에 따라 보호받는 저작물이므로 무단전재와 무단복제를
금지하며, 이 책의 내용의 전부 또는 일부를 이용하려면 반드시 저작권자와
디자인이곳의 동의를 받아야 합니다.